빛과 어둠의 심리학

긍정과 부정이 함께하는 새로운 행복론

—— 서형준 ——

박영story

불행한 시대에도 아들을 행복하게 키우기 위해

분투하신 어머니, 아버지께 바칩니다.

추천 서문_카를 융

위대한 여정을 향한 초대:
≪빛과 어둠의 심리학≫에 부치는 글

친애하는 독자 여러분,

이 책의 제목을 처음 마주했을 때, 저는 깊은 감동을 받았습니다. 〈빛과 어둠의 심리학〉이라는 제목은 제가 평생 탐구해 온 인간 정신의 본질을 정확히 포착하고 있기 때문입니다. 우리의 정신은 의식이라는 빛과 무의식이라는 어둠이 끊임없이 상호작용하는 신비로운 장(場)입니다. 이 책의 저자는 현대 긍정심리학의 렌즈를 통해 이 고대의 지혜를 재발견하고 있습니다.

저자는 마치 현대의 연금술사처럼 빛과 어둠, 긍정과 부정이라는 대극(對極)을 능숙하게 다루고 있습니다. 특히 제2부에서 다루는 '긍정성의 그림자'와 제3부의 '부정성의 빛'이라는 구성은, 제가 주장했던 '그림자 작업'의 현대적 적용이자 심리학적 연금술의 정수를 보여줍니다. 행복, 낙관주의, 자존감과 같은 빛나는 가치들의 그늘을 탐구하고, 우울, 불안, 고통이라는 어둠 속에서 숨겨진 보물을 발굴하는 저자의 시도는 매우 고무적입니다.

현대인들은 너무나 자주 '빛나는 면만을 보라'는 강박에 시달립니다. 마치 영원한 낮만 있는 세상을 갈망하는 것처럼 말입니다. 하지만 이는 자연의 섭리에 어긋나는 일입니다. 밤이 없는 낮이 존재할 수 없듯이, 그림자 없는 인간성은 존재할 수 없습니다. 이 책은 독자들에게 자신의 빛과 어둠을 모두 받아들이도록 초대합니다.

특히 인상적인 것은 저자가 제시하는 '영웅의 여정'입니다. 이는 제가 연구했던 개성화 과정과 놀랍도록 닮아있습니다. 영웅이 어둠 속으로 들어가 시련을 겪고 보물을 얻어 돌아오듯, 우리도 자신의 그림자와 만나 더 큰 빛을 발견하게 됩니다. 이는 진정한 심리적 연금술의 과정이며, 저자는 이를 현대적 언어로 아름답게 재해석했습니다.

이 책은 단순한 학술서가 아닙니다. 이는 현대인의 영혼을 위한 지도이자, 자신의 빛과 어둠을 모두 받아들이는 전체성을 향한 여행의 안내서입니다. 독자 여러분이 이 책과 함께하는 여정에서 자신의 그림자와 진정한 만남을 이루고, 그 속에서 더 깊은 빛을 발견하시길 바랍니다.

이처럼 빛과 어둠의 심오한 상호작용을 현대 심리학의 언어로 풀어낸 이 귀중한 저작이, 많은 이들의 자기실현 여정에 등대가 되리라 확신합니다.

2025년 4월
스위스 퀴스나흐트에서

C.G. Jung.

이 추천 서문은 저자의 책 내용을 분석한 AI가, 해당 내용이 가장 유사한 사상과 철학을 가진 인물로 카를 융(Carl Jung)을 지목하였습니다. 이에 저자는 가상의 AI 카를 융에게 추천 서문을 의뢰하였으며, 위의 글은 그 결과물입니다.

프롤로그

빛은 어둠에서 비롯됩니다. 태초에 어둠과 혼돈이 있었습니다. 우리는 어둠보다 밝은 빛을 좋아하지만 빛보다 먼저 어둠이 있었습니다. 빛을 만나기 위해 칠흑 같은 어둠일지라도 품어 안아야 합니다.

우리는 늘 빛을 찾아 헤맸습니다. 마치 해바라기가 태양을 향해 고개를 돌리듯, 인간은 본능적으로 행복과 긍정성을 추구해 왔습니다. 현대 심리학, 특히 긍정심리학은 이런 인간의 갈망에 과학적 근거를 제공하며 큰 반향을 일으켰습니다. 긍정심리학은 '좋은 삶'을 연구하기 위해 출범했지만 행복에 대한 연구가 인기를 얻으면서 행복이 긍정심리학의 공식적인 얼굴이 되어 버렸습니다.

꽃이 피려면 흙 속의 어둠이 필요하듯, 인간의 성장에도 그림자가 필요합니다. 나무가 하늘 높이 자랄수록 그 뿌리는 땅속 깊숙이 뻗어나가는 것이 자연의 이치입니다. 우리의 의식이 빛나는 높이만큼 무의식의 그림자도 깊어지는 법입니다. 완벽한 행복만을 추구하는 것은 마치 동전의 한 면만을 바라보는 것과 같습니다. 빅터 프랭클은 '고통 속에서도 의미를 찾을 수 있다면, 그 고통을 견딜 수 있다'고 했습니다. 우리의 삶에서 마주치는 모든 감정과 경험들은, 그것이 긍정적이든 부정적이든, 우리를 더 깊은 인간으로 만드는 소중한 재료가 됩니다.

나는 지난 2006년 긍정심리학을 처음 알게 되었을 때의 기쁨과 충격을 잊지 못합니다. '인간 누구에게나 강점이 있다'는 생각에 깊이 감명 받았습니다. '강점'은 부자, 권력자, 고학력자에만 있는 게 아니라 세상 사람 누구에게나 있다는 생각은 심리학의 혁명 같았습니다. 그로부터 20년 가까이 흐른 지금 우리나라의 긍정심리학은 아직도 긍정심리학의 첫 세대를 크게 벗어나지 못하고 있습니다. 그저 행복 만능의 심리학에 머물며 통속적 자기계발 담론과 구분하기 어렵습니다. 내가 이 책을 구상한 것은 사실 7, 8년 전입니다. 하지만 그 때는 이 책이 세상에 나와봐야 주목은커녕 조용히 사라질 것 같았습니다. 하지만 오늘은 조금 다릅니다. 코로나 팬데믹 이후 낙관주의가 큰 상처를 입었고, 점차 '공감의 배신', '외상 후 성장', '실패의 미덕', '후회의 재발견' 등 삶의 긍정적 요소의 부정적 측면과 부정적 요소의 긍정성을 성찰하려는 움직임이 서서히 힘을 얻고 있습니다. 긍정심리학계에서도 부정성을 끌어 안고, 웰빙의 사회적 성격과 지속가능성을 탐구하려는 흐름이 확산되고 있습니다. 그래서 어렵지만 용기를 내어 집필을 시작했습니다. 이 책은 누구나 쉽게 읽을 수 있는 긍정심리학 이야기로, 학문적 서술을 넘어서고자 합니다.

이 책은 긍정심리학의 새로운 지평을 제시하려는 시도입니다. 아니 이미 현존하는 긍정과 부정의 균형과 복잡한 삶의 단면을 공유하는 노력입니다. 행복과 불행, 긍정과 부정, 빛과 어둠이 만나는 지점에서 진정한 인간 경험이 시작된다는 것을 이야기하고자 합니다.

제1부 〈그림자와의 만남: 긍정심리학의 새로운 지평〉에서는 긍정심리학의 역사적 공헌을 되짚어보고, 그 한계를 비판적으로 고찰하며, 더 통합적인 새로운 긍정심리학의 가능성을 모색합니다.

제2부 〈빛의 그림자: 긍정성의 부정적 측면〉에서는 우리가 맹목적

으로 추구해 온 긍정적 가치들의 어두운 면을 탐구합니다. 행복, 공감, 낙관주의, 자존감, 자유, 용서, 사랑, 희망, 감사, 도덕과 같은 빛나는 가치들이 어떻게 우리를 속박할 수 있는지 살펴봅니다.

제3부 〈어둠 속의 빛: 부정성의 긍정적 측면〉에서는 우리가 피하고 싶어하는 감정들 속에 숨겨진 지혜와 선물을 발견합니다. 우울, 불안, 분노, 슬픔, 두려움, 스트레스, 고통, 실패, 고독, 수치심이 우리 삶에 가져다주는 예기치 못한 선물들을 만나보게 될 것입니다.

마지막 제4부 〈더 인간적인 긍정심리학을 향하여〉에서는 행복을 넘어선 의미 있는 삶, 개인을 넘어선 행복의 사회적 책임, 고난이 주는 심리적 성장의 기회를 탐구하며, 영웅의 여정을 통해 더 쉽게 통합적이고 인간적인 긍정심리학의 새로운 비전을 제시합니다.

긍정심리학자와 코치, 조언가, 심사위원으로서 나는 수많은 사람들의 이야기를 들어왔습니다. 그들은 나에게 인간 경험의 깊이와 복잡성을 가르쳐주었습니다. 우리가 가진 모든 감정과 경험은, 그것이 빛이든 어둠이든, 우리를 더 온전한 인간으로 만드는 소중한 재료라는 것을 깨달았습니다. 삶의 어둠 속에서 빛을 보기 시작했고, 빛나는 삶의 요소에서 그늘을 보기 시작했습니다.

이 책이 여러분 자신의 빛과 어둠을 있는 그대로 받아들이고, 그 속에서 의미와 성장을 발견하는 여정에 작은 동반자가 되기를 바랍니다. 빛과 어둠을 향해 떠나는 우리의 여정이 벅찰 수 있습니다. 단단히 마음의 끈을 동여매고 출발하시기 바랍니다. 나도 함께 하겠습니다.

2025년 4월
북한산 아래에서

차례

PART 03
어둠 속의 빛: 부정성의 긍정적 측면

PART 04
더 인간적인 긍정심리학을 향하여

그림자와의 만남

: 긍정심리학의 새로운 지평

인간은 기쁨과 비탄을 위해 태어났으며,
우리가 이것을 올바르게 알 때,
우리는 세상을 안전하게 지나갈 수 있다.
기쁨과 비탄은 섬세하게 직조되어
신성한 영혼에겐 안성맞춤의 옷,
모든 슬픔과 기쁨 밑으로는
비단으로 엮어진 기쁨이 흐른다.

- 윌리엄 블레이크, 〈순수의 전조〉

1

긍정심리학의 역사와 공헌

인간의 마음과 행동, 행복에 대한 탐구는 고대부터 이어져 왔습니다. 아리스토텔레스가 '행복은 인간 행위의 최고선'이라고 말한 것처럼, 철학자들은 오랫동안 인간의 본질과 행복에 대해 고민해 왔죠. 그러나 19세기 후반, 심리학은 철학의 품을 떠나 독립된 과학 분야로 자리잡기 시작했습니다.

1879년, 빌헬름 분트가 라이프치히 대학에 최초의 심리학 실험실을 설립한 것은 심리학의 독립을 알리는 신호탄이었습니다. 이는 마치 어린 새가 둥지를 떠나 자신만의 영역을 찾아 나서는 것과 같았습니다. 심리학은 이제 철학적 사변에서 벗어나 경험적 방법을 통해 인간의 마음과 행동을 연구하기 시작했습니다. 그러나 독립 초기의 심리학은 주로 인간의 기본적인 인지과정이나 행동메커니즘에 초점을 맞추었고, 이후 점차 정신질환이나 문제행동의 치료에 관심을 기울이게 되었습니다. 인간의 긍정적 측면, 즉 행복, 성장, 자아실현 등에 대한 과학적 연구는 상대적으로 뒤늦게 시작되었습니다.

이제 우리는 심리학이 독립된 학문으로 발전해 온 과정을 살펴보며, 그 안에서 긍정심리학이 어떻게 탄생하고 발전해 왔는지 알아보겠습니다.

심리학의 여정: 고통의 치유에서 인간의 이해로

19세기 말부터 20세기 중반까지 심리학은 주로 세 가지 큰 흐름을 따라 발전했습니다. 마치 세 갈래 길을 따라 인간의 마음을 탐험하는 여정과도 같았습니다.

첫 번째 흐름: 정신분석학

20세기 초, 지그문트 프로이트는 인간의 무의식이 정신건강에 중요한 역할을 한다고 주장하며, 정신분석학을 제시했습니다. 그의 이론은 억압된 욕망, 트라우마, 갈등이 부정적 감정과 정신적 문제를 일으킨다고 설명했습니다. 예를 들어, 그는 어린 시절의 해결하지 못한 욕구 경험이 성인이 되었을 때 불안과 우울의 근원이 될 수 있다고 보았습니다. 정신분석은 무의식을 분석하여 이러한 문제를 해결하는 데 집중했습니다. 하지만, 정신분석학은 모든 문제의 원인을 어린 시절의 억압된 욕구나 성적 욕망으로 설명하려 한다는 비판을 받기도 했습니다. 프로이트의 이론은 지나치게 성적 본능에 초점을 맞추어 인간의 심리를 설명하려 했으며, 인간의 행동과 정신적 문제를 지나치게 단순화한다는 지적이 많았습니다. 이러한 한계에도 불구하고, 정신분석학은 심리학의 초기

11

발전에 큰 기여를 했고, 인간의 무의식적 동기를 탐구하는 기초를 마련했습니다. 한편, 정신분석은 많은 문학작품에도 영향을 주었는데, 예를 들어 도스토예프스키의 《죄와 벌》에서 주인공 라스콜리니코프의 내적 갈등과 죄의식을 분석하는 방식은 정신분석의 핵심 요소와 비슷합니다.

두 번째 흐름: 행동주의

존 왓슨과 스키너로 대표되는 행동주의는 심리학이 더 과학적이고 객관적이어야 한다고 주장했습니다. 파블로프의 개실험으로 잘 알려진 심리학의 흐름입니다. 이 접근은 관찰 가능한 행동만을 연구하며, 외부 자극과 반응의 연관성에 집중했습니다. 예를 들어, 스키너 상자에서 쥐가 레버를 누르면 먹이를 얻는 실험은 학습된 행동의 반복을 통해 행동이 강화된다는 것을 보여주었습니다.

행동주의는 심리치료에 있어 공포나 불안을 다루는 여러 기법을 발전시켰지만, 인간의 내면적 정서나 감정을 설명하기엔 부족하다는 평가를 받았습니다. 행동주의는 학습이론의 기초가 되어, 오늘날 학교와 직장에서 사용하는 긍정적 강화나 보상시스템의 근간이 되었습니다.

세 번째 흐름: 인본주의 심리학

1950~1960년대에 등장한 인본주의 심리학은 긍정심리학의 직접적인 전신이라 할 수 있습니다. 칼 로저스와 에이브러햄 매슬로우는 정신분석과 행동주의가 인간의 복잡한 본질을 충분히 반영하지 못한다고 주장하며, 인간의 강점과 잠재력에 주목했습니다. 매슬로우는 욕구위계 이론을 통해 인간이 자기실현을 추구하는 본능을 지닌다고 설명했습니다.

예를 들어, 그는 마하트마 간디와 같은 인물을 자기실현의 좋은 사례로 꼽았습니다. 간디가 자신의 가치와 비전을 실현하면서 고귀한 목적을 달성했다고 보았습니다. 인본주의 심리학은 인간의 긍정적 잠재력을 발견하고 성장시키는 데 중점을 두었지만, 여전히 구체적인 과학적 연구보다는 철학적 관점에 가까웠다는 한계가 있었습니다. 그러나 이는 긍정심리학의 탄생에 중요한 이론적 기초가 되었습니다. 긍정심리학의 선구자적 역할을 했다고 볼 수 있습니다. 영화《굿 윌 헌팅(Good Will Hunting), 1997》에서 심리학자 숀(로빈 윌리엄스 분)이 상처 많은 청년 윌(맷 데이먼 분)을 대하는 방식은 인본주의 심리학의 접근을 잘 보여줍니다.

그러나 이런 다양한 접근에도 불구하고, 20세기 중반까지의 심리학은 주로 정신질환, 트라우마, 병리적 행동 등 부정적 측면에 초점을 맞추고 있었습니다. 마치 의사가 질병만을 연구하고 건강은 소홀히 하는 것과 비슷했습니다. 제2차 세계대전 이후, 심리학은 주로 전쟁으로 인한 외상 후 스트레스 장애(PTSD)나 우울증과 같은 정신건강 문제를 해결하는 데 집중했습니다. 이는 필요하고 가치 있는 일이었지만, 동시에 인간의 긍정적 측면, 즉 성장, 행복, 웰빙 등에 대한 연구와 실천은 상대적으로 소홀히 다뤄졌습니다.

긍정심리학의 탄생 배경

1998년, 미국심리학회 회장 취임연설에서 마틴 셀리그만은 획기적인 제안을 했습니다. 그는 심리학이 인간의 긍정적 측면에 더 주목해야 한다고 주장했습니다. 이는 마치 오랜 겨울 끝에 찾아온 봄바람 같았습니다. 셀리그만은 미하이 칙센트미하이, 레이 파울러 등 동료 학자들과 더불어 새로운 심리학의 태동을 알렸습니다. 이들은 전통 심리학의 문제중심적 접근을 넘어서, 사람들을 더 행복하고 의미 있는 삶으로 이끌 수 있는 심리학적 연구의 필요성을 제기했습니다. 그 결과, '긍정심리학'이 등장하게 되었습니다.

셀리그만은 긍정심리학의 목표를 단순히 문제를 해결하는 것에서 벗어나, 인간이 '잘 사는 삶(the good life)'을 추구하도록 돕는 데 있다고 설명했습니다. 이 접근은 심리적 질병의 부재를 넘어 자신의 강점과 가능성을 발휘하며 행복과 의미를 찾도록 하는 것이었습니다. 아이러니하게도, 21세기 문턱까지 심리학이 긍정적 정서, 행복, 강점의 중요성을 간과해 온 동안, 철학자 아리스토텔레스는 이미 2천 년 전 '에우다이모니아'라는 개념을 통해 행복과 의미 있는 삶의 중요성을 논의했습니다.[1] 긍정심리학은 이러한 철학적 전통을 현대 심리학으로 다시 불러온 것이라 할 수 있습니다.

긍정심리학의 주요 개념과 연구

긍정심리학은 여러 핵심개념을 중심으로 발전해왔습니다. 긍정심리학에서 핵심적으로 다루는 개념은 행복과 웰빙입니다. 기존 심리학이 주로 부정적인 감정과 문제를 연구했다면, 초기 긍정심리학은 주로 긍정적인 정서를 중심으로 연구했습니다. 초기 긍정심리학의 단순성을 비판하면서 점차 의미 있는 삶, 성취, 관계의 중요성을 강조했습니다. 마틴 셀리그만은 행복을 단순히 순간적인 쾌락이 아니라, '긍정적 정서

(Positive emotions), 몰입(Engagement), 긍정적 관계(Relationships), 의미
(Meaning), 성취(Accomplishment)'라는 다섯 가지 요소로 개정하여 제안
했습니다.2 이를 PERMA 모델이라고 하며, 이는 긍정심리학의 중요한
이론적 틀로 자리 잡았습니다.

긍정심리학의 또 다른 중요한 개념은 강점과 미덕입니다. 크리스토
퍼 피터슨과 마틴 셀리그만은 6가지 미덕과 24가지 성격강점을 제시했
습니다.3 이는 마치 우리 각자가 가진 고유한 색깔을 찾아내는 작업과도
같습니다. 예를 들어, 누군가는 창의성이, 또 다른 이에게는 사회적 지
능이 두드러질 수 있습니다.

바버라 프레드릭슨의 '확장-구축 이론'도 주목할 만합니다. 그녀의
2009년 저서 《긍정의 발견》4에서 제시된 이 이론은 긍정적 감정이 우리
의 사고와 행동범위를 넓히고, 장기적으로는 개인의 자원을 구축한다고
주장합니다. 마치 맑은 날 우리가 더 멀리 보고 더 많은 가능성을 상상
할 수 있는 것처럼 말이죠. 긍정심리학의 중요한 연구 중 하나는 미하이
칙센트미하이의 몰입(Flow)이론입니다.5 몰입상태에서는 외부의 방해가
사라지고, 몰입된 활동에서 큰 행복감을 경험하게 됩니다. 예를 들어,
화가가 그림을 그릴 때 시간이 가는 줄 모르는 경험을 하거나, 스포츠
선수가 경기에서 전념에 들어가는 상태가 몰입의 대표적 예입니다.

긍정심리학의 공헌

긍정심리학은 학문적 영역을 넘어 우리의 일상생활에 깊숙이 영향
을 미치고 있습니다.

교육 분야에서는 '성장 마인드셋'이라는 개념이 큰 반향을 일으켰습니다. 미국의 심리학자 캐롤 드웩의 연구는 지능이나 성격이 고정된 것이 아니라 노력에 따라 변화할 수 있다는 믿음이 학습성과에 큰 영향을 미친다는 것을 보여주었습니다.6 직장에서도 긍정심리학의 영향이 두드러집니다. 갤럽의 스트렝스파인더와 같은 도구들이 개발되어 직원들의 강점을 발견하고 활용하는 데 사용되고 있습니다.7 이는 마치 오케스트라에서 각 악기의 특성을 살려 조화로운 연주를 만들어내는 것과 같습니다.

　　개인의 삶에서도 긍정심리학은 큰 변화를 가져왔습니다. 감사일기 쓰기나 남을 돕는 행동실천 같은 간단한 활동이 우리의 행복감을 높일 수 있다는 연구결과들이 발표되었습니다. 하버드대 심리학 교수 탈 벤 샤하르는 행복의 개념과 실천방법을 대중화하는 데 큰 역할을 했습니다.8

　　사회적으로는 국가 차원의 행복지수 도입 등으로 이어졌습니다. 유엔 산하 지속가능발전해법네트워크의 '세계행복보고서'나 OECD의 '삶의 질 지수', 부탄의 '국민총행복(GNH)', 갤럽의 글로벌 웰빙지수 등이 그 예입니다. 이는 국민총생산만으로는 측정할 수 없는 삶의 질적 측면에 주목하게 만들었습니다. 특히 부탄의 국민총행복 지수는 경제적으로 발전 중인 나라에서조차 삶의 전반적인 질과 인간다운 삶을 위한 지향을 국가정책의 기본으로 삼는 시도로, 행복의 본질에 대한 깊은 질문을 던집니다.

　　긍정심리학은 또한 회복탄력성 연구를 통해 역경을 극복하는 힘에 대한 이해를 넓혔습니다. 에미 워너의 연구는 40년간의 연구를 통해 위험요인에도 불구하고 성공적으로 성장한 아이들의 특성을 밝혀냈습니다.[9] 이는 마치 작은 씨앗이 바위틈에서도 꽃을 피우는 것과 같은 인간의 놀라운 적응력을 보여주는 것입니다.

긍정심리학은 우리에게 더 나은 삶을 위한 새로운 시각을 제공했습니다. 개인이 가진 잠재력을 최대한 발휘하며 의미 있는 삶을 살아갈 수 있도록 돕는 것입니다. 마치 등대가 어두운 바다를 항해하는 배들에게 길을 밝혀주듯, 긍정심리학은 우리의 삶에 새로운 방향과 희망을 제시하고 있습니다.

2

긍정심리학의 한계와 비판

긍정심리학은 20세기 말 시작된 이래, 심리학계와 대중 모두에게 큰 관심을 받아왔습니다. 인간의 강점과 미덕, 행복과 웰빙에 초점을 맞춘 이 새로운 접근법은 많은 이들에게 희망과 영감을 주었습니다. 그러나 모든 학문 분야가 그렇듯, 긍정심리학 역시 완벽하지 않으며 여러 가지 한계와 비판에 직면해 있습니다. 이 장에서는 긍정심리학이 마주한 주요 도전들을 살펴보고, 이를 통해 이 분야의 더 나은 발전 방향을 모색해보고자 합니다.

과도한 긍정 강조와 현실 왜곡

우리는 요즘 누구나 '항상 긍정적으로 생각하세요!' 이런 말을 자주 듣습니다. 긍정심리학의 대중화와 함께, 이런 식의 조언이 만연합니다. 하지만 이는 현실을 왜곡하고 오히려 사람들에게 부담을 줄 수 있는 위험한 태도입니다.

바버라 에런라이크는 그의 저서 《긍정의 배신》에서 이를 강제된 '긍정주의'라고 강하게 비판했습니다.[10] 그녀는 유방암 진단을 받은 후 겪은 개인적 경험을 토대로, 과도한 긍정성 강조가 오히려 환자들에게 심리적 부담을 줄 수 있다고 지적했습니다. 심지어 암을 '선물'로 여기라는 극단적 긍정주의는 만약 치료가 실패했을 때 환자는 비난의 화살을 자기 자신에게 돌릴 수밖에 없다고 말합니다. 항상 긍정적이어야 한다는 압박감은 오히려 불안과 죄책감을 유발할 수 있다는 것입니다.

SNS에서 우리가 마주하는 타인의 모습은 마치 완벽한 영화의 한 장면 같습니다. 화려한 식당의 맛있는 음식들, 이국적인 휴가지의 멋진 풍경, 멋진 공연관람 사진까지 다양합니다. 하지만 이런 행복한 순간들만을 보여주는 SNS는 우리의 현실인식을 심각하게 왜곡할 수 있습니다. 실제로 한 연구에 따르면, SNS를 많이 사용하는 사람들이 더 높은 수준의 불안과 우울을 경험한다고 합니다.[11] '나만 불행한 것 같아'라는 생각은 SNS가 만들어낸 가장 큰 착각일지도 모릅니다. 남들의 SNS 속 행복한 순간들은 그들 삶의 전부가 아닌, 단지 '엄선된 하이라이트'일 뿐이니까요. 한편 그런 행복한 순간마저 남에게 긍정적인 인상을 주기 위한 필사의 노력일 수 있습니다. 이처럼 과도한 긍정의 강요는 때로는 우리의 일상적인 행복마저 위협할 수 있습니다.

과도한 긍정성 강조는 개인적 차원을 넘어 사회적으로도 문제를 일으킬 수 있습니다. 금융위기 직전, 미국 경제는 부동산시장의 거품으로 인해 심각한 리스크에 직면해 있었지만, 기업들은 끊임없는 성장을 위한 긍정적 사고를 강조하며 이를 무시했습니다. 특히 은행과 대형 금융기관에서는 위험을 고려하기보다는 긍정적 태도로 성과를 유지하려는 분위기가 팽배했습니다. 직원들은 '긍정적으로 생각하라'는 압박을 받으며, 주택담보대출을 승인할 때도 리스크를 무시하고 대출을 확대하라는 지시를 받았습니다. 이런 낙관적 사고는 수익극대화라는 목표와 맞물리면서 현실적인 판단을 흐리게 만들었습니다. 그 결과 금융위기가 도래했을 때 그 파장은 전 세계로 확산되었습니다. 이는 긍정적 사고가 단순히 개인의 내면에서 끝나는 것이 아니라, 집단적 행동과 사회적 현상으로도 확대되어 현실을 왜곡할 수 있음을 보여주는 강력한 사례입니다.

문화적 편향성과 서구중심주의

긍정심리학은 주로 서구, 특히 미국에서 발전했습니다. 따라서 그 이론과 연구는 서구문화의 개인주의적 가치에 크게 의존하고 있습니다. 긍정심리학의 많은 연구는 비서구권의 집단주의적 가치관을 충분히 반영하지 못했습니다. 이는 단순히 학문적 편향성의 문제를 넘어, 다양한 문화권의 행복과 웰빙에 대한 이해를 제한할 수 있는 심각한 문제입니다.

에드 디너와 서은국 등의 연구는 행복에 대한 개념이 문화적으로 어떻게 다르게 정의되고 경험되는지를 탐구했습니다.[12] 그들은 서구문화와 동양문화의 행복 개념이 상당히 다르다는 점을 지적했습니다. 서구의 개인주의 문화에서는 주로 개인의 성취와 자기실현이 행복의 핵심 요소로 여겨지지만, 동양의 집단주의 문화에서는 가족, 사회적 관계, 조화로움이 더 중요한 요소로 작용합니다. 예를 들어, 서구권에서는 개인이 자신의 욕구를 충족하고 독립적으로 성취할 때 행복을 느끼는 경향이 강하지만, 동아시아 문화에서는 타인과의 조화로운 관계 속에서 행복을 찾는 경향이 있습니다. 이들의 연구는 긍정심리학에서 보편적 행복 개념을 정의하려는 시도가 문화적 편향성을 지닐 수 있음을 보여주며, 행복의 다양한 형태를 이해하고 수용하는 것이 필요하다는 점을 제시합니다.

또한, 긍정심리학의 주요 연구들이 주로 WEIRD(Western, Educated, Industrialized, Rich, and Democratic) 사회의 표본을 대상으로 하고 있다는 점도 지적됩니다.[13] 심리학자 조셉 헨리치와 그의 동료들은 심리학 연구의 대부분이 WEIRD 사회의 사람들을 대상으로 하고 있으며, 이들은 전체 인구의 매우 특이한(weird) 표본이라고 지적했습니다. 이 연구 표본의 편향성이 인간 심리의 보편성을 이해하는 데 심각한 한계를 가져올 수 있다고 주장했습니다.

에드 디너와 그의 동료들이 1985년에 개발한 '삶의 만족도 척도'는 현재 전 세계적으로 가장 널리 사용되는 주관적 웰빙 측정도구 중 하나입니다.[14] 이 척도는 단순하면서도 효과적이라는 평가를 받아왔습니다. '대체로 나의 삶은 나의 이상과 가깝다', '내 삶의 상황들은 매우 좋다' 등 5개의 문항에 대해 7점 척도로 응답하도록 되어 있죠. 하지만 이 척도가 과연 모든 문화권의 행복 개념을 정확히 반영하고 있는지는 의문입니다.

부정적인 경험의 가치 경시

긍정심리학은 종종 부정적인 감정이나 경험을 피해야 할 것으로 다룹니다. 하지만 이는 인간 경험의 중요한 부분을 무시하는 것일 수 있습니다. 부정적 경험은 종종 성장과 깊이 있는 통찰의 원천이 되며, 이를 무시하는 것은 인간 경험의 풍부함을 놓치는 결과를 낳을 수 있습니다.

심리학자 토드 카시단과 로버트 비스워스 디너는 그들의 저서에서 분노, 불안, 죄책감 같은 부정적 감정들도 적응적 가치가 있다고 주장합니다. 예를 들어, 적절한 분노는 부당한 상황에 대처하는 동기가 될 수 있고, 불안은 위험을 피하는 데 도움이 될 수 있습니다.[15] 심리학자 수전 데이비드도 부정적인 감정이 장애물이 아니라 우리 내면에 숨겨진 욕구와 필요를 알려주는 중요한 신호라고 강조합니다.[16]

철학자 프리드리히 니체는 '고통 없이는 성장도 없다'라고 말했습니다. 이는 부정적 경험이 개인의 성장과 발전에 필수적일 수 있음을 시사합니다. 실제로 많은 위대한 예술작품들은 작가의 고통과 슬픔에서 비롯되었습니다. 반 고흐의 그림이나 베토벤의 음악은 그들의 고뇌와 고통 없이는 탄생하지 못했을 것입니다.

영화 《죽은 시인의 사회, 1989》는 부정적인 경험이 어떻게 중요한 교훈과 성장을 가져올 수 있는지를 잘 보여줍니다. 영화의 주인공인 존 키팅 선생님(로빈 윌리엄스 분)은 학생들에게 기존의 규범과 고정관념에 도전하고, 자신의 감정과 열정을 발견할 수 있도록 격려합니다. 학생들은 시를 통해 자신들의 내면 깊숙한 감정, 갈등, 슬픔을 마주하게 됩니다. 특히, 학생인 닐 페리(로버트 숀 레너드 분)는 자신의 꿈과 아버지의 기대 사이에서 큰 갈등을 겪게 되면서, 고통스러운 경험을 합니다. 이 갈등은 닐에게 매우 큰 압박감을 주지만, 동시에 자신이 진정으로 원하는 것이 무엇인지 깨닫게 합니다. 이 영화는 부정적인 감정이 단순히 억제해야 할 것이 아니라, 진정한 자아를 발견하고 성장하는 데 필수적인 요소임을 강조합니다.

구조적 문제에 대한 무관심

긍정심리학은 종종 개인의 태도와 행동 변화에만 초점을 맞추어, 사회구조적 문제를 간과한다는 비판을 받습니다. 이는 개인의 행복과 웰빙이 단순히 개인의 선택이나 노력만으로 결정되는 것이 아니라는 점을 고려하지 않는다는 지적입니다.

심리학자 데이비드 스메일은 그의 저서 《불행의 기원》에서 개인의 불행이 주로 사회경제적 조건에서 비롯된다고 주장했습니다.[17] 그는 단순히 긍정적 사고만으로는 이러한 문제를 해결할 수 없다고 지적했습니다. 예를 들어, 빈곤, 차별, 불평등과 같은 구조적 문제들은 개인의 긍정적 태도만으로는 해결되기 어렵습니다.

사회학자 에바 일루즈는 그의 저서에서 긍정심리학과 자기계발 산업이 사회문제를 개인화하는 경향이 있다고 비판했습니다.[18] 그는 우리 시대에 개인의 불행이나 고통이 마치 전적으로 개인의 책임인 것처럼 여겨지는 현상을 비판합니다. 예를 들어, 직장에서 번아웃을 경험하는 직원에게 마인드 컨트롤이나 긍정적 사고를 권하는 것이 대표적입니다. 이는 마치 과도한 업무량이나 조직문화의 문제가 아니라, 개인의 정신적 관리능력이 부족한 것이 문제라고 말하는 것과 같죠. 또 다른 예시로, 청년실업 문제를 들 수 있습니다. '취업이 안 되는 것은 당신의 노력이 부족해서'라는 식의 접근은 실업의 구조적 원인은 무시한 채 개인의 책임만을 강조합니다. 이런 식의 '개인화'는 사회문제에 대한 집단적 해결책을 모색하는 대신, 개인의 심리적 변화만을 요구하게 됩니다. 일루즈는 이러한 현상이 결과적으로 사회변화의 가능성을 차단하고, 현존하는 불평등한 구조를 정당화하는 데 기여할 수 있다고 경고합니다. 그의 통찰은 긍정적 마인드나 자기계발이라는 달콤한 말 뒤에 숨겨진 사회적 책임 회피의 측면을 돌아보게 합니다.

영화 《조커, 2019》는 이 문제를 극단적으로 보여줍니다. 주인공의 정신질환은 개인의 문제라기보다는 사회의 구조적 문제에서 비롯된 것으로 그려집니다. 이는 개인의 정신건강이 사회구조와 밀접하게 연관되어 있음을 강조합니다.

실제로, WHO의 정신건강에 관한 세계보건보고서에 따르면, 저소득 국가의 우울증 발병률이 고소득 국가보다 높다고 합니다.19 경제적 어려움과 사회적 불안정이 우울증과 같은 정신건강 문제를 증가시키는 중요한 요인으로 작용할 수 있다고 언급합니다. 저소득 국가에서 우울증을 포함한 정신건강 문제가 심각한 사회적 문제로 존재하며, 이를 해결하기 위해 다양한 구조적 접근이 필요하다는 점을 분명히 하고 있습니다. 결코 정신건강이나 행복, 불행의 문제가 순수하게 개인의 문제가 아니라 구조적 문제라는 것입니다.

구조적 문제를 회피한 개인화 경향의 대표적인 예시는 언론에서 자주 '자살' 대신 사용하는 '극단적 선택'이라는 표현에서도 찾아볼 수 있습니다. 이 표현은 자살을 마치 개인의 합리적이고 자발적인 '선택'인 것처럼 암시함으로써, 그 배경에 있는 사회구조적 문제들 — 가령 경제적 불평등, 과도한 경쟁, 불안정한 고용 등 — 을 은폐하는 효과를 낳습니다. 또한 이는 당사자에게 모든 책임을 전가하는 위험한 관점을 강화할 수 있습니다. 나아가 이 표현은 유가족의 죄책감을 강화하여 2차 피해를 가중시킬 수 있습니다.

방법론적 한계와 과학적 엄밀성 부족

긍정심리학은 종종 그 연구방법론적 한계와 과학적 엄밀성 면에서 비판받습니다. 많은 연구들이 단기적 효과에 치중하거나, 상관관계를 인과관계로 오해하는 경향이 있습니다. 또한, 긍정심리학의 일부 개념들은 측정하기 어렵거나 모호하다는 지적도 있습니다.

한동안 심리학계를 휘어잡았던 바버라 프레드릭슨의 확장—구축이론은 긍정적 정서가 우리의 사고와 행동 범위를 넓혀준다고 주장했습니다. 마치 따뜻한 봄볕이 꽃을 피워내듯, 긍정적인 감정이 우리의 잠재력을 활짝 꽃피게 할 것처럼 말입니다. 하지만 이후 진행된 여러 연구들은 이 이론이 서 있는 과학적 토대가 그리 단단하지 않다는 것을 보여주었습니다.[20] 그루버와 동료들은 '행복의 어두운 면'에 대한 연구에서 흥미로운 지적을 합니다. 긍정적 감정과 창의성, 문제해결능력 사이의 관계가 생각보다 훨씬 복잡하다는 것입니다. 마치 인과관계를 정확히 알 수 없는 것처럼, 긍정적 감정이 더 나은 수행을 이끄는 것인지, 아니면 반대로 성공적인 수행이 긍정적 감정을 만들어내는 것인지 명확하지 않다는 겁니다.[21] 더욱 근본적인 문제도 있습니다. 대부분의 연구가 실험실이라는 인위적인 환경에서 이루어졌다는 점입니다. 긍정적 정서의 문제 해결효과는 단기적이라고 나타났습니다. 또한 일상적 문제해결에서 긍정적 정서의 효과는 제한적이고, 때로는 문제의 심각성을 과소평가하게 만들 수 있으며, 장기적 관점에서 문제해결 효율성이 반드시 향상되지는 않는다고 합니다. 셀리그만이 제안한 긍정심리학 개입방법들은 과학적 검증과정이 충분하지 않다는 지적을 받았습니다. 심리학자 제임스 코인은 이러한 연구들이 방법론적으로 취약하며, 결과를 과대 해석하는 경향이 있다고 비판했습니다.[22] 또한, 긍정심리학 연구의 많은 부분이 응답자 스스로 표시하는 자기보고식 설문에 의존하고 있다는 점도 문제로 지적됩니다. 이는 응답자의 주관적 편향이나 사회적 바람직성 편향에 취약할 수 있습니다. 예를 들어, 사람들은 자신을 실제보다 더 행복하거나 긍정적으로 보고하는 경향이 있을 수 있습니다.

널리 알려진 심리학자 바버라 프레드릭슨의 긍정성 비율(3:1) 이론은 이러한 잘못된 방법론적 문제의 한 예시입니다. 그녀는 긍정적 감정과 부정적 감정의 이상적인 비율이 2.9013:1이라고 주장했지만, 이 연구는 나중에 수학적 오류가 있었다는 후속연구에 의해 날카로운 지적을 받았습니다.[23]

또한, 긍정심리학은 과학적 방법의 실증주의 패러다임이 진리 주장을 검증하는 유일한 방법이자 행복, 웰빙, 번영을 달성하는 유일하고 좋은 신뢰할 수 있는 방법이라고 믿습니다. 과학주의에 대한 이런 믿음은 환상에 불과하며 과학적 진보에 해를 끼친다는 비판이 있습니다. 아쉽게도 이런 연구 중 상당수는 재연에 실패하고 측정도구의 구성타당도가

부족하여 인간의 요구와 거의 관련이 없는 경우도 많습니다.[24]

과학철학자 칼 포퍼는 과학적 이론이라면 그것이 틀렸다는 것을 증명할 수 있는 즉, 반증가능해야 한다고 주장했습니다.[25] 그러나 긍정심리학의 일부 개념들은 너무 모호하거나 광범위해서 실제로 반증하기 어려운 경우가 있습니다. 예를 들어, '행복', '자아실현', '긍정성 비율'과 같은 개념들은 정의하고 측정하기가 매우 어렵습니다. 긍정심리학이 더욱 신뢰할 수 있는 학문 분야로 발전하기 위해서는 이러한 방법론적 한계들을 인식하고, 더욱 엄격한 연구설계와 해석이 필요할 것입니다.

행복의 상품화(행복산업의 그늘)

긍정심리학의 대중화와 함께 행복산업이 급속도로 성장했습니다. 긍정심리학이 자기계발 산업과 결합하면서 '행복'이 마치 상품처럼 상업화되는 현상이 발생했습니다. 자기계발서, 행복 앱, 웰빙 프로그램 등이 범람하고 있습니다. 이는 특정 프로그램이나 제품을 통해 쉽게 행복을 구매할 수 있다는 착각을 불러일으킬 수 있습니다. 이러한 현상은 행복의 본질을 왜곡하고, 오히려 사람들에게 더 많은 압박과 스트레스를 줄 수 있다는 우려가 제기됩니다.

윌리엄 데이비스는 그의 저서 《행복산업》에서 행복의 상품화가 오히려 사람들을 더 불행하게 만들 수 있다고 경고합니다. 행복을 추구해야 할 의무로 여기게 되면, 오히려 스트레스와 불안이 증가할 수 있다는 것입니다. 그는 행복이 측정되고 관리되는 대상이 되면서, 오히려 그 진정한 의미를 잃어가고 있다고 주장합니다.[26]

프랑스의 철학자 파스칼 브뤼크네르는 그의 저서 《영원한 황홀》에서 현대 사회의 행복의 의무에 대해 비판합니다. 그는 행복을 추구해야 한다는 사회적 압력이 오히려 사람들을 불행하게 만들 수 있다고 주장합니다.27

또한, 행복산업의 성장은 행복의 개념을 지나치게 단순화하고 획일화할 위험이 있습니다. 예를 들어, 명상 앱이나 마음챙김 프로그램들이 복잡한 동양철학의 개념들을 단순화하여 제공하는 경우가 많습니다. 이는 행복과 웰빙에 대한 깊이 있는 이해를 방해할 수 있습니다.

결론적으로, 긍정심리학은 인간의 행복과 웰빙을 증진시키려는 고귀한 목표를 가지고 있습니다. 그러나 위에서 살펴본 여러 가지 한계와 비판점들은 긍정심리학이 앞으로 더 균형 잡힌 관점을 취하고, 삶의 모든 측면을 포괄적으로 이해하기 위한 반성적 태도를 필요로 한다는 점을 보여줍니다. 긍정심리학이 이러한 비판들을 진지하게 받아들이고 극복해 나갈 때, 더욱 성숙하고 균형 잡힌 학문으로 발전할 수 있을 것입니다.

우리는 긍정적인 것만큼이나 부정적인 것도, 개인적인 것만큼이나 사회적인 것도 중요하게 여기는 더욱 포괄적인 접근이 필요합니다. 또한, 행복과 웰빙의 문화적 다양성을 인정하고, 더욱 엄격한 과학적 방법론을 적용하며, 행복의 상품화에 대해 비판적으로 성찰할 필요가 있습니다.

이러한 노력을 통해, 우리는 진정한 의미의 행복과 웰빙에 한 걸음 더 가까워질 수 있을 것입니다. 긍정심리학의 미래는 이러한 도전들을 어떻게 극복하고 발전시켜 나가느냐에 달려 있습니다. 우리 모두가 이 여정에 동참하여, 더 나은 삶과 사회를 위한 지혜를 찾아갈 수 있기를 바랍니다.

3

긍정과 부정을 넘어서
: 새로운 긍정심리학의 단계

우리는 삶에서 긍정적인 경험을 추구하곤 합니다. 기쁨, 만족, 행복은 인간에게 힘을 주고, 어려운 상황 속에서도 버텨낼 수 있는 용기를 줍니다. 이런 이유로 긍정심리학이 등장했을 때 많은 사람들이 열광했지요. 행복을 연구하고, 사람들의 강점을 발굴하며, 삶의 의미를 찾는 일이 과학의 영역에 들어오다니, 어찌 보면 신선한 충격이었습니다.

우리는 인생에서 '긍정적으로만 생각하라'는 격려와 조언을 종종 듣습니다. 하지만 이런 말이 때때로 우리에게 더 큰 부담을 줄 수 있다는 것을 느끼게 됩니다. 마치 우리가 일부러 맑은 하늘만을 보려 하는 것처럼 말입니다. 하지만 자연에는 비도 오고 천둥번개도 치는 법입니다.

긍정심리학이 제시하는 '행복'은 정말 우리가 추구해야 할 유일한 목표일까요? 혹은 행복을 찾으려는 그 과정에서 우리는 어떤 중요한 것을 놓치고 있는 것은 아닐까요? 삶의 어두운 면들은 우리가 모두 외면해야 하는 것일까요? 바로 이런 의문이 긍정심리학의 다음 단계를 여는 열쇠가 되었습니다.

긍정심리학 1.0: 행복을 향한 첫 발걸음

긍정심리학의 시작은 1990년대 후반으로 거슬러 올라갑니다. 그 시절 학계는 인간의 정신건강을 주로 결핍, 질병, 부정적 상태의 관점에서 연구했습니다. 우리는 정신건강이란 '없애야 할 문제'로 여겼습니다. 그런데 심리학자 마틴 셀리그만은 새로운 질문을 던졌습니다. "왜 꼭 결핍만 연구해야 하는가? 인간의 긍정적인 면, 행복과 강점에 집중하면 안 될까?" 셀리그만의 이런 물음이 긍정심리학의 탄생을 이끌어냈습니다.

긍정심리학의 초창기 목표는 명확했습니다. 사람들에게 삶의 의미를 찾게 하고, 행복을 추구하며, 낙관적으로 살게 돕는 것이었습니다. 이는 많은 이들에게 희망을 주었고, 특히 자기계발 분야에서는 긍정심리학의 원리를 빠르게 도입하여 큰 성공을 거두었습니다. 사람들은 더 행복해지기 위해 열심히 노력하기 시작했고, 긍정적인 감정과 생각을 훈련하는 법을 배웠습니다.

하지만 모든 일에는 그늘이 있는 법입니다. 시간이 지나면서 사람들은 긍정적인 감정을 추구하다가 역설적으로 부정적인 감정을 억압하고 회피하는 경향을 보이기 시작했습니다. 슬픔, 고통, 불안 같은 감정은 삶에서 중요한 부분이지만, 우리는 그것을 외면하고 행복만을 좇기 시작했습니다. 이로 인해 심리적 갈등이 증가하고, 가식적인 행복이 늘어나는 부작용이 생겨났습니다. 이때 등장한 것이 바로 긍정심리학의 두 번째 물결 즉, 긍정심리학 2.0입니다.

긍정심리학 2.0: 고통을 품은 행복의 심리학

긍정심리학의 두 번째 물결이라고 불리는 긍정심리학 2.0은 인간 경험의 이면을 인정하는 데서 출발합니다. 인간은 단지 행복을 추구하는 존재가 아니라, 고통과 실패, 상실을 통해 성숙해지는 존재이기도 합니다. 긍정심리학 2.0은 그간 긍정심리학이 지나치게 '행복'에만 몰두했던 것을 비판하며, 고통의 의미와 그것이 우리 삶에서 차지하는 가치를 탐구합니다.

실제로, 심리학자들은 많은 트라우마 경험자들이 그 고통을 통해 내면적으로 더 성장하는 것을 관찰했습니다. 이를 '외상 후 성장(PTG, Post-Traumatic Growth)'이라고 합니다. 트라우마를 겪은 후 그 고통을 이겨내며 내면적으로 성장하는 과정을 의미합니다. 이는 부정적인 경험이 오히려 새로운 의미를 발견하는 기회가 될 수 있음을 시사합니다. 물론 고통이 당장 좋다는 이야기는 아닙니다. 다만, 피할 수 없는 고통이라면 그것을 어떻게 받아들이고 내 삶의 일부로 만들어가는지가 중요한 것이죠.

긍정심리학 2.0은 긍정과 부정이라는 이분법적 구도를 넘어, 고통을 포함한 인간의 모든 감정과 경험을 가치 있게 바라봅니다. 우리는 기쁨 속에서 뿐만 아니라 슬픔 속에서도 자신을 돌아보고 성장할 수 있습니다. 긍정심리학이 단순히 '행복 추구'에 그치지 않고 삶의 어두운 면도 다루기 시작한 것은 긍정심리학 2.0의 중요한 변화라 할 수 있습니다.

그동안 외면했던 삶의 어두운 측면을 끌어안으려는 진지한 노력입니다.

긍정심리학 3.0: 개인을 넘어 사회적 웰빙으로

하지만 인간의 경험이 개인적인 차원에서만 끝나지 않는 것처럼, 긍정심리학 또한 개인의 행복을 넘어 사회적 웰빙으로 시선을 넓히고 있습니다. 긍정심리학의 세 번째 물결 즉, 긍정심리학 3.0은 단순히 개인의 행복과 성장뿐 아니라, 공동체와 사회의 웰빙을 함께 추구하는 접근입니다. 이는 '공존하는 웰빙'을 중요하게 여기며, 긍정적인 감정이란 개인의 영역에 국한된 것이 아님을 강조합니다.

긍정심리학 3.0에서는 '연대감'과 '사회적 책임'이 중요한 가치로 떠오릅니다. 이 새로운 단계에서는 행복이 단지 나의 목표가 아니라 우리 모두의 목표가 됩니다. 각자가 속한 사회와 공동체의 행복을 함께 추구함으로써 궁극적인 웰빙을 추구하는 것이죠. 여기서 '사회적 웰빙'이란, 개개인의 행복이 함께 어우러져 이루어지는 사회적 상태를 의미합니다. 단순히 나만 행복하고 끝나는 것이 아니라, 내가 속한 사회 전체가 건강하게 잘 살 수 있는 방향을 고민하는 것입니다.

긍정심리학 3.0은 타인의 행복과 나의 행복이 연결되어 있음을 이해하고, 나아가 이 사회적 웰빙이 어떻게 우리의 삶을 더욱 충만하게 하는지를 강조합니다. 이는 우리 사회의 '연대감'과 '사회적 책임'이 얼마나 중요한지를 다시금 일깨워 주는 역할을 합니다. 행복이란 나만의 목표가 아니라, 사회 구성원 모두가 함께 추구해야 하는 이상이라는 것입니다.

실천과 사회적 영향

이론적 발전은 실천으로 이어져야 합니다. 최근 많은 기업들이 직원 행복을 강조하고 있지만, 정작 구조적인 문제는 외면한 채 명상 앱이나 심리상담만 제공하는 것을 보면 안타깝습니다. 존 헬리웰과 그의 동료들은 '사회적 자본과 제도적 신뢰가 개인과 공동체의 웰빙에 핵심적역할을 한다'고 강조합니다.[28] 웰빙이 단순히 개인의 심리상태나 노력만으로 달성될 수 없음을 시사합니다.

최근의 조직심리학 연구들은 조직의 웰빙이 개인 수준의 개입을 넘어 시스템적 접근이 필요하다고 강조합니다. 특히 닐센과 동료들의 연구는 유연근무제, 포용적 리더십, 공정한 보상체계 등 조직 차원의 구조적 변화가 개인 대상의 웰빙 프로그램보다 더 지속가능한 효과를 보인다는 증거를 제시했습니다.[29]

이와 같은 접근을 통해 인간 경험의 복잡성을 인정하고, 긍정심리학이 단순히 긍정적인 면을 연구하는 학문이 아니라 인간 삶 전반을 이해하는 심리학으로 거듭날 수 있기를 바랍니다. 이를 위해 변증법적 접근을 시도하는 것이 중요합니다. 부정적인 경험이 긍정적인 의미로 변화할 수 있는 과정을 탐구하며, 고통을 성장으로 바꾸는 심리적 연금술의 개념을 적극적으로 다룰 필요가 있습니다.

긍정심리학의 새로운 지평을 향해

긍정심리학의 새로운 단계는 우리에게 더 깊은 통찰을 제공합니다.

행복은 단순히 긍정적 감정의 합이 아니라, 삶의 모든 측면을 포용하는 여정임을 알게 되었습니다. 톨스토이가 《안나 카레니나》의 첫 문장을 '행복한 가정은 모두 모습이 비슷하고, 불행한 가정은 모두 제각각의 불행을 안고 있다'로 시작했듯이, 우리 각자의 웰빙도 저마다의 고유한 이야기를 가지고 있습니다. 실제로 최근 연구들은 의미 있는 삶이 반드시 행복한 삶과 일치하지 않을 수 있다는 점을 보여줍니다.30

이제 우리는 새로운 여정을 시작하고 있습니다. 긍정과 부정, 개인과 사회, 행복과 의미를 아우르는 더 넓은 지평을 향해 나아가고 있는 것입니다. 우리의 삶에서도 이러한 통합적 관점이 새로운 통찰과 성장의 씨앗이 되기를 희망합니다.

빛의 그림자

: 긍정성의 부정적 측면

사람은 빛의 존재에 대한 판타지가 아닌,
내면의 어둠을 인정함으로써 빛이 난다

-카를 융

1

행복의 함정

행복은 나비와 같다. 당신이 잡으려 하면 도망가지만, 조용히 앉아 있으면 어깨에 내려앉는다.

- 헨리 데이비드 소로

지금은 행복의 시대입니다. 사람들은 누구나 행복을 말하고 행복을 추구합니다. 행복은 긍정적 삶의 요소 중에 맨 앞자리를 차지할 만큼 중요합니다. 행복은 긍정적 삶의 요소인 긍정적 정서, 인지, 행동, 상태의 결과이자 과정이라고 할 수 있습

스마일 이미지

니다. '행복'을 생각할 때 가장 먼저 떠올리는 이미지는 노란색 스마일일 것입니다. 하지만 역설적이게도 스마일 이미지도 저작권 관련해서 주의해야 한답니다. 그래서 필자가 AI와 협력해서 조금은 새로운 이미지를 그렸습니다. 하지만 이 그림은 큰 오해를 불러일으킬 수 있습니다. 긍정

심리학을 행복학이나 행복의 피상적인 형태와 동일시하고 있기 때문입니다.[1]

일반적으로 행복은 개인이 경험하는 긍정적 정서상태와 전반적인 삶의 만족을 의미합니다. 심리학에서 행복은 다양한 정의와 개념으로 나타납니다. 특히 1990년대 말부터 시작되어 빠른 속도로 확산된 긍정심리학 영향이기도 합니다. 심리학에서 행복은 주관적 웰빙, 삶의 만족, 심리적 웰빙, 긍정적 정서와 의미 등으로 연구하는 학자들이 많습니다.

현대의 시대정신이자 삶의 목적이라고 할 수 있는 행복에도 부정적 측면이 있습니다. 행복을 추구하는 과정에서의 극단적이거나 잘못된 접근은 개인과 사회에 다양한 부정적 영향을 미칠 수 있습니다. 특히 우리가 주의해야 할 네 가지 함정을 알아보겠습니다.

쾌락적 행복의 덫

먼저 현대의 행복은 너무 쾌락적 행복에 치우쳐 있는 듯합니다. 행복이 쾌락의 덫에 걸렸다고 할 수 있습니다. 사람들이 일시적인 쾌락이나 즐거움을 추구하면 점차 더 큰 자극과 즐거움을 원하게 됩니다. 일시적인 즐거움에만 집중하게 되면 장기적인 만족이나 의미 있는 성취를 경험하기 어렵습니다. 반복적으로 더 큰 자극을 추구하면서 불만족과 공허감을 느끼게 됩니다. 쾌락적 행복은 필연적으로 다른 사람들과 비교하여 판단하게 됩니다. 특히 소셜미디어에서는 경쟁적으로 행복을 자랑하는 일이 만연합니다. 다른 사람들과 자신의 행복을 비교하는 것은 시기심과 질투를 유발하며, 자신의 성취와 행복을 과소평가하게 만듭니다. 이는 자존감 저하와 불만족을 초래할 수 있습니다. 물질적 소유와 소비를 통해 행복을 얻으려는 경향이 있고, 경제적 성장과 광고의 영향으로 더욱 강화됩니다. 물질적 소유에 의존하는 행복은 일시적이며, 지속적인 만족을 제공하지 않습니다. 또한, 과도한 소비는 재정적 문제와 환경 파괴를 초래할 수 있습니다.

심리학자 브릭맨과 캠벨이 1971년 연구에서 '쾌락적응' 또는 '쾌락의 쳇바퀴'라고 명명한 현상입니다.[2] 더욱 흥미로운 것은 브릭맨과 그의 동료들이 1978년에 발표한 연구입니다. 그들은 복권 당첨자들과 사고 피해자들의 행복도를 비교했는데, 시간이 지나면서 두 집단의 행복 수준이 비슷해지는 현상을 발견했습니다.[3] 이는 사람들이 특정한 긍정적이거나 부정적인 사건을 경험한 후 시간이 지나면 본래의 행복 수준으로 되돌아오는 경향이 있다는 점을 보여줍니다. 그 후 에드 디너와 동료들의 연구는 이러한 쾌락적응 이론을 더욱 발전시켜, 개인과 상황에 따라 적응 수준이 다르게 나타날 수 있다고 설명합니다.[4] 일시적인 사건에 대한 적응은 빠르게 이루어질 수 있지만, 심각한 손실(예: 장애나 실직)이나 장기적인 변화는 더디게 적응되거나, 때로는 완전한 적응이 이루어지지 않는 경우도 있습니다.

아리스토텔레스는 일시적인 쾌락보다는 '좋은 삶(eudaimonia)'을 추구할 것을 권장했습니다. 이 개념은 일시적인 만족이 아니라 삶의 목적과 의미를 찾아가는 과정에서 얻는 깊은 행복을 강조합니다.[5]

행복의 역설: 추구할수록 멀어지는 행복

행복은 추구하면 할수록 멀어지는 역설이 있습니다. 행복은 나비와 같습니다. 헨리 데이비드 소로나 너새니얼 호손이 말한 것처럼 행복은 나비와 같아서 잡으려 하면 달아나지만 다른 것에 주의를 기울이면 오히려 조용히 우리 어깨 위에 내려앉기도 합니다. 두 세기를 지나서도 오늘까지 이 말이 울림을 주고 있습니다. 행복은 직접적으로 추구하면 멀어지지만, 다른 목표나 활동에 집중하면 저절로 찾아오기도 한다는 것입니다. 이는 행복(happiness)의 어원에서도 유추해 볼 수 있습니다. 행복은 단순한 단어이지만 믿기지 않을 정도로 탄력적이고 정의하기 어려운 단어이기도 합니다. 옥스퍼드 영어사전에서는 행복이란 단어의 어원을 추적해서 행운이나 우연으로 찾아오는 것이란 뜻인 happen이나 happenstance와 같은 뿌리를 갖는다고 합니다. 고대영어 단어 'hap'은 '운', '우연', '행운'을 의미합니다.6 이는 스칸디나비아의 고대 노르드어 'happ'에서 유래한 것으로, 동일하게 '운', '행운'을 뜻합니다. 아주 오래전 조상들은 행복을 억지로 추구한다고 달성할 수 있는 것이 아니란 걸 알고 있었나 봅니다. 게다가 UC 버클리의 사회심리학 교수 이리스 모스는 행복을 좇는 행동이 오히려 불행을 야기한다는 결과를 발표하기도 하였습니다.7

그리스 라틴문학에서 미다스 왕의 손 이야기는 행복의 역설을 은유적으로 보여줍니다. 금을 만지는 능력을 바라는 미다스가 결국 사랑하는 가족까지 금으로 만들어버리며 불행해지는 내용을 다룹니다.8 미다스 왕은 디오니소스신으로부터 만지는 모든 것을 황금으로 바꾸는 능력을 부여받지만, 결국 이 능력이 삶에 큰 불행을 초래하게 되면서 이를 되돌리고자 노력하는 내용을 담고 있습니다. 이 이야기는 과도한 욕심과 지나친 추구가 행복을 빼앗는 것을 보여줍니다.

근시안적 사고로 타인의 불행을 무시

행복한 사람은 자신이 행복한 나머지 근시안적 사고에 빠져 타인과 사회의 불행과 고통을 좌시할 수 있습니다. 우리는 자신의 노력에 의해서든, 유전이나 상속 혹은 운에 의해서든 행복한 상태에 이를 수 있을지도 모릅니다. 그러나 이런 행복한 상태의 보이지 않는 위험은 온 삶이 이토록 살기 좋은 것이라고 믿게 하기 쉽습니다. 우리는 여러 잘못으로 인해 모든 사람의 행복을 훼손하는 사회적 불평등과 같은 불행을 묵인하게 될 위험이 있습니다.

심리학에서 긍정적 착각은 개인이 자신의 긍정적인 상태와 성과에 과도하게 몰두하게 만들며, 이를 유지하려는 심리적 경향이 강해질수록 타인과 사회의 문제에 대한 관심이 약화될 수 있습니다. 연구에 따르면 자신이 행복하다고 믿는 사람들은 자신의 삶을 더 긍정적으로 바라보고, 이로 인해 사회적 불평등이나 타인의 고통을 무시하거나 간과할 위험이 높아집니다.[9] 이러한 현상은 개인이 자신의 행복을 유지하기 위해 불편한 현실을 외면하고, 심리적 방어기제로 타인의 불행을 거리두는 방식으로 나타납니다. 결과적으로 긍정적 착각은 타인에 대한 공감을 억제하고, 근시안적 사고를 강화하여 사회적 책임을 간과하게 할 수 있습니다. UC 버클리의 피프와 동료 연구진들은 충격적인 연구 결과들을 발표했습니다.10 상위 계층의 사람들이 하위 계층보다 비윤리적 행동을 더 많이 하며, 공감능력과 친사회적 행동이 더 낮은 경향이 있다는 것입니다. 특히 2010년 연구에서는 사회경제적 지위가 높을수록 타인의 고통에 대한 공감 수준이 낮아지는 현상을 실증적으로 입증했습니다.11

영화 《기생충, 2019》에서 부유한 박 사장 가족은 자신의 행복한 생활에 몰두하며, 집에서 일하는 가정부와 운전사의 어려움을 간과합니다. 박 사장(이선균 분) 가족은 넓고 화려한 집에서 편안한 생활을 하며, 가난한 기택(송강호 분) 가족이 겪는 어려움에 대해 전혀 인식하지 못합니다. 이러한 무관심과 외면은 우리 사회의 단면을 그대로 보여줍니다. 개인의 행복에 몰두하게 되면 사회적 책임과 공감능력이 약화되어 주변의 문제를 간과하게 됩니다. 우리가 만끽하는 행복이 따뜻한 세상을 만들기 위한 행동을 못하게 할 수 있습니다. 자신뿐만 아니라 타인과 사회 전체의 행복을 생각하는 균형 있는 자세가 필요합니다. 어쩌면 우리는 참 인간적인 세상을 위해 불편함을 느껴야 할지도 모릅니다. 우리는 그 정도의 불편함은 기꺼이 느낄 필요가 있습니다.

부정적 감정 억압과 행복해야 한다는 압박

행복은 부정적인 감정을 억압하고 항상 행복해야 한다는 사회적 압박을 느낄 수 있습니다. 누군가의 행복은 다른 누군가에게 압박감을 줄 수 있습니다. 긍정적인 감정만을 추구하고, 부정적인 감정을 억압하려는 경향도 나타납니다. 부정적인 감정을 무시하거나 억압하는 것은 장기적으로 정서적 문제를 초래할 수 있습니다. 불안, 우울증, 스트레스 등의 문제로 이어질 수 있으며, 감정적인 균형을 잃게 만듭니다. 또한 항상 행복해야 한다는 사회적 기대와 보이지 않는 압박이 존재합니다. 직업 세계에서 많은 회사들이 직원들의 긍정적인 태도를 유지하도록 권장합니다. 이는 직원들이 실제로 느끼는 스트레스나 불만을 표현하지 못하게 만들 수 있습니다. 어떤 회사들은 행복과 긍정을 강조하면서, 직원들이 불만이나 문제를 제기하는 것을 꺼리게 만들기도 합니다. 이는 감정적 억압을 초래하고, 직장 내 스트레스와 번아웃을 증가시킬 수 있습니다. 소셜미디어에서는 사람들의 행복한 모습이 과장되게 노출되는 경향이 있습니다. 친구들의 행복한 모습이나 성공적인 삶을 보면서, 자신도 그런 모습을 보여야 한다는 압박을 느낄 수 있습니다. 이런 현상은 자신의 진정한 감정이나 어려움을 억압하게 만들고, 심리적 스트레스를 유발할 수 있습니다.

영화《인사이드 아웃(Inside Out), 2015》에서 주인공 라일리의 머릿속에서 감정들이 서로 상호작용하는 과정이 잘 나타납니다. 주요 감정들 중 기쁨(Joy)은 라일리의 행복을 유지하기 위해 다른 부정적 감정들, 특히 슬픔을 억압하려 합니다. 기쁨이 슬픔을 억압하려 하면서, 라일리는 자신의 부정적인 감정을 제대로 표현하거나 경험하지 못하게 됩니다. 이는 결국 라일리의 정서적 균형을 무너뜨리고, 큰 혼란을 초래하게 됩니다.

행복의 함정을 이야기 할 때 앞서 언급한 안나 카레니나의 법칙을 떠올리게 됩니다. 안나 카레니나 법칙은 러시아의 문호 레프 톨스토이의 소설《안나 카레니나》12의 첫 문장에서 유래한 개념입니다. '행복한 가정은 모두 모습이 비슷하고, 불행한 가정은 모두 제각각의 불행을 안고 있다'로 시작합니다. 나는 이 문장을 응용하여 '행복은 모두 비슷하지만 불행은 제각각의 이유로 불행하다'라고 말할 수 있습니다. 안나 카레니나 법칙으로 행복의 복잡성과 취약성을 설명할 수 있습니다. 행복을 유지하기 위해서는 다양한 요소들이 균형을 이루어야 하며, 하나의 결함이나 부정적 측면이 전체적인 행복을 저해할 수 있습니다. 행복이 단순한 감정이 아닌, 여러 복합적 요소들의 조화로 이루어진 상태임을 이해하고, 행복의 함정에 빠지지 않도록 주의해야 합니다. 그래야 더 인간적이고 의미있는 행복을 오랫동안 유지할 수 있습니다.

2

🚪

공감의 두 얼굴

공감은 형편없는 도덕적 지침이다. 편향되어 있고, 편협하며, 수를 셀 줄도
모른다.

- 폴 블룸

우리는 공감의 시대에 살고 있습니다. 프랑스 드 발은 진화심리학
자답게 탐욕의 시대가 가고 공감의 시대가 왔다고 했습니다.[13] 공감능력
은 우리가 다른 사람의 시선으로 세상을 바라보고, 다른 사람의 감정을
함께 느낄 수 있게 해줍니다.[14] 공감에는 좋은 점이 많습니다. 우리가
아름다운 예술을 감상하거나 역동적인 스포츠를 보며 즐거워할 수 있는
것도 공감능력 덕분입니다. 공감은 착한 행동을 하도록 자극하는 역할
도 합니다. 타인의 고통이나 슬픔을 나눌 수 있는 것도 공감능력의 긍정
적 가치입니다. 미래학자 제레미 리프킨은 공감의 시대를 역설하고 있
습니다.

인간이 본래 공격적이고 물질적이고 실리적이고 이기적이라는 오래된 믿음은 도마 위에 오를 수밖에 없게 되었다. 오히려 인간이 근본적으로 공감하는 종이라는 새삼스러운 깨달음이 영향력을 넓혀 가는 추세이다.15

공감은 일반적으로 긍정적인 삶의 요소라고 생각합니다. 인류가 살아남을 수 있는 필수요소라고도 인식합니다. 그럼에도 공감에는 어두운 측면이 있고 그것이 때로는 우리를 파괴하는 원인으로 작동하기도 합니다. 공감이 드리우는 어두운 얼굴을 몇 가지 정리해 봅니다.

공감의 스포트라이트 효과
: 공감하지 않는 부분에 대한 고통을 보지 못함

공감의 어두운 면을 오랫동안 연구해 온 폴 블룸은 공감을 지금 여기 있는 특정 인물이나 집단에게 초점이 맞춰진 스포트라이트라고 말합니다. 대부분의 사람들이 인간의 도덕적 판단과 행동에 있어 공감이 절대적인 요소라고 생각하지만 실제로 공감은 도덕적인 판단을 흐리고 많은 나쁜 결과를 초래한다는 겁니다.16 공감은 스포트라이트를 받는 그 사람이나 집단에 초점을 둠으로써 공감하지 않거나 공감할 수 없는 사람들의 고통은 보지 못하게 된다는 점입니다. 실제로 스포트라이트 조명은 비추는 부분은 밝고 환하지만 나머지 부분은 어둡고 침침하게 보여 정확히 볼 수가 없습니다.

폴 슬로빅은 공감의 흥미로운 한계를 보여주는 실험을 했습니다. 실험참가자들에게 두 가지 시나리오를 제시했습니다. 하나는 한 명의 굶주린 아프리카 소녀의 이야기였고, 다른 하나는 수백만 명의 기아통계였습니다. 놀랍게도 사람들은 한 명의 구체적인 이야기에 더 큰 감정적 반응을 보였고, 실제로 더 많은 기부금을 냈습니다. 더 놀라운 것은 소녀의 이야기에 추가로 통계자료를 제시했을 때, 오히려 기부 의향이 감소했다는 점입니다. 이는 우리의 뇌가 큰 숫자를 처리할 때 겪는 '심리적 무감각' 현상을 보여줍니다. 마치 스포트라이트가 소녀를 비춘 것과 같고 수백만 명의 통계는 무대 전체에 흐린 조명을 비춘 것과 같은 효과를 보이는 겁니다.

자신이 공감하는 가까운 가족이나 친구의 질병은 아프게 다가오지만 세월호 참사나 이태원 참사 같은 사회적 재난에는 공감을 못할 수 있습니다. 스탈린도 이런 원리를 웅변하는 말을 했다고 합니다. '한 사람의 죽음은 비극이지만, 백만 명의 죽음은 통계일 뿐이다.'[17] 이를 두고 폴 블룸은 '공감은 간단한 산수도 할 줄 몰라서 한 사람을 나머지 사람들보다 편애'한다고 표현하기도 합니다. 누군가에게 깊이 공감하는 것이 더 많은 누군가를 외면하게 되는 현실은 공감의 어두운 면이 아닐 수 없습니다.

편향된 공감: 지역이기주의와 차별의 메커니즘

공감은 한쪽으로 편향되어 있어서 지역이기주의와 인종차별주의 쪽으로 우리를 몰고 갈 수 있습니다. 우리는 자연스럽게 우리와 비슷한 사람들에게 더 쉽게 공감합니다. 이는 진화적으로 형성된 생존 메커니즘이지만, 현대 사회에서는 문제가 될 수 있습니다. 나치는 홀로코스트

동안 아리아인들이 유대인들로부터 보호받아야 한다는 공감편향을 이용해 유대인 박해와 학살을 정당화했습니다. 나치 선전은 아리아인을 보호하기 위한 수단으로 유대인을 희생시키는 것을 정당화했습니다. 나치는 대규모 공공집회와 이벤트를 통해 아리아인들의 결속을 강화하고, 유대인에 대한 적대감을 공감으로 승화시켰습니다. 뉘른베르크 집회와 같은 대규모 행사에서 유대인에 대한 비난과 아리아인에 대한 찬양이 이루어졌습니다. 아리아인끼리의 공감과 유대인에 대한 차별을 조장한 것입니다.

2016년 예일대학의 호프만과 동료들은 의료계의 인종편향에 관한 놀라운 연구결과를 발표했습니다. '인종에 따른 통증 평가와 치료 권장의 편향성' 연구에서 의료진들의 무의식적 편향이 드러났습니다. 연구진은 의대생과 레지던트들에게 흥미로운 질문을 했습니다. '흑인과 백인의 통증 민감도에 차이가 있을까요?' 놀랍게도 많은 의료인들이 '흑인의 피부가 더 두꺼워서 통증을 덜 느낄 것'이라는 잘못된 믿음을 가지고 있었습니다. 이런 편향된 믿음은 실제 의료현장에서 치료 결정에 영향을 미쳤습니다. 동일한 증상을 호소하는 환자라도, 흑인 환자들은 상대적으로 적은 양의 진통제를 처방받았던 것입니다. 이 연구는 우리의 공감이 얼마나 쉽게 편향될 수 있는지, 그리고 그것이 실제로 타인의 고통을 대하는 태도에 어떤 영향을 미치는지 생생하게 보여줍니다. 전문가들조차 자신도 모르는 편향에 영향을 받을 수 있다는 점이 드러난 것입니다.

영화는 공감을 일으키는 효과적인 수단입니다. 미국 영화 《국가의 탄생(The Birth of a Nation), 1915》은 백인의 공감을 활용해 흑인에 대한

영화 〈국가의 탄생〉, 1915

인종차별을 합리화한 대표적인 영화입니다. 이 영화는 그리피스가 감독한 무성영화로 미국 영화사에서 중요한 작품으로 평가되지만, 그 내용과 메시지로 인해 많은 논란을 일으켰습니다. 남북전쟁과 재건을 배경으로 한 이 영화는 남부 백인가족의 고통을 강조하면서 흑인 캐릭터들을 폭력적이고 위험한 존재로 묘사합니다. 흑인들로부터 백인을 보호하는 쿠 클럭스 클랜(KKK; Ku Klux Klan)을 영웅적으로 묘사합니다. 공감편향을 통해 인종차별을 정당화하려는 숨은 의도를 표현한 것입니다.

공감이 부추기는 폭력과 잔인성

강한 공감은 때로 극단적인 행동을 정당화하는 도구가 될 수 있습니다. 자신의 집단에 대한 깊은 공감이 다른 집단에 대한 적대감으로 이어질 수 있습니다. 우리와 가까운 사람들에게 깊게 공감하는 행동은 다른 쪽 사람들을 상대로 전쟁을 벌이고 잔학행위를 일삼도록 자극하는 강한 힘으로 작용합니다. 홀로코스트 동안 나치와 실무자들의 부역행위를 한나 아렌트는 자신의 책 《예루살렘의 아이히만》에서 '악의 평범성' 개념으로 설명하였습니다. 한나 아렌트는 아돌프 아이히만과 같은 사람들이 잔혹한 행위를 저지르면서도 자신을 평범하고 도덕적인 사람으로 여길 수 있음을 설명합니다. 체제와 명령에 대한 무비판적 순응이 어떻게 대규모 학살을 가능케 하는지 보여줍니다. 특별히 사악하거나 비정상적인 성격에서 기인하는 것이 아니라, 일상적이고 평범한 사람들이 구조적이고 체계적인 환경에서 저지르는 행위에서 비롯된다는 점을 강조합니다.

> 이 문제에 관한 슬픈, 그리고 아주 불편한 진리는, 아이히만으로 하여금 종전 무렵 타협하지 않는 태도를 갖도록 만든 것은 그의 광신이 아니라 바로 그의 양심이라는 점이다. 마치 그 양심이 3년 전에는 그를 잠시 동안 반대 방향으로 움직이게 한 것처럼 말이다.[18]

집단에 대한 과도한 공감은 집단이나 개인에 대한 공감이 집중되고, 그로 인해 다른 집단이나 개인에 대한 공감이 결여되는 현상을 말합니다. 이는 사회적 편견과 차별을 강화하고, 특정 집단에 대한 적대감과 폭력으로 이어질 수 있습니다.

강아지 전문가인 듀크대학의 진화인류학 교수 브라이언 헤어는 '우리를 가장 우호적인 종으로 만드는 메커니즘은 또한 지구에서 가장 잔인한 종으로 만들기도 한다'라고 말했습니다.[19] 사람은 사회적 동물이지만 치명적인 단점이 있습니다. 인간은 서로를 이해하고 협력할 수 있는 능력 덕분에 강한 사회적 유대와 공동체를 형성합니다. 이 같은 공감능력은 우리가 친구와 가족을 아끼고 돌보는 데 큰 도움이 됩니다. 반면에 이 공감은 특정 집단이나 개인에게만 집중되면 외부 집단에 대한 적대감을 키우고, 갈등을 일으킬 수 있습니다. 예를 들어, 우리가 사랑하는 사람들을 지키고자 할 때, 때로는 그들을 위협한다고 생각되는 다른 사람들에게 매우 가혹하거나 잔인한 행동을 하게 될 수도 있습니다. 따라서 인간의 공감이 친밀감을 만들어내는 동시에, 그 반대로 우리와 다르거나 낯선 이들에 대해 냉혹해지거나 공격적으로 변할 수 있습니다.

공감의 감정적 소진과 대인관계의 부담

공감은 어떤 상황에서 감정적 소진을 일으키고 대인관계를 해롭게 합니다. 공감이 지나치면 상대방의 감정에 너무 깊이 빠져들게 되어 자신의 감정적 에너지를 소진하게 됩니다. 이는 감정적 부담을 증가시켜 대인관계의 스트레스를 초래할 수 있습니다. 좋은 의도에서 공감하더라도 감정적 소진을 피하기 어렵습니다.

공감이 사람의 뇌에 미치는 영향을 실험한 연구의 결과를 소개합니다. 막스 플랑크연구소의 신경과 전문의 타니아 싱어는 놀라운 연구결과를 발표했습니다.[20] 자기공명영상 스캐너로 사람들의 뇌를 관찰한 결과, 타인의 고통에 공감할 때 마치 자신이 고통을 경험할 때와 같은 뇌 영역이 활성화되었습니다. 특히 놀라운 점은, 5만 시간 이상 명상을 통해 단련된 불교 승려들조차 지속적인 공감 상태에서는 부정적 감정과 스트레스 반응을 보였다는 것입니다. 공감은 우리를 기진맥진하게 만든다고 밝힌 것입니다. 이 연구를 주도한 타니아 싱어는 에너지를 소진시키는 공감의 대안으로 연민을 제안하였습니다. 연민은 타인의 고통을 공유하는 것이 아니라 그것을 인식하고 행동하는 데 도움이 된다는 것입니다.[21]

프랑스 원작 소설22과 영화가 함께 있는 《꾸뻬씨의 행복 여행, 2014》에서 유능한 정신과의사 헥터는 환자들에게 공감하는 좋은 의사였습니다. 하지만 환자들을 행복하게 해줄 수 없었고, 자신도 행복하지 않다고 느끼게 됩니다. 헥터는 환자들의 문제에 깊이 공감하며, 그들의 정신적 고통을 치료하기 위해 노력합니다. 그러나 이는 그에게 감정적 소진을 초래하게 됩니

영화 〈꾸뻬씨의 행복여행〉, 2014

다. 헥터가 자신의 일에 회의감을 느끼고, 더 이상 환자들에게 도움을 주지 못한다고 생각하게 됩니다. 사랑하는 여자친구와의 의사소통과 관계에도 어려움을 겪게 됩니다.

결론적으로 공감은 많은 장점을 가지고 있음에도 폴 블룸은 공감에 반대한다고 역설합니다. 블룸 교수에 대한 오해가 생길까봐 약간 덧붙입니다. 그는 자신의 진의를 다음과 확실히 밝히고 있습니다.

공감에 반대한다는 말은 이기적이고 비도덕적인 사람이 되어야 한다는 뜻이 아니다. 오히려 그 반대다. 만약 착하고 배려할 줄 아는 사람이 되고 싶다면, 이 세상을 좀 더 좋은 곳으로 만들고 싶다면, 공감하지 않는 편이 더 낫다는 말이다.23

우리는 공감의 긍정적 효과에 취해서 공감의 부정적 대가를 깨닫지 못할 때가 많습니다. 지나친 공감이 우리를 괴롭히지 않도록 지혜롭게 대처해야 할 때입니다.

3

낙관주의의 배신

낙관주의는 우리가 현실을 명확히 보는 것을 방해할 때 장애가 된다.

- 마틴 셀리그만

낙관주의는 현대인 자기계발의 주요 철학사조가 되었습니다. 낙관주의는 미래의 사건이나 결과에 대해 긍정적이고 희망적인 태도를 가지는 철학적이고 심리적인 경향을 의미합니다. 낙관주의자들은 일반적으로 어려움과 역경을 극복할 수 있다고 믿으며, 모든 일이 잘될 것이라고 생각합니다. 낙관주의 자체는 전혀 나쁘거나 위험한 것이 아닙니다. 낙관주의는 일반적으로 긍정적인 역할을 하는 경우가 많습니다. 그럼에도 불구하고 최근에 맹목적 낙관주의, 무조건적 긍정적 사고, 절대긍정, 무한긍정으로 표현되는 과도한 낙관주의는 우리에게 심각한 피해를 줄 수 있습니다.

수 세기에 걸쳐 과도하거나 비현실적인 낙관주의의 위험성은 비판받았고 심지어 조롱의 대상이 되기도 했습니다. 가장 유명한 예로 볼테르는 《캉디드 혹은 낙관주의》라는 소설에서 가상의 팡글로스 박사를 통해 우리가 '가능한 모든 세계 중 최선의 세계'에 살고 있다는 라이프니츠의 주장을 조롱한 바 있습니다.24 당시 독일 철학자 고트프리트 빌헬름 라이프니츠는 신이 전지전능하며, 신이 이 세계를 창조했으므로, 이 세계는 가능한 모든 세계 중에서 최선의 세계라는 주장을 펼쳤습니다. 볼테르는 라이프니츠의 '최선의 세계'라는 주장이 지나치게 낙관적인 태도로써 실제로는 불행과 고통을 경시하게 만들고, 개선의 노력을 방해한다고 비판한 것입니다. 무조건적 낙관주의가 가지는 부정적 측면을 살펴보겠습니다.

현실부정과 회피

무조건적 낙관주의는 현실을 부정하고 회피하게 합니다. 현실을 있는 그대로 받아들이지 못하고, 자신에게 유리한 쪽으로만 해석하려는 경향이 있습니다. 우리가 힘든 상황을 마주했을 때 부정적 감정을 외면하고 긍정적 감정만 받아들이려고 하는 것으로 자신을 속이는 것입니다. 이런 부정과 회피는 인생의 어두운 시기나 국면에 적응하는 힘을 기를 수 있는 회복탄력성을 키울 기회도 잃게 만듭니다. '못 말리는 낙관주의'의 문제점을 잘 보여주는 글이 있습니다. 홀로코스트에서 살아남은 정신과의사이며 나중에 로고테라피를 창안한 빅터 프랭클은 그의 명저 《죽음의 수용소에서》에서 이렇게 썼습니다.

전쟁 상황에 관한 소문은 대개 모순된 것들이었다. 이런 소문들이 아주 빠른 속도로 꼬리에 꼬리를 물고 퍼져나가면서 결국 수감자들의 마음을 신경과민 상태로 만들었다. 전쟁이 곧 끝날 것이라는 낙관적인 소문이 결국은 사람들의 마음에 실망을 안겨준 적이 한두 번이 아니었다. 그래서 희망을 포기한 사람들도 있었다. 하지만 이 사람들보다 더 분통터지는 사람들은 도저히 못 말리는 낙관주의자들이었다.[25]

극단적인 낙관론은 현실을 부정하고 직면하지 못하게 함으로써 비현실적 희망을 갖게 하고 그것이 좌절되었을 때 딛고 일어설 힘마저 빼앗아버립니다. 빅터 프랭클은 수용소에서 살아 돌아와 진정한 의사가 되었습니다. 니체가 '나를 죽이지 못하는 것은 나를 더 강하게 만든다'고 했던 것은 정확한 지적이라 생각합니다.

아직도 긍정만능의 시대에 20여 년에 걸쳐 낙관주의를 연구한 심리학자가 있습니다. 가브리엘 외팅겐은 그녀의 지도교수인 마틴 셀리그만의 낙관성 개념을 뛰어 넘어 반복되는 실험을 거쳐 의미있는 결과를 생산했습니다.[26] 그녀의 연구에 따르면 단순히 성공을 상상하는 것은 오히려 목표 달성을 방해합니다. 그녀의 실험에서 체중감량을 목표로 한 비만여성들은 긍정적 공상을 할수록 감량성과가 떨어졌고, 취업준비생들은 취업 성공을 긍정적으로 공상할수록 실제 구직활동은 덜 했고, 면접 제안도 더 적게 받았습니다. 이는 긍정적 공상이 현실적 준비와 노력을 대체하면서 실제 성취를 방해하는 것입니다. 긍정적 공상은 현재 상태와 목표 사이의 격차를 제대로 인식하지 못하게 하고, 목표를 위해 실제로 필요한 노력을 소홀히 할 수 있습니다. 긍정적 공상이 주는 만족감은 마치 목표를 이미 이룬 것 같은 착각, 즉 심리적 성취를 불러일으켜, 현실적 행동과 대비를 방해할 수 있기 때문입니다.

위험 과소평가와 대비 부족

과도한 낙관주의는 위험을 과소평가하게 만들어 준비 부족이나 불충분한 대비로 예방가능한 실패와 손실을 초래할 수 있습니다. 모든 것을 긍정적으로만 보려하다 보니 위험신호를 무시하고 잘 될 거라는 긍정적인 기대만 커집니다. 주변에서 경고하거나 위험을 알려주어도 이를 가볍게 무시하고 넘기게 됩니다. 위험상황에서 발생할 수 있는 최악의 시나리오를 상상하기 힘들어하며 과거 유사한 경험에서도 잘 넘어갔다고 일반화합니다. 당연히 위험에 대한 대비를 소홀히 하고 위험상황에 대한 노출이 증가하는 크나큰 부정적 결과를 초래합니다.

긍정심리학 창시자들 중 한 명인 크리스토퍼 피터슨은 긍정심리학 분야에서 낙관주의의 긍정적 측면과 부정적 측면을 모두 다루었습니다. 특히, 그는 2003년 논문에서 낙관주의가 미덕이 될 수 있지만, 과도하거나 비현실적인 낙관주의는 부정적인 결과를 초래할 수 있음을 논의했습니다. 이 논문에서 피터슨은 낙관주의가 긍정적인 미덕일 수 있지만, 상황을 객관적으로 평가하지 않고 위험신호를 무시할 경우 불리한 결과를 초래할 수 있다고 경고합니다. 지나친 낙관주의는 안전불감증을 유발하며, 위험을 직면하지 못하게 만듭니다.[27]

노벨 경제학상 수상자 대니얼 카너먼의 연구는 인간의 낙관적 편향이 어떻게 위험 평가를 왜곡시키는지 체계적으로 보여줍니다. 그는 우리가 세우는 목표는 더욱 달성 가능하다고 여기며, 또한 미래를 예측하는 자신의 능력을 과대평가하며, 이로 인해서 낙관적인 과신을 갖는다고 말합니다. 또한 낙관적 편향이 인지적 편향 중 가장 중요한 영향을 미친다면서 낙관적 편향은 축복이자 위험임을 경계하였습니다.28

이러한 낙관적 편향은 개인의 일상에서도 쉽게 발견됩니다. '이번에는 괜찮을 거야', '나는 다르지' 같은 생각으로 주식투자에서 반복적으로 실패하거나, '아직 시간 충분해'라며 중요한 준비를 미루다가 위기를 맞는 경우가 대표적입니다. 2019년 말부터 수년간 지구상 거의 모든 지역을 강타한 코로나 팬데믹의 초기 대응이 그러했습니다. 미국과 유럽 등 일부 선진국들은 코로나19 초기 발생 시 지나친 낙관주의와 오만한 태도로 자국민은 물론 전 세계를 위험에 빠트렸습니다.

2008년 세계 금융위기 때도 마찬가지였습니다. 이른바 글로벌금융기관들은 주택시장의 지속적인 상승과 대출상환 능력에 대해 과도하게 낙관적인 태도를 가졌습니다. 이는 부실대출과 복잡한 파생금융 상품의 부실 확산으로 이어졌습니다. 이어 부동산 거품이 붕괴되면서 대규모 금융위기가 발생하였고, 자본주의 사슬로 이어진 세계경제는 동반으로 추락했습니다. 대규모 재난은 그것이 물리적 재난이든 사회·경제적 재난이든 대부분 권력자나 책임자들이 과도한 낙관주의를 가지고 위험을 과소평가해서 생긴 경우가 많습니다.

부정적 감정과 비판적 사고의 억압

무조건적 낙관주의는 때로 부정적 감정과 비판적 사고를 억압합니다. 무조건적이고 맹목적인 낙관주의가 팽배하면 개인이나 집단이 느끼는 부정적인 감정이나 생각이 사회적으로 용납되지 않는 분위기가 형성됩니다. 이에 따라 사람들이 자신의 고통을 제대로 표현하지 못하게 됩니다. 심리적 고통을 겪는 사람들이 더 큰 고립감을 느끼게 하고, 정신건강 문제를 악화시킬 수 있습니다. 또한, 낙관적인 시각이 지나치면 비판적 사고가 자동적으로 제어됩니다. 이는 사람들이 문제의 심각성을 인식하지 못하게 하고, 비효율적인 의사결정을 초래할 수 있습니다.

긍정심리학 창시자 중의 한 사람인 마틴 셀리그만은 긍정심리학이 본격 출발하기 전에 낙관주의 횡포의 노예가 되지 않도록 주의할 것을 경고했습니다.[29] 심리학자 수잔 데이비드는 부정적인 감정과 비판적 사고의 억압이 개인의 성장과 정신건강에 미치는 부정적 영향을 강조하고 있습니다.[30] 그녀는 감정을 억누르지 않고 있는 그대로 받아들이는 감정의 민첩성의 중요성을 강조하며, 부정적인 감정을 무시하거나 억압하는 것이 오히려 심리적 문제를 악화시킬 수 있다고 지적합니다. 특히, 부정적인 감정을 억압하면 자신이 진정으로 원하는 것과 가치에 대한 통찰을 얻기 어려워지고, 이는 비판적 사고의 저하로 이어질 수 있다고 설명합니다. 따라서, 부정적인 감정을 인정하고 수용하는 것이 개인의 성장과 정신건강에 필수적이라는 메시지를 전달하고 있습니다.

디즈니 픽사의 영화 《인사이드 아웃(Inside Out), 2015》은 이 문제를 아름답게 그려냅니다. 주인공 라일리가 진정한 행복을 찾은 것은 역설적으로 자신의 슬픔을 인정하고 받아들였을 때였습니다. 철학자 니체의 말처럼 고통 없이는 성장도 없는 것인지도 모릅니다.

사회비평가이자 저널리스트인 바버라 에런라이크는 스스로 유방암 진단을 받고 투병할 당시 많은 암 환자 지원그룹과 커뮤니티에서 환자들에게 긍정적인 태도를 강요하는 보이지 않는 압력을 경험했습니다.[31] 심지어 암을 '축복'이라거나 '신의 선물'이라는 등 암진단에 대한 긍정적 수용을 은근히 강요당한 겁니다. 이는 환자들이 자신의 고통을 제대로 표현하지 못하게 만들고, 오히려 심리적 부담을 가중시켜 치료와 회복에 악영향을 미칠 수 있습니다.

니체는 '나를 죽이지 못하는 것은 나를 더 강하게 만든다'고 했습니다. 하지만 그 강함은 고통을 부정하거나 억누르는 것이 아니라, 그것을 끌어안고 이해하는 데서 시작됩니다. 마치 장미가 가시와 함께 자라듯, 우리의 성장도 다양한 감정과 생각들의 조화 속에서 이루어지는 것이 아닐까요? 다음에 누군가 당신에게 '긍정적으로 생각해!'라고 말한다면, 잠시 멈추어 생각해보세요. 당신의 모든 감정은 당신만의 이야기를 하고 있을지도 모릅니다. 그 이야기에 귀 기울여볼 용기를 가져보는 건 어떨까요?

목표공개의 독: 조용한 실천이 필요한 순간

지나친 낙관주의는 종종 우리의 목표를 성급하게 공개하도록 만듭니다. '나는 할 수 있어!', '반드시 성공할 거야!'라는 낙관적 믿음이 우리를 들뜨게 하고, 그 들뜬 마음에 목표를 서둘러 공개하게 되는 것입니다. 우리는 새해가 되면 으레 SNS에 결심을 공표하고, 다이어트를 시작할 때면 주변에 선언하고, 큰 프로젝트를 앞두고는 소셜미디어에 공유합니다. '이번에야말로 10kg 감량!', '내년까지 책 한 권 꼭 출간할 거야!', '6개월 안에 창업하겠습니다!'와 같은 선언들입니다. 이런 공개가 우리를 더 열심히 하게 만들 것이라 믿지만, 심리학 연구들은 충격적인 사실을 보여줍니다.

피터 골위처 교수팀의 연구에 따르면, 목표를 공개적으로 선언한 사람들이 오히려 목표 달성에 실패할 확률이 더 높았습니다.[32] 마치 등산을 시작도 하지 않고 정상 인증샷을 미리 올리는 것처럼, 목표 선언만으로도 뇌는 이미 상징적 성취감을 느낀다는 것입니다. 그의 아내인 가브리엘 외팅겐의 심리적 성취 개념과 일맥상통하는 연구결과입니다.

SNS 시대의 허상의 지지는 이 문제를 더욱 심화시킵니다. 실제로 많은 연구들이 SNS에서의 목표 공개와 지지 표현이 실제 행동변화로 이어지지 않을 수 있다고 지적합니다. "할 수 있어!", "응원할게!"라는 댓글들이 주는 달콤한 도파민이 실제 행동으로 이어질 동기를 감소시키는 것입니다. 일종의 가짜 성취감을 주어 실제 노력을 감소시키는 원리입니다.

창작의 세계에서도 이런 현상을 발견할 수 있습니다. 무라카미 하루키는 그의 새로운 작품을 쓸 때 극도로 비밀을 유지한다고 밝혔습니다. 그는 작품이 완성되기 전에 이야기하는 것은 창작의 에너지를 누출시키는 일이라고 했습니다. 실제로 그의 대표작 《1Q84》는 출간 직전까지 제목조차 공개하지 않았습니다. 내면의 성장도 마찬가지입니다. 구글의 창업자 래리 페이지는 수년간의 명상 수련을 철저히 비공개로 진행했습니다. 영적 성장이나 인격적 변화는 마치 씨앗이 땅속에서 조용히 자라나듯, 고요한 시간과 공간이 필요한 법이니까요. 재정적인 목표는 더욱 조심스럽습니다. 워런 버핏이 자신의 투자계획을 거의 공개하지 않는 것은 유명한 일입니다. 돈과 관련된 목표는 타인의 기대나 시선이 오히려 냉철한 판단을 방해할 수 있기 때문이죠.

그렇다면 우리는 어떻게 해야 할까요? 큰 목표는 작은 단위로 나누어 개인 체크리스트로 만들고, 성과가 어느 정도 가시화된 후에 선별적으로 공유하는 것이 현명합니다. 때로는 침묵이 가장 큰 힘이 될 수 있습니다.

시작을 알리는 것보다 결과를 보여주는 것이 더 강력할 수 있습니다. 다음번에 새로운 목표를 세울 때, 잠시 멈추어 생각해보세요. 그것은 공개가 필요한 목표일까요, 아니면 조용히 간직하면서 실천해나가야 할 목표일까요?

비극적 낙관주의: 고통을 끌어안는 지혜

과도한 낙관주의의 대안으로 여러 심리학자들은 다양한 접근법을 제시해왔습니다. 가브리엘 외팅겐은 소망-결과-장애물-계획 전략을 통해 낙관적 목표와 현실적 장애물을 함께 고려할 것을 제안했고,[33] 줄리 노럼은 '방어적 비관주의'를 통해 적절한 불안이 오히려 성과를 높일 수 있다고 주장했습니다.[34]

하지만 인생의 진정한 고통과 시련 앞에서 우리에게 필요한 것은 더 깊은 차원의 지혜일 것입니다. 우리가 아무리 노력해도 삶에는 피할 수 없는 고통의 순간들이 찾아오기 때문입니다. 이때 우리에게 힘이 되어줄 수 있는 것이 빅터 프랭클의 '비극적 낙관주의'입니다.

홀로코스트 생존자이자 정신의학자였던 프랭클은 《죽음의 수용소에서》에서 인간 실존의 세 가지 비극적 요소를 말합니다. 피할 수 없는 고통, 저지른 잘못에서 오는 죄책감, 그리고 필멸의 존재라는 죽음입니다. 하지만 그는 이런 비극적 요소들 속에서도 인간은 의미 있는 삶을 살 수 있다고 믿었습니다.

> 비극 속에서의 낙관이란 간단하게 말해서 로고테라피에서 말하는 세 개의 비극적인 요소에도 불구하고 인간은 현재는 물론 앞으로도 계속 낙관적일 것이라는 의미를 지닌 말이다. 여기서 말하는 세 개의 비극적인 요소는 인간의 삶을 제한하는 1) 고통과 2) 죄와 그리고 3) 죽음을 말한다.[35]

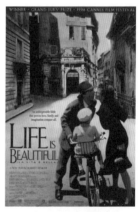

영화 〈인생은 아름다워〉, 1997

이러한 비극적 낙관주의는 영화《인생은 아름다워(Life is Beautiful), 1997》에서 아름답게 그려집니다. 이 영화에서 주인공은 나치수용소에서 아들을 보호하기 위해 끔찍한 현실을 게임으로 바꾸어 아이에게 희망을 주려 합니다. 극한 상황 속에서도 그는 삶의 의미를 발견하고, 희망을 잃지 않으려는 태도로 비극적 낙관주의를 실천합니다. 영화는 나치의 홀로코스트를 배경으로 하지만, 주인공이 고통 속에서도 살아야 할 의미를 찾고, 다른 사람들에게 희망을 나누려는 모습은 감동적입니다. 이는 고통 속에서도 삶이 아름다울 수 있다는 메시지를 전해줍니다.

결국 진정한 낙관주의란 현실의 고통을 부정하거나 회피하는 것이 아닙니다. 오히려 그것을 정면으로 마주하고, 그 속에서도 의미와 희망을 발견하는 용기일 것입니다. 프랭클이 보여준 이 지혜는, 불확실성과 고통이 일상이 되어버린 현대를 사는 우리에게 더없이 소중한 나침반이 되어줄 수 있을 것입니다.

4

자존감의 그늘

자존감의 문제는 너무 높다는 것이 아니라, 성공에 의존한다는 것이다.

- 캐롤 드웩

　　자존감은 인간이 스스로를 존중하고 사랑하며, 삶에서 긍정적인 태도를 유지하게 해주는 중요한 요소입니다. 심리학에서 자존감은 개인이 자신의 능력, 가치, 중요성에 대해 느끼는 전반적인 감정을 말합니다. 자아존중감을 줄여서 자존감이라 부릅니다. 높은 자존감은 자신을 긍정적으로 평가하고 어려움에 직면했을 때도 자신의 가치를 의심하지 않는 특징이 있습니다. 따라서 자존감은 삶의 긍정적 요소 중 하나입니다. 그러나 자존감이 과도하거나 잘못된 방식으로 발현될 때, 그것은 삶의 여러 측면에 부정적인 영향을 미칠 수 있습니다. 이 장에서는 자존감의 부정적 측면을 여러 각도로 살펴보겠습니다.

자기중심적 사고

　자존감이 지나치게 높으면 개인은 자신을 세상의 중심에 두고 세상을 바라보는 경향을 가지게 됩니다. 이는 자기중심적 사고로 이어지며, 타인의 감정과 욕구를 무시하거나 경시하는 결과를 낳습니다. 자기중심적 사고는 타인과의 관계를 단절시키고, 개인을 점차 고립시킵니다.

　나르시시즘은 자기애성 성격장애라고 불립니다. 일상생활에서 '왕자병'이나 '공주병'으로 불리는 것보다 훨씬 심각한 성격장애입니다. 대부분의 상황에서 자신이 가장 중요하다고 여기며 모든 것을 자기 중심으로 생각하고, 타인을 경시하다 못해 아예 학대하는 등 일상생활에 문제를 야기하는 정도의 병적 성격 성향을 가리킵니다. 고대 그리스 신화에 나오는 나르키소스에서 유래한 명칭입니다. 아름다운 미소년이었던 나르키소스는 물에 비친 자신의 모습에 반해 식음을 전폐하고, 몇 날 며칠을 바라보다가 그만 수선화가 되었다는 이야기가 전해집니다. 우리가 주목할 부분은 나르키소스가 사랑에 빠진 대상이 다름이 아니라 물에

존 윌리엄 워터하우스, 〈에코와 나르키소스〉, 1903

비친 자신의 모습이었다는 것입니다.

심리학자들은 자기중심적 사고가 종종 나르시시즘과 연관된다고 지적합니다. 트웬지와 캠벨은 현대 사회에서 나르시시즘이 증가하고 있으며, 이는 지나치게 높은 자존감과 연관이 있음을 밝혔습니다.36 두 학자의 연구에 따르면, 나르시시즘과 자존감이 밀접하게 관련되어 있지만, 본질적으로 다른 개념이라고 설명합니다. 자존감은 자신에 대한 전반적인 긍정적 평가로, 자신을 존중하고 사랑하는 능력을 반영합니다. 반면, 나르시시즘은 과도한 자기애와 자신을 특별하게 생각하는 태도로, 타인보다 자신을 우월하게 여기는 경향이 있습니다. 나르시시즘은 일반적으로 높은 자존감과 연관되지만, 이 자존감은 불안정하고 조건적일 수 있습니다. 나르시시스트들은 자존감이 강하지만, 그 자존감은 타인의 인정과 성공에 크게 의존하며, 이에 대한 위협이 있을 때 공격적으로 반응할 가능성이 큽니다. 즉, 이들의 자존감은 내적으로 깊고 안정적인 것이 아니라, 외부의 칭찬이나 성공에 따라 쉽게 흔들릴 수 있는 성질을 가지고 있습니다. 나르시시스트들은 자신을 지나치게 긍정적으로 평가하며, 타인의 비판을 받아들이지 않고, 관계에서 갈등을 자주 겪게 됩니다. 또한, 이들은 공감능력이 부족해 타인의 감정이나 욕구를 제대로 이해하지 못하고, 인간관계를 자신의 이익을 위해 이용하는 경향이 있음을 밝혔습니다.

김팀장은 직장에서 항상 자신의 의견이 옳다고 믿으며, 동료들의 의견을 무시합니다. 그는 자신이 중심이 되어야 한다고 생각하고, 다른 사람들의 생각을 받아들이지 않습니다. 결과적으로, 동료들은 김팀장과의 협업을 꺼리게 되고, 그는 직장에서 점차 고립됩니다. 그의 자기중심적 사고는 팀워크를 저해하고, 직장 내에서 불필요한 갈등을 초래합니다.

영화 《악마는 프라다를 입는다, 2006》는 패션 잡지사 〈런웨이〉의 편집장 미란다 프리슬리(메릴 스트립 분)와 그녀의 새로운 비서 앤디 삭스(앤 해서웨이 분) 사이의 관계를 중심으로 이야기가 전개됩니다. 이 영화는 패션계의 화려함과 그 뒤에 감춰진 혹독한 업무환경을 보여주는 동시에, 자기중심적 사고가 인간관계에 미치는 영향을 잘 묘사하고 있습니다. 미란다 프리슬리는 영화에서 전형적인 자기중심적 사고를 가진 인물로 그려집니다. 그녀는 자신의 요구와 필요를 절대적으로 중요시하며, 주변 사람들의 감정이나 상황을 고려하지 않고 철저히 자신의 기준에 따라 행동합니다. 이는 자기중심적 사고의 주요 특징인 자신을 중심에 두고 세상을 바라보는 태도를 잘 보여줍니다. 영화에서 미란다의 자기중심적 사고는 주변 사람들, 특히 앤디에게 큰 영향을 미칩니다. 앤디는 처음에는 미란다의 혹독한 요구와 무시 속에서 좌절을 겪지만, 점차 그녀의 기대에 부응하기 위해 자신을 변화시킵니다. 이 과정에서 앤디는 자신의 가치와 삶의 우선순위를 잃어버리고, 결국 자신의 삶을 다시 돌아보게 됩니다. 미란다의 자기중심적 사고는 그녀가 엄청난 성공을 이루는 데 기여했지만, 동시에 그녀를 인간적으로 고립시키고, 타인과의 깊은 관계를 맺지 못하게 만듭니다. 영화의 후반부에서는 미란다 자신도 이러한 고립을 어느 정도 인식하는 듯한 모습을 보이지만, 그녀는 여전히 자신의 방식을 고수합니다. 이 영화는 자기중심적 사고가 개인의 성공에는 도움이 될 수 있지만, 그것이 장기적으로는 인간관계와 개인의 내적 행복에 부정적인 영향을 미칠 수 있음을 잘 보여주는 영화입니다.

현실왜곡

자존감이 지나치게 높거나, 특정 영역에서 과도하게 발현되면, 개인은 자신과 세상을 비현실적으로 인식하게 됩니다. 이는 현실왜곡으로 이어지며, 잘못된 판단과 실수를 초래할 수 있습니다. 자신의 능력이나 가치를 과대평가하면, 실제 상황과 자신의 인식 사이에 괴리가 발생합니다. 또한 자존감이 정상범위 내에 있더라도, 그 표현이 왜곡되면 현실을 올바르게 파악하지 못하게 됩니다.

높은 자존감에 의한 현실왜곡은 사회심리학의 인지부조화 이론으로 설명할 수 있습니다. 인지부조화 이론은 심리학자 레온 페스팅어에 의해 제안된 개념으로, 사람들이 두 가지 이상의 상충되는 인지(생각, 믿음, 태도)를 동시에 지닐 때 느끼는 불편함을 설명합니다.[37] 이 불편함과 모순을 줄이기 위해 사람들은 종종 자신의 행동이나 믿음을 변경하거나, 상황을 왜곡하여 부조화를 해소하려 합니다. 자존감이 높은 사람들은 자신을 긍정적으로 평가하는 경향이 강합니다. 그러나 이들이 실패를 경험하거나 자신에게 부정적인 피드백을 받을 때, 그들의 자존감은 위협을 받게 됩니다. 이때, 자존감과 현실 사이에 인지부조화가 발생합니다.

예를 들어, 자존감이 높은 한 사람이 중요한 시험에서 낮은 점수를 받았다고 가정해 보겠습니다. 이 사람은 자신이 매우 똑똑하다고 믿고 있었기 때문에, 이 시험 결과는 자존감을 위협하는 요소가 됩니다. 이때 인지부조화가 발생합니다. 이를 해소하기 위해 그는 '시험 문제가 불공정했어', '시험 전날 컨디션이 나빴어'라고 생각하면서 자신의 자존감을 보호하려 합니다. 이러한 현실왜곡은 실제로는 시험준비가 부족했음을 인정하지 않게 만들고, 다음 번 시험을 위해 더 나은 준비를 할 기회를 놓치게 할 수 있습니다. 자존감이 위협받을 때, 사람들은 심리적 불편함을 줄이기 위해 현실을 왜곡하는 경향이 있습니다. 이는 단기적으로 자존감을 보호하는 데 도움이 될 수 있지만, 장기적으로는 문제를 직시하고 개선할 기회를 잃게 만들며, 성장과 발전을 저해할 수 있습니다.

직장에서 승승장구하던 박차장은 더 이상 회사에 충실하며 월급쟁이로 사는 것이 싫었습니다. 돌연 사표를 내고 사업을 하기로 결심합니다. 그는 자신의 능력을 과대평가하여 시장조사를 충분히 하지 않은 상태에서 새로운 사업을 시작합니다. 그는 자신의 직감이 항상 옳다고 믿었고, 다른 사람들의 조언을 무시했습니다. 하지만, 그의 사업은 예상과 달리 고전했고 결국 실패로 끝났습니다. 그는 이 실패를 인정하기보다 시장 상황을 탓했습니다. 그의 왜곡된 자존감은 그가 현실을 직시하지 못하게 했으며, 실패를 통해 배울 기회를 놓치게 만들었습니다. 자존감이 지나치게 높으면 현실을 왜곡하여 바라보는 일이 흔합니다.

성장기회 상실

지나치게 높은 자존감은 때로 우리를 안전지대에 가두는 보이지 않는 감옥이 될 수 있습니다. 자신의 능력을 과대평가하면, 새로운 도전을 회피하고 익숙한 영역에만 머무르려는 경향이 생길 수 있습니다. 이는 마치 물 위에 떠 있는 백조와 같습니다. 물 위에서는 우아해 보이지만,

물 아래에서는 끊임없이 발을 움직여야 합니다. 높은 자존감은 우리를 물 위에 떠 있게 하지만, 동시에 더 깊은 물로 나아가는 것을 두렵게 만듭니다.

심리학자 캐롤 드웩의 마인드셋 이론은 이 현상을 잘 설명합니다. 드웩은 사람들의 사고방식을 고착 마인드셋과 성장 마인드셋으로 구분했습니다. 높은 자존감을 가진 사람들 중 일부는 고착 마인드셋을 갖게 되어, 자신의 능력이 변화하지 않는다고 믿습니다. 이로 인해 실패를 두려워하고 새로운 도전을 회피하게 됩니다.38 2008년 발표된 한 연구에서는, 현대 사회에서 자존감과 나르시시즘이 증가하면서, 자존감이 높은 사람들이 어려운 상황에서 더 쉽게 좌절하거나 포기하는 경향이 있다고 분석했습니다. 높은 자존감이 반드시 지속적인 성취로 이어지지 않으며, 오히려 어려운 상황에서 그들이 실패를 받아들이기 어려워하는 경향이 있음을 밝힌 것입니다.39 이들은 자신의 능력에 대한 과신으로 인해 실패를 개인적인 위협으로 받아들이고, 결과적으로 성장의 기회를 놓치게 됩니다. 반면 성장 마인드셋을 가진 사람들은 실패를 통해 배우고 이를 바탕으로 더 나은 자신을 만들어갑니다.

고대 그리스 철학자 헤라클레이토스는 '변화만이 영원하다'는 말을 통해 변화의 필수성과 그 불가피성을 강조했습니다. 그의 철학에 따르면, 변화는 삶의 본질이며, 이를 받아들이는 것이 진정한 성장과 발전의 핵심입니다. 그러나 자존감이 지나치게 높아지면, 사람들은 자신을 이미 완벽하다고 여기고 현재 상태에 안주하려는 경향이 생깁니다. 이로 인해 새로운 도전과 기회를 거부하거나 회피하게 되고, 결과적으로 성장의 가능성을 제한하게 됩니다. 높은 자존감은 변화에 대한 두려움이나 저항으로 이어질 수 있으며, 이는 자신의 잠재력을 최대한 발휘하지 못하게 만듭니다. 헤라클레이토스 철학은, 건강한 자존감이란 자신을 긍정적으로 평가하는 것뿐만 아니라, 변화와 도전을 수용하는 유연성을 함께 포함해야 한다는 점을 시사합니다. 변화와 도전을 받아들이지 않으면, 우리는 성장기회를 상실하게 되며, 이는 결국 개인의 발전과 성장을 가로막는 결과를 초래합니다.

한때 필름산업의 거인이었던 코닥의 몰락은 혁신의 역설을 보여주는 대표적인 사례입니다. 1975년, 코닥의 엔지니어 스티브 새슨이 세계 최초의 디지털 카메라를 발명했습니다. 그러나 회사는 이 혁신적인 기술을 시장에 내놓는 데 주저했습니다. 필름 사업에서의 압도적인 성공이 오히려 새로운 기술을 받아들이는 데 장애물이 된 것입니다. 코닥의 경영진들은 '왜 우리가 잘 나가는 사업을 망쳐야 하는가?'라는 생각에

스티브 새슨과 최초의 디지털 카메라
(출처: 코닥 웹사이트)

사로잡혀, 디지털 혁명의 잠재력을 과소평가했습니다. 그들의 과도한 자존감은 시장의 변화를 읽지 못하게 만들었습니다. 결과적으로 성장의 기회를 놓치게 되었습니다. 2012년 파산보호 신청은 이러한 전략적 실패의 결과였습니다. 코닥의 사례는 과거의 성공에 안주하지 않고 끊임없이 혁신을 추구해야 한다는 교훈을 남깁니다. 기업의 지속적인 성장을 위해서는 현재의 성공에 대한 건강한 의심과 함께, 변화하는 시장에

대한 민첩한 대응이 필요합니다. 코닥의 몰락은 단순한 기술적 실패가 아닌, 변화를 두려워하는 조직문화와 과도한 자존감 또는 자신감이 빚어낸 비극적 결과였습니다.

대인관계 악화

자존감이 지나치게 높으면 타인과의 관계에서 어려움이 발생할 수 있습니다. 우리는 흔히 자존감이 높으면 모든 게 잘될 거라 생각합니다. 하지만 때로는 그 반짝이는 자존감이 우리와 다른 사람들 사이에 보이지 않는 벽을 세우기도 합니다. 마치 뾰족뾰족한 고슴도치처럼 말입니다. 너무 가까이 다가가면 찔릴까봐 모두가 거리를 두게 되는 것과 비슷합니다. 지나치게 높은 자존감은 마치 볼륨을 최대로 올린 라디오 같기도 합니다. 자기 소리만 크게 들리고, 다른 사람의 소리는 잘 들리지 않게 됩니다. 결국 주변 사람들은 그 시끄러운 소리를 피해 멀어지게 됩니다.

심리학자 로이 바우마이스터와 동료 학자들은 자존감이 대인관계에 미치는 영향을 연구하였습니다. 그들의 연구에 따르면, 자존감이 높다는 것이 항상 긍정적인 결과를 낳는 것은 아님을 밝혀냈습니다. 자존감이 높은 사람들은 자신을 긍정적으로 평가하는 경향이 있지만, 이는 때로 타인의 의견을 경시하거나 비판을 받아들이지 못하는 태도로 이어질 수 있습니다. 이러한 태도는 대인관계에서 갈등을 초래하고, 결국 사람들을 고립시키게 만들 수 있습니다. 바우마이스터와 동료들의 연구는 자존감이 너무 높을 때 오히려 인간관계에서 불화와 고립을 유발할 수 있다는 점을 강조합니다. 우리가 타인과의 관계에서 성공하려면, 자존감을 건강하게 유지하면서도 타인의 의견을 존중하고 받아들이는 열린 마음을 가져야 합니다. 대인관계에서 자존감의 균형을 찾는 것이야말로, 우리 삶을 더욱 풍요롭게 만드는 열쇠일 수 있습니다.

대학생 민수의 이야기를 소개합니다. 민수는 학창시절 최고의 성적으로 대학에 입학했습니다. 그의 자신감은 하늘을 찔렀습니다. 하지만 그 자신감이 오만으로 변하면서, 점점 친구들이 멀어졌습니다. 팀 프로젝트에서도 늘 자기 의견만 고집했고, 다른 사람의 제안은 들으려 하지 않았습니다. 결국 졸업 즈음엔 홀로 남게 되었습니다. 뛰어난 성적은 얻었지만, 소중한 관계는 잃어버린 셈입니다.

영화 《악마는 프라다를 입는다, 2006》의 미란다 프리슬리(메릴 스트립 분)를 기억하시나요? 패션계의 여제였지만, 그녀의 높은 자존감은 주변 모든 이들을 적으로 만들었습니다. 결국 그녀는 성공이라는 화려한 왕좌에 홀로 앉아, 차가운 고독을 맛보게 됩니다. 자존감이 너무 높으면 주변인물들을 멀어지게 합니다.

자존감은 우리가 스스로를 존중하고, 삶에서 긍정적인 태도를 유지하는 데 중요한 역할을 합니다. 하지만 그것이 지나치면 우리 주변에 보이지 않는 성벽을 쌓게 됩니다. 진정한 행복은 혼자만의 성에서 오는 게 아니라, 다른 이들과 함께 나누는 따뜻한 마을에서 오는 법입니다. 우리 모두 자신을 사랑하되, 그 사랑이 다른 이들을 향한 문을 닫지 않도록 주의해야 합니다. 자존감이라는 풍선을 너무 크게 부풀리다 보면, 작은 바늘에도 쉽게 터질 수 있으니까요. 대신 우리의 마음을 탄력 있게 만들어, 다른 이들과 부딪히며 함께 튀어 오르는 농구공 같은 삶을 살아보는 것도 좋을 것입니다. 결국, 가장 단단한 자존감은 혼자 빛나는 다이아몬드가 아니라, 서로를 비추는 거울 속에서 완성되는 법입니다. 자존감의 부정적 측면을 이해하고, 이를 통해 자신과 타인의 관계를 재조명하는 데 하나의 길이 되기를 바랍니다.

5

자유의 폭정

인간은 자유로울 수밖에 없다; 세상에 던져진 이상, 모든 행위에 책임져야 한다.

- 장 폴 사르트르

자유는 우리가 가장 소중하게 여기는 가치 중 하나입니다. 자유는 사전적으로 외부의 구속이나 억압을 받지 않고, 자신의 의지에 따라 행동하거나 생각할 수 있는 상태를 의미합니다. 이는 개인이 타인의 간섭이나 제약 없이 자신의 선택을 따를 수 있는 권리나 상태를 나타냅니다. 심리학에서 자유는 자율성과 밀접합니다. 자율성은 개인이 스스로 결정을 내리고 행동하는 능력을 뜻하며, 이는 자아와 관련된 심리적 건강의 중요한 요소입니다. 심리적 자유는 자신의 생각, 감정, 행동을 통제하고, 선택에 따라 삶을 이끌어가는 능력으로 이해됩니다. 또한, 심리적 자유는 내면의 갈등, 외부 압력, 사회적 기대에서 벗어나 자신의 신념과 가치를 따르는 것을 포함합니다. 자유를 통해 우리는 스스로의 길을 선택하고, 원하는 삶을 살아갈 수 있습니다. 하지만 자유는 언제나 축복만은 아닙니다. 때로는 자유가 우리를 혼란에 빠뜨리고, 무거운 짐으로 다가오기도 합니다. 지나친 자유는 오히려 개인과 사회에 부정적인 영향을 미칠 수 있습니다. 이는 여러 심리학적 연구와 철학적 통찰에서 뒷받침되고 있습니다. 이 장에서는 자유의 어두운 측면을 살펴보겠습니다. 자유가 어떻게 우리에게 부담이 되고, 심지어 폭정이 될 수 있는지 이야기하고자 합니다.

선택의 역설

자유가 주어지면 우리는 다양한 선택을 할 수 있습니다. 그러나 선택의 폭이 넓어질수록 오히려 선택이 더 어려워집니다. 이것이 바로 '선택의 역설'입니다. 너무 많은 선택지는 우리를 혼란스럽게 하고, 어떤 결정을 내리더라도 후회할 가능성을 높입니다. 즉, 선택의 역설은 더 많은 선택지가 반드시 더 나은 결과나 만족도로 이어지지 않는다는 개념입니다. 오히려 선택지가 너무 많으면 결정을 내리기 어려워지고, 결정 후에도 더 큰 후회와 불만족을 느낄 수 있습니다. 이는 우리의 인지적 한계와 관련이 있습니다. 인간의 뇌는 한 번에 처리할 수 있는 정보의 양이 제한되어 있어, 너무 많은 선택지는 오히려 부담으로 작용할 수 있습니다.

심리학자 배리 슈워츠는 그의 저서 《선택의 역설(The Paradox of Choice)》에서 이 현상을 자세히 다룹니다.[40] 슈워츠가 소개한 한 실험에서 연구자들은 식품가게에 고급 잼 시식 코너를 설치했습니다. 한 그룹은 6종류의 잼을, 다른 그룹은 24종류의 잼을 진열했습니다. 사람들은 6

가지 잼이 놓여 있을 때보다 24가지 잼이 진열되었을 때 더 많이 몰려들었습니다. 사람들이 맛을 본 잼의 가짓수는 둘 다 비슷했지만 구매에서는 아주 큰 차이가 나타났습니다. 시식 잼이 6가지일 때 실제로 잼을 구매한 사람들의 비율은 30퍼센트였던 반면, 시식 잼이 24가지일 때 구매한 사람들의 비율은 3퍼센트에 불과했습니다.[41] 결과적으로 더 많은 종류의 잼을 본 사람들이 실제 구매로 이어지는 비율이 더 낮았던 것입니다. 이는 과도한 선택지가 오히려 결정을 어렵게 만들고 행동의 마비를 초래할 수 있음을 보여줍니다.

철학자 장 폴 사르트르는 자유와 선택의 문제를 깊이 있게 탐구했습니다. 그의 실존주의 철학에서 인간은 본질적으로 자유로운 존재이지만, 이 자유가 곧 선택의 무거운 짐으로 이어진다고 보았습니다. 사르트르의 자유와 선택을 집약하는 문장으로 '인생은 B(Birth)와 D(Death) 사이의 C(Choice)다'라는 말이 있습니다. 이 말은 사르트르가 직접 한 말은 아니지만 사르트르의 생각을 잘 표현합니다. 사르트르는 인간이 본질적으로 자유롭고, 그 자유는 선택의 연속이라고 주장했습니다. 따라서 이 표현은 그의 철학적 사상을 상징적으로 드러냅니다. 사르트르의 철학에서는 인간의 삶이 출생(Birth)과 죽음(Death) 사이에서 끊임없는 선택(Choice)으로 이루어진다는 점이 강조되기 때문입니다. 사르트르의 통찰은 자유가 단순히 축복이 아니라, 인간 존재에 내재된 심리적 갈등의 원천임을 시사합니다. 철학자 에리히 프롬은 그의 저서 《자유로부터의 도피》에서 현대인들이 때로는 이러한 자유와 선택의 부담을 피해 권위주의적 체제로 도피하려는 경향이 있다고 지적했습니다.

현대 사회에서는 일상적으로 선택의 역설을 경험할 수 있습니다.

온라인 쇼핑몰에서 물건을 구매할 때 수많은 옵션 중 하나를 선택해야 하는 상황이 그렇습니다. 소비자는 최선의 결정을 내리기 위해 정보를 탐색하지만, 정보 과부하로 인해 선택이 어려워지고, 결국 아무것도 선택하지 않거나 잘못된 선택을 후회하는 경우가 발생할 수 있습니다. OTT 업계의 대표 주자 넷플릭스의 사용자들 중 많은 이들이 결정 피로를 호소합니다. 수천 개의 영화와 TV 시리즈 중에서 무엇을 볼지 결정하는 데 상당한 시간을 소비합니다. 때로는 아무것도 보지 않고 끝나는 경우도 많습니다. 이는 일상생활에서 흔히 볼 수 있는 선택의 역설의 예입니다. 선택의 자유가 과도할 때 겪는 스트레스와 불안의 가까운 예입니다.

영화 《미스터 노바디(Mr. Nobody), 2009》는 선택의 역설을 중심주제로 다룹니다. 주인공 니모 노바디는 인생의 중요한 순간마다 여러 선택의 갈림길에 서게 되고, 각 선택에 따른 다양한 삶의 궤적이 펼쳐집니다. 세 번의 사랑을 하고 아홉 개의 인생을 살아 온 니모의 선택과 삶이 펼쳐집니다. 이 영화는 선택의 자유가 가져다주는 불확실성과 불안, 그리고 선택하지 않은 길에 대한 끊임없는 의문을 탐구합니다.

책임 회피

자유는 우리가 원하는 대로 선택할 수 있는 권리를 줍니다. 동시에 자유에는 책임이 따릅니다. 그러나 사람들은 자유를 즐기면서도 그에 따르는 책임은 회피하려는 경향이 있습니다. 자유롭게 선택했지만, 그 선택의 결과에 대한 책임을 지고 싶지 않은 것입니다. 이는 개인적 차원에서는 성장의 기회를 놓치게 만들고, 사회적 차원에서는 공동체의 안정성을 해칠 수 있습니다. 책임 회피는 단기적으로는 편안함을 줄 수 있지만, 장기적으로는 개인과 사회 모두에게 부정적인 결과를 초래합니다.

실존주의와 인본주의 심리학자인 롤로 메이는 인간의 자유와 책임에 대해 깊이 있는 분석을 제시했습니다. 그는 자유가 주어질 때 책임이 필연적으로 수반된다고 보았습니다. 자유롭게 선택할 수 있는 능력은 인간의 본질적인 특성이지만, 그 선택의 결과에 대한 책임을 피할 수 없다는 것입니다. 그는 이 책임이 인간에게 실존적 불안을 일으킨다고 설명했습니다. 즉, 우리는 선택의 순간마다 '올바른 결정을 내렸는가?'라는 질문과 마주하게 되며, 이로 인한 불안을 겪습니다.42 롤로 메이는 너무 많은 자유가 책임 회피와 불안을 초래할 수 있다고 주장합니다. 우리는 자유로움을 통해 자아를 발견하고 실현할 수 있지만, 동시에 우리의 행동이 가지는 결과에 대한 책임을 인식해야 한다는 것입니다. 메이는 진정한 자유란 책임을 회피하지 않고, 그 책임을 받아들이는 데서 온다고 강조했습니다. 그는 인간이 자신의 선택에 대해 온전히 책임질 때, 비로소 성숙한 존재로 성장할 수 있다고 보았습니다. 이처럼 메이의 연구는 자유와 책임이 불가분의 관계에 있음을 명확히 하였습니다. 따라서 책임 회피가 우리의 성장을 저해할 수 있다는 중요한 통찰을 줍니다.

직장에서의 의사결정 과정에서 책임 회피는 흔히 나타납니다. 예를 들어, 중요한 프로젝트에서 잘못된 결정을 내렸을 때, 일부 사람들은 자신이 한 선택의 결과를 인정하기보다는 다른 사람이나 외부 요인에 책임을 돌리려 합니다. 이는 조직 내에서 갈등을 초래할 뿐만 아니라, 개인의 성장과 발전을 저해할 수 있습니다. 비슷한 예는 기후변화에 대한 개인의 행동에서도 나타납니다. 많은 사람들이 기후변화의 심각성을 인식하면서도, 자신의 생활 방식을 바꾸는 것에는 소극적입니다. '내가 혼자 탄소배출을 줄인다고 해서 무엇이 달라지겠어?'라는 태도는 개인의 책임을 회피하는 대표적인 사고방식입니다.

영화 《암살, 2015》에서 염석진(이정재 분)의 행보는 자유의 부정적 측면인 책임 회피를 극명하게 보여주는 사례입니다. 염석진은 독립운동가로서의 신념을 저버리고, 일제의 밀정이 되어 동지들을 배신합니다. 그는 처음에는 자신의 생존을 위해 이러한 선택을 했지만, 동지를 죽이고 독립군을 토벌하는 등의 만행을 저지릅니다. 그는 자신의 선택의 결과에 대한 책임을 지지 않으려 합니다. 염석진은 자신을 시

영화 〈암살〉, 2015

대의 희생자로 포장하려 합니다. 안옥윤(전지현 분)에게 처단되기 직전 '왜 동지들을 배신했는가?'라는 질문에, '몰랐으니까, 해방될 줄 몰랐으니까. 알면 그랬겠나?'라는 변명으로 자신의 배신을 정당화합니다. 이는 자유롭게 내린 선택의 결과에 대한 도덕적 책임을 외면하는 전형적인 책임 회피의 모습입니다. 염석진의 변명은 그가 느끼는 죄책감과 불안을 잠시 억누를 뿐, 그의 내면에 깊은 상처로 남습니다. 그는 자유롭게 선택했지만, 그 선택이 가져온 결과에 대한 책임을 끝내 회피하려 했습니다. 이는 그의 자유가 진정한 의미에서의 자유가 아니라, 두려움에 기인한 허약한 선택이었음을 드러냅니다. 염석진의 이야기는 우리에게 중요

한 교훈을 줍니다. 자유는 선택할 수 있는 권리이지만, 그 선택의 결과에 대한 책임을 온전히 받아들이지 않는다면, 그 자유는 무의미해집니다. 그의 비극적 결말은 책임을 회피하는 자유가 얼마나 파괴적인 결과를 초래할 수 있는지를 통렬하게 보여줍니다.

과도한 개인주의

자유가 강조될수록 개인의 자율성과 독립성이 중시됩니다. 개인의 자유와 권리를 중시하는 것은 중요하지만, 이것이 극단으로 치닫게 되면 과도한 개인주의로 이어질 수 있습니다. 과도한 개인주의는 공동체 의식을 약화시키고, 사회적 연대를 해칠 수 있습니다. 이는 '나'만을 중시하고 타인과 사회에 대한 고려를 등한시하는 태도로 나타나기도 합니다. 결과적으로 개인은 물론 사회도 모두 피해를 입게 됩니다.

심리학자 진 트웬지의 연구에 따르면, 최근 세대들은 이전 세대에 비해 더 개인주의적인 성향을 보입니다. 그녀의 연구는 현대 사회의 과도한 개인주의 현상을 흥미롭게 조명합니다. 그녀의 저서 《나 세대(Generation Me)》에서, 마치 연못 속 나르키소스처럼 자기애에 빠진 현대인의 모습을 그려냅니다.43 우리는 자유를 꿈꾸며 태어났지만, 어느새 그 자유의 그늘에 갇혀 외로운 섬이 되어가고 있습니다. 트웬지의 연구는 마치 현대인의 자화상을 그리는 듯합니다. 우리는 소셜미디어에서 수백 명의 친구를 가졌지만, 정작 마음을 털어놓을 진정한 친구는 찾기 힘든 아이러니한 세상에 살고 있습니다. 자유와 개성을 추구한다는 미명 하에, 우리는 점점 더 고립되어가고 있는 것입니다. 그러나 희망은 있습니다. 트웬지의 연구는 우리에게 경각심을 주는 동시에, 변화의 가능성도 제시합니다. 우리가 자유를 진정으로 이해하고 올바르게 사용한다면, 개인의 행복과 사회의 연대를 동시에 추구할 수 있습니다. 자유는 혼자만의 것이 아닌, 함께 나누고 키워가는 것임을 깨달을 때, 우리는 과도한 개인주의의 함정에서 벗어날 수 있을 것입니다. 결국, 진정한 자유는 '나'만을 위한 것이 아니라 '우리'를 위한 것임을 기억해야 합니다. 트웬지의 연구는 우리에게 이 소중한 깨달음을 주고 있습니다. 개인의 자유와 사회적 책임 사이의 균형을 찾는 것, 그것이 바로 우리 시대의 과제이자 희망인 것입니다.

철학자 마이클 샌델은 그의 저서 《정의란 무엇인가》에서 현대 사회의 과도한 개인주의가 초래하는 문제점들을 예리하게 지적합니다.[44] 그는 개인의 자유와 권리를 중시하는 자유주의적 가치관이 지나치게 강조될 경우, 오히려 사회의 건강성을 해칠 수 있다고 경고합니다. 샌델에 따르면, 자유에 대한 개인주의는 공동체 의식을 약화시키고 사회적 연대감을 저해합니다. 개인의 선택과 권리만을 절대시하는 풍조는 공동선이나 시민적 덕성과 같은 더 넓은 도덕적 가치들을 간과하게 만듭니다. 또한 샌델은 과도한 개인주의가 사회적 책임 의식을 희석시킬 수 있다고 지적합니다. 모든 성공과 실패를 오로지 개인의 선택과 노력의 결과로만 여기는 태도는, 불평등과 같은 구조적 문제들을 개인의 책임으로 전가하는 위험을 낳습니다. 이는 사회정의 실현을 위한 집단적 노력과 제도적 개선의 필요성을 간과하게 만듭니다. 샌델은 이러한 과도한 개인주의가 공동체의 도덕적 기반을 무너뜨리고, 사회의 공공선을 지키는 데 필요한 시민적 책임과 연대감을 약화시킨다고 강조합니다. 그는 정의로운 사회는 단순히 개인의 권리와 선택을 보장하는 것만이 아니라, 공동체의 도덕적 가치와 공공선을 함께 추구해야 한다고 주장합니다.

자유의 부정적 얼굴인 과도한 개인주의는 일상에서 환경문제에 대한 무관심으로 자주 나타납니다. 많은 사람들이 자신의 편리함을 내세워 일회용품을 사용하면서 환경적 피해를 간과합니다. '나 하나쯤은 괜찮겠지'라는 생각으로 무분별하게 일회용 플라스틱을 사용하는 경우가 많습니다. 이렇듯 무분별한 자유로운 행동과 과도한 개인주의는 공동체와 미래세대에 대한 책임을 약화시키고, 결국 지구 전체에 부정적인 결과를 초래합니다. 개인의 작은 행동들이 모여 환경을 파괴하는 현실은 과도한 개인주의의 위험성을 잘 보여줍니다.

영화 《월 스트리트(Wall Street), 1987》는 과도한 개인주의가 가져오는 부정적인 결과를 잘 보여줍니다. 주인공인 버드 폭스(찰리 신 분)는 성공과 부를 쫓기 위해 탐욕스러운 금융계 거물 고든 게코(마이클 더글라스 분)의 방식에 빠집니다. 게코는 '탐욕은 선(greed is good)'이라는 철학을 바탕으로 개인의 이익만을 추구하며, 도덕적 책임을 외면합니다. 버드 역시 빠르게 성공하기 위해 비윤리적인 방법을 선택하며, 그로 인해 자신과 주변 사람들의 삶을 망가뜨립니다. 이 영화는 개인의 욕망과 성공에 대한 과도한 집착이 공동체와 관계를 어떻게 파괴하는지를 강렬하게 보여줍니다.

윤리적 혼란과 방종

자유는 종종 '무엇이든 할 수 있는 권리'로 오해받곤 합니다. 그러나 무제한의 자유는 윤리적 혼란과 사회적 방종으로 이어질 수 있습니다. 모든 것이 허용된다면, 사회의 기본적인 규범과 질서가 무너질 수 있습니다. 이는 결국 모두의 자유를 위협하게 됩니다. 진정한 자유는 타인의 자유와 권리를 존중하는 범위 내에서 행사되어야 합니다.

심리학에서 자율성과 자기조절 사이의 균형을 강조하는 이론으로는 자기결정 이론(Self-Determination Theory, SDT)이 대표적입니다. 이 이론은 리처드 라이언과 에드워드 데시에 의해 개발되었습니다. 이 이론에 따르면, 자율성, 유능감, 관계성은 인간의 내재적 동기를 강화하는 세 가지 주요 요소라고 봅니다. 자율성이 높을수록 자기조절이 잘 이루어지면 더 큰 만족감과 성취를 경험하게 됩니다.[45] 그러나 자율성이 지나치게 강조되고 자기조절이 부족해지면 도덕적 해이와 방종으로 이어질 수 있다고 경고합니다. 자율성이 개인의 자유로운 선택을 강조하지만, 그 선택에 책임을 지는 능력이 함께 발달하지 않으면 자기 통제가 약화된다는 것을 의미합니다. 자기결정이론에서는 자율성이 개인의 내면적 동기를 촉진하지만, 동시에 자기조절이 동반되지 않으면 윤리적 기준을 쉽게 넘어서 방종에 빠질 수 있다고 봅니다. 자신의 목표를 달성하기 위해 과도한 수단을 정당화하거나, 사회적 규범을 어기는 상황이 발생할 수 있습니다. 따라서 자율성은 자기조절과 함께 균형을 이루어야만 개인이 책임 있는 행동을 할 수 있게 됩니다.

아리스토텔레스는 중용의 덕을 강조하며, 자유와 규율 사이의 균형을 유지하는 것이 중요하다고 주장했습니다. 그는 자유로운 행동이 도덕적 지침과 일치해야 하며, 그렇지 않으면 방종으로 이어질 수 있다고 경고했습니다.[46] 이는 현대 사회에서도 여전히 유효한 통찰입니다. 개인의 자유가 윤리적 기준을 넘어설 때 발생하는 문제를 잘 설명합니다.

현대사회의 인터넷과 소셜미디어의 발달은 개인에게 표현의 자유를 대폭 확대시켰습니다. 하지만 동시에 윤리적 혼란과 방종을 초래하는 경우도 많습니다. 익명성을 이용한 온라인 괴롭힘(cyberbullying)이나 허위 정보의 유포는 자유가 잘못된 방식으로 사용되는 대표적인 사례입니다. 개인의 자유가 사회적 책임과 윤리적 기준에 따라 행사되지 않을 때 우리가 경험하지 못한 부정적 결과를 초래할 수 있습니다.

자유는 긍정적인 면이 많은 인류의 보편적 가치입니다. 하지만 그만큼 부정적인 측면도 내포하고 있습니다. 선택의 역설, 책임 회피, 과도한 개인주의, 윤리적 혼란과 방종은 모두 자유가 지나치거나 균형을 잃을 때 나타날 수 있는 문제들입니다. 이를 통해 우리는 자유를 어떻게 받아들이고, 어떻게 다뤄야 할지에 대한 깊이 있는 성찰이 필요하다는 것을 깨닫습니다. 자유를 올바르게 사용하기 위해서는 그에 따르는 책임과 윤리적 기준을 분명히 이해하고, 개인과 사회 모두의 이익을 고려해야 할 것입니다.

6

용서의 위험성

너무 일찍, 너무 쉽게 오는 용서는 용서하지 않는 것만큼이나 파괴적일 수 있다.

- 주디스 허먼

우리는 어릴 때부터 용서를 배웁니다. 용서는 거의 모든 종교에서 의무로 가르치고 있습니다. 누군가가 잘못했을 때, '괜찮아, 용서할게'라는 말은 선하고 성숙한 인간이 되는 길이라고 가르침을 받습니다. 용서는 마음의 짐을 내려놓고, 고통을 치유하며, 관계를 회복하는 미덕으로 여깁니다. 그것은 마치 흙 속에서 아름다운 꽃을 피우는 씨앗과도 같습니다. 인간의 본성을 승화시켜 더 나은 사람이 되는 길로 보입니다. 하지만, 용서는 언제나 아름다운 것일까요? 우리는 용서가 가져다주는 긍정적인 면모만을 떠올리기 쉽습니다. 사실 용서는 오해받을 때가 많습니다. 때로는 그 아름다움 속에 위험한 함정이 숨어 있습니다. 용서의 미덕을 맹목적으로 따를 때, 우리는 예상치 못한 결과와 마주하게 됩니다. 마치 달콤한 약속을 통해 들어간 문 뒤에 더 큰 상처가 도사리고 있는 것처럼 말입니다.

우리는 모두 한 번쯤 이런 경험을 해봤을 겁니다. 용서했지만, 그 뒤에 남은 상처는 가시처럼 마음에 남아 있었다는 것을 말입니다. 상대방을 용서했지만, 내 마음은 더욱 깊은 고통 속으로 빠져들었다는 것을 말입니다. 그리고 때로는, 용서가 새로운 시작이 아니라, 다시 반복될 고통의 서막이었다는 것을 깨닫는 순간도 있었을 겁니다.

이 장에서 우리는 용서의 본질을 조금 더 깊이 들여다보려 합니다. 용서의 긍정적인 힘을 부정하지 않으면서도, 그 이면에 숨겨진 부정적인 측면들을 다뤄볼 것입니다. 인간관계의 복잡함 속에서 용서가 때때로 가져오는 예상치 못한 결과들, 그리고 그로 인해 무너지기 쉬운 마음의 균형을 살펴볼 것입니다. 용서는 분명 힘이 있습니다. 하지만 그 힘이 언제나 우리를 치유하는 방향으로 작용하는 것은 아닙니다. 때로는 그 힘이 우리를 더욱 힘들게 만들고, 우리가 소중히 여겨야 할 것들을 잃게 만들기도 합니다. 이제, 우리는 그 힘의 양면성을 탐구해볼 시간입니다.

자존감 저하

용서는 고귀한 미덕으로 여겨지지만, 잘못된 상황에서 용서는 독이 될 수 있습니다. 자주 상처 입고 용서하다 보면, 우리의 가치관은 흔들리기 시작합니다. '내가 이렇게 대우받아도 되나?'라는 의문이 꼬리를 물기 시작하죠. 마치 모래성처럼, 한 번 두 번 파도에 씻겨 내려가다 보면 결국 무너지고 맙니다. 우리의 자존감도 그렇습니다. 끊임없이 용서하다

보면, 자신의 존엄성을 잃어버릴 수 있습니다. 특히, 용서를 강요받거나 자신의 감정을 무시한 채 용서하는 경우 자신이 더 이상 소중하지 않다는 느낌을 받을 수 있습니다. 이는 자존감에 상당히 큰 타격을 줍니다.

맥널티와 핀켈의 연구는 충격적인 결과를 보여줍니다. 그들은 부부 관계에서 지속적인 용서가 미치는 영향을 조사했습니다. 놀랍게도, 항상 용서하는 배우자는 시간이 지날수록 자존감이 낮아졌습니다. 가해자인 배우자가 피해자인 배우자를 안전하고 존중받는다고 느끼게 하지 않으면, 즉 충분한 사과나 화해 노력이 없으면 용서는 오히려 자존감을 떨어트릴 수 있습니다. 다시 말해 용서가 무비판적일 때, 피해자가 도어매트(밟히기 쉬운 존재)처럼 느껴질 수 있다고 지적합니다.[47] 용서가 지나치게 쉽게 이루어질 경우, 용서하는 사람의 자존감이 저하될 수 있습니다. 특히 가해자가 자신의 잘못을 인정하거나 변화를 보이지 않는 관계에서는 피해자의 자존감과 자기 개념이 약화될 수 있습니다.

가정폭력 피해자가 반복적으로 용서를 강요받는 상황을 생각해 봅시다. 가해자의 폭력이 술 때문이라거나 가해자도 불쌍한 사람이라는 등의 이유는 피해자의 용서를 강요하는 압력으로 작용합니다. 가해자는 일단 상황을 모면하기 위해 사과하고 피해자는 어쩔 수 없이 용서합니다. 그러나 충분한 사과와 철저한 행동변화 없는 용서는 효과가 없습니다. 결국 폭력은 다시 반복됩니다. 이 과정에서 피해자는 자신의 가치가 떨어진다고 느끼게 되고, 자존감은 계속해서 낮아집니다. 결국, 피해자는 자신이 이런 대우를 받을 만하다는 생각에까지 이르게 될 수 있습니다. 이런 사례는 극단적인 사건과 사고의 형태로 뉴스를 통해 우리를 찾아옵니다.

영화 〈가스등〉, 1944

영화 《가스등(Gaslight), 1944》에서 주인공 폴라(잉그리드 버그만 분)는 남편의 끊임없는 정신적 학대를 견뎌냅니다. 그러나 폴라는 그 학대를 자신의 탓으로 돌리며, 매번 남편을 용서하고 넘어갑니다. 남편의 교묘한 조작은 폴라를 점점 더 혼란에 빠뜨리며, 그녀가 스스로를 믿지 못하도록 만듭니다. 그녀의 현실 감각은 남편의 가스등 불빛처럼 희미해지고, 진실과 거짓 사이에서 표류하는 자신을 발견하게 됩니다. 남편의 학대는 단순한 행동이 아니라, 폴라의 자아와 마음을 잠식하는 깊은 상처가 되어 그녀의 영혼을 갉아먹습니다. 폴라는 끝없이 용서를 반복할수록, 자신이 잘못된 것이 아니라는 단 하나의 사실조차 붙잡지 못하게 됩니다. 그럴수록 그녀의 자존감은 한없이 추락합니다. 한때는 빛나던 자아는 남편의 가스등 아래 희미하게 타들어가며, 결국 스스로의 존재마저 의심하게 만듭니다. 이처럼 무조건적이고 순진한 용서는 피해자의 마음속에서 깊은 상처를 남기고, 자존감을 송두리째 앗아갑니다. 그녀의 용서는 더 이상 사랑의 표현이 아닌, 자기를 파괴하는 감옥이 되고 말았습니다. 영화 《가스등》은 용서가 때로는 얼마나 치명적인 덫이 될 수 있는지를 극명하게 보여줍니다. 폴라의 용서는 남편을 자유롭게 만들지 않았습니다. 오히려 그녀 자신을 감옥에 가두는 열쇠가 되었을 뿐입니다. 오늘날 일반적으로 사용되는 '가스라이팅'이라는 용어가 이 영화의 원작인 극작가 패트릭 해밀턴이 쓴 연극 《가스등(Gas Light), 1938》에서 유래한 것입니다.

부정적 행동의 반복

　용서는 분명 아름다운 행위입니다. 그러나 무조건적인 용서는 때로는 마음의 독이 될 수 있습니다. 반복되는 잘못을 매번 용서한다면, 가해자는 자신의 행동에 대한 책임감을 느끼지 못합니다. 마치 고장난 나침반처럼, 올바른 방향을 잃고 잘못된 길로 계속 나아가는 것과 같습니다. 아무리 큰 잘못을 하거나 상처를 주어도 '괜찮다'는 말만 듣는다면, 자신이 무엇을 잘못했는지 깨닫지 못한 채 같은 행동을 반복할 수 있습니다. 작은 실수에도 용서를 구하고, 다시 같은 실수를 저지르는 사람은 그저 시간이 지나기를 기다릴 뿐입니다. 용서받을 것을 알기에 그들의 행동에는 반성이 없습니다. 이 과정은 마치 정원에 자라는 잡초와 비슷합니다. 작은 잡초 한 줄기는 당장에는 큰 문제가 아닐지 모르지만, 그대로 두면 뿌리를 깊게 내리고, 결국에는 온 정원을 뒤덮어 버립니다. 잡초를 뽑지 않는다면, 아름답게 피어날 꽃들은 자리를 잃고 시들어 갈 것입니다. 용서도 이와 같습니다. 사랑으로 감싸주고, 이해하려는 마음은 중요하지만, 때로는 가해자가 자신의 행동을 뿌리부터 반성하고 변화할 기회를 주는 것이 진정한 용서의 힘일지도 모릅니다. 그러니 용서에는 지혜가 필요합니다. 용서는 단순한 관용의 행위가 아니라, 변화와 성장을 위한 다리여야 합니다.

　로이 바우마이스터와 동료 심리학자들의 연구는 용서가 때때로 부정적인 결과를 초래할 수 있다는 것을 보여줍니다.[48] 특히, 반복적인 잘못을 저지르는 가해자에게 용서를 베풀면, 그들은 자신의 행동이 용서받을 만하다고 여기며 같은 잘못을 다시 저지를 가능성이 있습니다. 연구에 따르면, 용서를 받은 가해자는 죄책감이 줄어들고, 자신이 한 행동의 심각성을 과소평가할 수 있습니다. 이러한 상황에서는 용서가 일종의 면죄부처럼 작용하여, 가해자의 행동을 정당화시키는 역할을 합니다. 또한, 가해자가 피해자로부터 보복을 두려워하지 않는다면, 비슷한 행동을 반복할 위험이 더 커집니다. 결국, 무조건적인 용서는 가해자로 하여금 자신의 행동을 반성하거나 변화시키기보다는, 오히려 반복적인 잘못을 저지르도록 조장할 수 있습니다. 용서의 행위는 신중하게 다뤄져야 하며, 그 이면에 숨겨진 위험도 고려해야 합니다.

실생활에서도 비슷한 사례를 찾을 수 있습니다. 직장에서 상사가 자주 부당한 대우를 하는 경우가 있습니다. 이 행동이 문제가 되거나 징계 등 처벌의 위험을 감지하면 상사는 사과하고 용서를 구하는 상황을 상상할 수 있습니다. 매번 부하직원들이 그를 용서하면 상사는 자신의 행동이 큰 문제가 아니라고 느끼고, 계속해서 비슷한 행동을 반복할 것입니다. 이로 인해 직장 내 분위기가 악화되고, 직원들의 불만과 스트레스가 증가하게 됩니다. 직장의 조직분위기는 물론이고 생산성 악화와 더불어 직원들의 이직, 극심하고 만성적인 스트레스로 정신건강을 크게 해칠 수 있습니다.

영화 《위플래쉬(Whiplash), 2014》에서 플레처(J. K. 시몬스 분)는 학생들을 극도로 가혹한 방식으로 지도하며, 끊임없이 심리적 압박과 학대를 통해 최고 수준의 연주를 이끌어내려고 합니다. 플레처는 학생들에게 끊임없는 정신적·육체적 압박을 가하며, 이를 예술적 완성을 위한 도구로 포장합니다. 그러나 이러한 방식은 결코 그의 잘못된 행동에 대한 제재를 받지 않으며, 오히려 학생들로부터 묵인되거나 용인됩니다.

플레처의 극단적인 행동은 제어되지 않은 용서의 또 다른 얼굴이라고 할 수 있습니다. 그의 학대는 제대로 된 비판 없이 넘어가며, 그로 인해 그는 계속해서 자신의 방식이 옳다고 믿고, 같은 학대를 반복합니다. 특히 앤드류(마일스 텔러 분)와의 관계에서, 앤드류가 결국 플레처의 방식에 따르게 되는 모습은 이러한 반복적인 피해 유발의 위험을 극명하게 보여줍니다. 앤드류는 결국 자신을 파괴하면서도 그로부터 도망치지 못하고, 다시 그의 손아귀로 돌아갑니다. 이는 용서나 묵인이 가해자를 더욱 대담하게 만들고, 피해자가 더 큰 상처를 입도록 내버려 둘 수 있음을 잘 설명합니다. 위플래쉬는 용서가 때때로 해방이 아닌, 더 큰 고통의 굴레를 만드는 행위가 될 수 있음을 날카롭게 묘사한 작품입니다.

정의실현의 방해

용서는 분명 아름다운 덕목입니다. 그러나 때로는 정의를 실현하는 데 걸림돌이 될 수 있습니다. 모든 잘못을 무조건 용서한다면, 사회의 규칙과 질서는 무너질 위험이 있습니다. 이는 마치 교통신호등을 모두 없애는 것과 같습니다. 처음에는 자유롭게 느껴질지 모르지만, 시간이 지나면 혼란과 사고로 이어질 것입니다. 신호등이 없는 도로에서는 사고가 빈번하게 일어나듯, 잘못된 행동에 책임을 묻지 않는 사회에서는 혼란이 발생합니다. 정의는 사회의 신호등과 같습니다. 그것이 제대로 작동할 때 우리는 법과 질서가 유지된 공정한 사회에서 살아갈 수 있습니다. 범죄나 부정행위를 무조건 용서하는 것은, 잘못된 행동이 다시 반복될 가능성을 키우고, 피해자는 충분한 보상을 받지 못한 채 고통 속에 머물게 됩니다. 용서는 상처를 치유할 수 있지만, 책임과 정의를 잃어버린 용서는 결국 더 큰 혼란과 부정의를 낳을 수 있습니다.

엑스라인 교수와 동료들의 연구는 용서와 정의의 복잡한 관계를 다룹니다. 이 연구는 용서가 때때로 정의 실현을 방해할 수 있음을 보여줍니다.[49] 용서는 보통 관계회복이나 평화를 위한 긍정적인 행위로 여겨지지만, 가해자가 자신의 잘못을 충분히 반성하지 않은 상태에서 용서가 이루어진다면, 이는 오히려 정의를 저해할 수 있습니다. 피해자가 충분히 보상받거나 공정한 대우를 받지 못한 채 용서를 하게 되면, 잘못을 저지른 사람이 책임을 피하게 되고, 같은 행동을 반복할 가능성이 커집니다. 또한, 자기 자신을 너무 쉽게 용서하는 경우에도 문제가 생깁니다. 가해자가 자신의 잘못에 대해 깊이 반성하지 않고 스스로를 용서하게 되면, 이는 자신이 저지른 잘못을 정당화하는 결과를 낳을 수 있습니다. 피해자는 여전히 고통받고 있지만, 가해자는 책임을 회피하며 자신을 용서하는 상황이 반복될 수 있습니다. 이 연구는 용서가 단순히 좋은 의도만으로 이루어져서는 안 된다는 점을 상기시켜 줍니다. 용서는 잘못에 대한 책임과 반성이 수반될 때에만 진정한 의미를 가질 수 있으며, 그렇지 않을 경우 정의를 가로막고 피해자의 상처를 더 깊게 만들 수 있습니다.

범죄피해자가 법정에서 용서를 요구받는 상황을 가정해 볼 수 있습니다. 한 여성이 오랜 시간 학대받아 온 끝에 가해자를 법의 심판대에 세웠다고 가정해봅시다. 그 과정에서 그녀는 법정에서 용서의 미덕을 강조하는 압박을 받습니다. '용서는 피해자를 더 강하게 만든다'는 말을 들으며, 마치 가해자를 용서하는 것이 그녀의 회복과 사회적 화합을 위한 올바른 길이라는 듯이 요구받습니다. 가해자는 진실인지 알 수 없는 눈물로 자신의 잘못을 반성하고, 법원은 그가 진정으로 반성하고 있다고 판단합니다. 그러나 피해자는 여전히 상처와 두려움 속에 남아 있으며, 그의 반성이 진정한 것인지 확신할 수 없습니다. 이런 상황에서 피해자가 용서의 부담을 느껴, 그를 용서한다고 말할 때, 판사는 가해자에게 관대한 판결을 내립니다. 그가 받은 형벌은 단지 가벼운 처벌에 그치고, 가해자의 삶은 다시 정상궤도로 돌아갑니다. 반면, 피해자는 여전히 감정적, 정신적 고통 속에서 하루하루를 버텨야만 합니다. 그녀가 받은 상처는 결코 가벼워지지 않았고, 그저 사회적 압박 속에서 용서를 선택했을 뿐입니다. 이러한 상황은 정의실현의 근본 원칙을 어긋나게 만듭니다. 법적 처벌이 가해자의 행동에 대한 책임을 묻기 위해 존재하는데, 용서라는 미명하에 그 처벌이 완화된다면 피해자는 완전한 보상을 받을 수 없습니다. 피해자는 아직도 고통 속에 있지만, 가해자는 법적으로 자유를 얻고, 사회는 그를 다시 받아들이는 상황이 됩니다. 이 과정에서 사회적 정의는 희석되고, 용서는 상처를 덮는 도구로 변질됩니다. 피해자는 오히려 자신의 고통을 묵인해야 하는 상황에 처하고, 정의는 더 이상 피해자를 보호하지 못하게 됩니다.

감정 억압

용서는 때때로 마법 같은 해결책처럼 느껴집니다. '용서하면 모든 것이 괜찮아질 거야'라는 말을 쉽게 떠올리곤 합니다. 마치 용서만 하면 고통과 상처가 사라지고, 평화가 찾아올 것 같은 착각에 빠집니다. 하지만 마음 깊은 곳에 쌓인 감정을 충분히 다루지 않은 채 이루어지는 용서는 오히려 내면에 상처를 더 깊게 새길 수 있습니다. 이는 마치 방 한 가운데 놓인 쓰레기를 서둘러 매트 아래 숨겨버리는 것과 같습니다. 처음엔 깨끗해 보일지 몰라도, 시간이 흐르면서 그 아래에 감춰진 것들이 썩어가기 시작하고 결국은 악취가 퍼져나가게 됩니다. 우리의 감정도 이와 같습니다. 억눌린 슬픔과 분노는 당장은 숨길 수 있을지 모르지만, 시간이 지나면 그것들은 더 크고 무거운 짐이 되어 우리를 짓누르고, 예상치 못한 순간에 폭발할 수 있습니다.

워딩턴과 샌디지는 그들의 책에서 감정 억압과 용서의 문제를 다룹니다. 용서가 감정적 치유와 영적 성장의 기회를 제공할 수 있지만, 충분한 감정 처리가 이루어지지 않으면 억눌린 감정이 남아 더 큰 고통을 유발할 수 있다고 경고합니다.[50] 억압된 감정은 마치 풀리지 않은 매듭처럼 내면 깊숙이 자리 잡아, 나중에는 더 복잡하고 아픈 방식으로 터져 나올 수 있습니다. 이러한 심리학적 연구 결과는 억눌린 감정이 결국 우울이나 불안과 같은 장기적인 정신적 문제로 이어질 수 있음을 보여줍니다. 용서가 단순히 덕목이 아닌, 감정적 해방과 치유를 위한 깊은 내면의 과정이 되어야 함을 강조합니다. 용서는 상처를 덮는 것이 아니라, 그 상처를 마주하고 진정으로 감정들을 처리해야만 완성될 수 있습니다. 감정 억압은 용서의 진정한 힘을 가로막는 걸림돌이 될 수 있으며, 용서의 과정에서 감정을 충분히 표현하는 것이 중요합니다.

바스킨과 엔라이트의 메타분석 연구도 주목할 만합니다.[51] 그들은 다수의 용서개입프로그램을 분석했는데, 감정을 충분히 다루는 장기 프로그램이 단순히 용서를 강조하는 단기 프로그램보다 더 효과적이라는 것을 발견했습니다. 이는 진정한 치유와 용서는 시간과 노력이 필요하다는 것을 보여줍니다. 마치 정원을 가꾸는 것과 비슷합니다. 꽃을 피우기 위해서는 인내심을 갖고 돌봐야 합니다.

프로이트는 억압된 감정이 인간의 내면에 심각한 영향을 미칠 수 있다고 경고했습니다. 그의 정신분석 이론에 따르면, 우리는 의식적으로 처리하지 못한 감정과 기억을 무의식 속에 억누르지만, 그것들이 사라지지 않고 결국 다양한 방식으로 다시 나타난다고 말합니다. 억압된 감정은 불안, 신경증, 강박적 행동과 같은 심리적 문제를 야기할 수 있으며, 이는 억눌린 감정이 충분히 처리되지 않은 채 내면의 갈등을 더욱 깊게 만들기 때문입니다. 프로이트는 특히 이러한 억압이 단기적으로는 감정적 불편함을 피하게 해주지만, 장기적으로는 심리적 고통을 심화시킬 수 있다고 보았습니다. 억눌린 감정은 사라지지 않고 왜곡된 형태로 다시 표출되며, 때로는 꿈이나 무의식적 행동을 통해 드러나기도 합니다. 따라서 억압된 감정을 의식적으로 끌어올리고 직면하는 과정이 필요하며, 이 과정을 통해 비로소 심리적 치유가 가능하다고 강조했습니다. 억누른 감정은 단순히 묻어두는 것이 아니라, 마치 깊은 곳에서 터져 나올 준비를 하고 있는 감정의 폭탄과도 같습니다.

카를 융의 그림자 개념은 우리가 의식적으로 받아들이기 어려운 감정과 욕망이 억압되어 무의식 속으로 밀려나는 과정을 설명합니다. 융은 이러한 억압된 감정들이 우리의 그림자가 되어, 자아의 일부분이지만 의식적으로는 보지 않으려는 측면들이라고 주장했습니다. 억압된 감정은 사회적 규범이나 도덕적 기준에 부합하지 않다고 판단된 분노, 욕망, 슬픔과 같은 감정들이며, 우리는 그것들을 무시하거나 억누르려 합니다. 그러나 융에 따르면, 이러한 감정들은 사라지지 않고 무의식 속에 남아 왜곡된 방식으로 표출되기 마련입니다. 억눌린 감정은 때때로 예상치 못한 순간에 폭발하거나, 타인을 비난하는 형태로 나타나면서 우리 삶에 부정적인 영향을 미칠 수 있습니다. 억압된 그림자는 우리가 감당하지 못한 감정들을 마치 숨겨둔 화산처럼 품고 있다가, 결국 터져 나오는 것입니다. 융은 진정한 치유와 자아실현을 위해서는 이 그림자를 직면하고, 그 감정들을 통합해야 한다고 보았습니다. 즉, 억누른 감정을 인정하고 수용할 때 비로소 우리는 진정한 자기 이해에 도달할 수 있으며, 내면의 균형을 찾을 수 있습니다. 융은 이러한 그림자 통합 과정을 통해 억압된 감정들이 해소되며, 더 건강하고 온전한 자아로 성장할 수 있다고 강조합니다. 따라서, 감정 억압은 단기적으로는 우리를 보호하는 것처럼 보일 수 있지만, 장기적으로는 심리적 고통과 불안의 원인이 될 수 있습니다. 융이 말한 것처럼 억압된 그림자는 결코 사라지지 않으며, 그것을 통합하고 직면할 때 비로소 우리는 진정한 치유와 성장을 경험할 수 있습니다.

영화《굿 윌 헌팅(Good Will Hunting), 1997》은 감정 억압의 위험성을 잘 보여줍니다. 주인공 윌(맷 데이먼 분)은 어린 시절의 학대를 겉으로는 용서한 것처럼 보입니다. 하지만 그의 행동은 여전히 그 상처에 묶여 있습니다. 심리학자 션(로빈 윌리엄스 분)과의 상담을 통해 윌은 자신의 진짜 감정과 마주하게 됩니다. '네 잘못이 아니야'라는 션의 말에 윌이 오열하는 장면은, 진정한 치유가 감정을 인정하고 표현하는 것에서 시작된다는 것을 보여줍니다.

이러한 용서의 부정적 측면들은 우리에게 경계할 위험성과 더불어 중요한 교훈을 줍니다. 용서는 아름답고 중요한 가치이지만, 그것이 맹목적이거나 성급해서는 안 됩니다. 진정한 용서는 자존감을 지키고, 정의를 추구하며, 감정을 건강하게 처리하는 과정을 동반해야 합니다. 이는 마치 정원을 가꾸는 것과 같습니다. 꽃을 피우기 위해서는 때로는 가지를 치고, 잡초를 뽑아야 하죠. 그렇게 할 때, 우리의 마음의 정원은 더욱 아름답게 피어날 수 있을 것입니다.

7

🚪

사랑의 질곡

사랑의 기술은 삶의 기술의 달인이 되기를 요구한다. 친밀함 속 거리두기의 필요성을 이해하지 못하면 온전히 사랑할 수 없다.

- 에리히 프롬

사랑은 인간이 경험할 수 있는 가장 강렬하고 아름다운 감정 중 하나입니다. 그것은 우리에게 날개를 달아주고, 세상을 장밋빛으로 물들입니다. 하지만 모든 빛이 그림자를 만들듯, 사랑 역시 그 이면에 어두운 면을 품고 있습니다. 이 장에서는 우리가 흔히 이야기하지 않는, 혹은 이야기하기를 꺼리는 사랑의 부정적 측면들을 살펴보려고 합니다. 그렇다고 이것이 사랑의 가치를 폄하하거나 부정하는 것은 아닙니다. 오히려 사랑의 모든 면을 이해함으로써, 우리는 더 깊고 성숙한 사랑을 할 수 있게 될 것입니다.

여기서 우리는 사랑의 네 가지 주요한 그림자와 고통을 탐구할 것입니다. 의존성, 자아 상실, 상처와 집착, 그리고 감정적 소진. 이들은 마치 장미의 가시와 같습니다. 아름다운 꽃을 피우기 위해 존재하지만, 조심하지 않으면 우리를 아프게 할 수 있습니다. 우리는 사랑이 어떻게 우리를 고통스럽게 할 수 있는지, 그리고 그 고통을 어떻게 극복하고 성장의 기회로 삼을 수 있는지를 배우게 될 것입니다.

사랑은 결코 완벽하지 않습니다. 그것은 기쁨만큼이나 아픔도 동반합니다. 하지만 이 양면성을 이해하고 받아들일 때, 우리는 비로소 진정한 사랑의 깊이와 아름다움을 경험할 수 있을 것입니다. 이제 사랑의 그림자 속으로 한걸음 들어가 봅시다. 그 안에서 우리는 아마도 더 나은 연인이 되는 방법, 그리고 더 나은 자신이 되는 방법을 발견하게 될 것입니다.

의존성

사랑은 때로 달콤한 독과 같습니다. 처음엔 황홀하지만, 점차 중독되어 갑니다. 상대방 없이는 숨 쉴 수 없다고 느낍니다. 사랑하는 사람의 존재가 자신의 전부가 됩니다. 스스로 서야 할 것 같은 순간에도, 사랑이라는 이름 아래 상대방에게 의존하고 싶은 욕구가 솟아납니다. 하지만 이런 의존은 자유를 앗아갑니다. 당신의 꿈과 목표는 희미해지고, 오직 그 사람만이 남습니다. 의존은 마치 거미줄 같아서, 처음엔 부드럽고 포근하지만 결국 나 자신을 옭아맵니다. 과도한 의존은 그 사람 없이는 아무것도 할 수 없다는 믿음을 안겨줍니다. 그가 없으면 삶 자체가 불완전해지는 고통을 불러옵니다.

사랑의 그림자 중 하나인 의존성에 대해 심리학자들은 오랫동안 연구해 왔습니다. 이 복잡한 현상에 대한 중요한 통찰을 제공한 연구자로 마리오 미쿨린서와 필립 셰이버를 들 수 있습니다. 그들의 저서《성인기의 애착: 구조, 역동성, 그리고 변화》는 사랑의 의존성을 새로운 시각으로 조명합니다.[52] 그들의 연구에 따르면, 우리의 애착 스타일이 사랑의 방식과 의존성의 정도를 결정합니다. 안정적인 애착을 가진 사람들은 건강한 상호의존 관계를 맺는 경향이 있습니다. 반면 불안정한 애착을 지닌 이들은 과도한 의존성을 보이거나 반대로 친밀한 관계를 회피하는 모습을 보입니다. 특히 주목할 만한 점은 스트레스 상황에서의 반응입니다. 연구 결과, 안정적인 애착을 가진 이들은 어려움 속에서도 서로를 적절히 의지하며 상황을 헤쳐나갑니다. 반면 불안정한 애착의 소유자들은 스트레스 상황에서 과도하게 상대방에게 매달리거나 홀로 고립되는 경향을 보였습니다. 연구자들은 애착 스타일이 고정된 것이 아니라 변화 가능하다는 점도 강조합니다. 그들의 연구는 적절한 관계 경험과 심리치료를 통해 불안정한 애착 스타일을 보다 안정적인 형태로 변화시킬 수 있음을 보여줍니다. 이는 곧 더 성숙한 사랑, 덜 의존적인 관계로 이어질 수 있다는 희망을 제시합니다. 결론적으로, 두 연구자의 연구는 건강한 관계가 완전한 의존도 완전한 독립도 아닌, 상호지지와 개인의 자율성 사이의 균형에 있다는 점을 강조합니다. 이러한 연구 결과는 우리가 더 건강한 관계를 형성하고 유지하는 데 중요한 지침을 제공합니다.

사랑이 깊어질수록 우리는 종종 자유를 잃어갑니다. 실존주의 철학자 장 폴 사르트르는 '타인은 지옥이다'라고 말했습니다.[53] 이 말은 사랑의 역설을 날카롭게 지적합니다. 그의 희곡《닫힌 방》에서 유래한 이 문구는, 사랑의 그늘에 숨은 의존성의 본질을 드러냅니다. 사랑하는 이의 시선이 우리를 정의하고, 그의 판단이 우리를 구속합니다. 우리는 그의 욕망 속에서 자아를 잃어갑니다. 하지만 사르트르는 이를 단순히 부정적으로만 보지 않았습니다. 오히려 이는 우리가 타인과의 관계 속에서 자신을 발견하고 성장하는 필연적 과정일지 모릅니다. 결국 사랑은 자유와 구속, 독립과 의존 사이의 끊임없는 줄다리기입니다. 이 긴장 속에서 우리는 진정한 자아를 찾아가는 것인지도 모릅니다.

사랑 이야기의 원형은 시대를 넘어 우리의 마음속에 깊이 새겨집니다. 로마의 시인 오비디우스가 《변신 이야기》에서 들려준 퓌라무스와 티스베의 이야기54는 수 세기를 거쳐 셰익스피어의 손끝에서 《로미오와 줄리엣》으로 다시 태어났습니다. 두 작품은 마치 거울처럼 서로를 비추며, 금지된 사랑과 비극적 운명이라는 보편적 주제를 노래합니다. 베로나의 한 여름 밤, 무도회장에서 두 젊은이의 눈이 마주친 순간, 시간은 멈춘 듯했습니다. 마치 오비디

윌리엄 셰익스피어,
〈로미오와 줄리엣〉, 1597

우스의 퓌라무스와 티스베가 담장의 작은 틈을 통해 사랑을 키워갔듯이, 로미오와 줄리엣도 적대적인 가문의 장벽을 뚫고 서로를 향한 마음을 키워갔습니다. '줄리엣은 태양이로다'라는 로미오의 절절한 고백은, 그의 모든 빛과 온기가 줄리엣에게 달려있음을 보여줍니다. 하지만 이 강렬한 사랑은 양날의 검이었습니다. 퓌라무스와 티스베의 비극이 오해에서 비롯되었듯이, 로미오와 줄리엣 역시 운명의 장난 같은 오해 속에서 비극적 결말을 맞이합니다. 현실의 문제들은 그들의 사랑 앞에서 무

의미해 보였고, 그들은 오직 서로에게만 의존했습니다. 결국 로미오는 독약을 마시고, 줄리엣은 그의 단검으로 생을 마감합니다. 이 영원한 사랑의 이야기는 우리에게 깊은 통찰을 던져줍니다. 사랑이라는 감정은 얼마나 아름답고도 위험할 수 있는지, 또 의존과 자유의 경계는 어디여야 하는지를 생각하게 합니다. 마치 나비의 날갯짓처럼 우리의 사랑도 자유로워야 하지 않을까요? 진정한 사랑은 서로를 옥죄는 사슬이 아니라, 각자를 더 높이 날게 하는 날개가 되어야 하지 않을까요? 이처럼 수천 년을 이어온 사랑 이야기는 우리에게 계속해서 질문을 던집니다. 우리는 어떤 사랑을 꿈꾸고, 어떤 사랑을 만들어가고 있는지를 말입니다.

자아 상실

사랑에 빠지면 우리는 종종 자신을 잃어버립니다. 마치 거울 속으로 들어간 앨리스처럼, 우리의 모습이 흐릿해집니다. 상대방의 취향이 우리의 취향이 되고, 그들의 꿈이 우리의 꿈이 됩니다. 처음엔 사랑의 표현이라고 생각하지만, 어느 순간 우리는 길을 잃습니다. '나'는 어디로 갔을까요? 자아 상실은 마치 모래성과 같습니다. 천천히, 하지만 확실하게 무너져 내립니다.

사랑에 빠지면 우리는 종종 자신을 잃어버립니다. 마치 판타지의 주인공처럼 우리의 모습이 흐릿해집니다. 처음에는 그저 아름다운 환상 속을 거니는 것 같습니다. 하지만 점점 더 깊이 빠져들수록, 우리의 윤곽은 더욱 흐려집니다. 상대방의 취향이 우리의 취향이 되고, 그의 꿈이 나의 꿈이 됩니다. 좋아하는 음식, 즐겨 듣는 음악, 심지어 삶의 목표까지도 조금씩 변해갑니다. 우리는 이를 사랑의 자연스러운 과정이라고 생각합니다. 하지만 어느 순간, 우리는 길을 잃습니다. 환상 속 미로에서 방황하는 판타지의 주인공처럼, 본래의 자신을 찾지 못합니다. '나'는 어디로 갔을까요? 언제부터 내 모습이 아닌 다른 누군가가 되어 있었을까요? 문득 깨달으면 이미 너무 늦은 것만 같습니다. 자아 상실은 마치 모래성과 같습니다. 천천히, 하지만 확실하게 무너져 내립니다. 처음에는 눈치채지 못합니다. 파도가 조금씩 모래성의 가장자리를 갉아내도 우리는 그저 사소한 변화라고 생각합니다. 하지만 어느새 돌아보면, 우리가 그토록 공들여 쌓은 모래성은 흔적도 없이 사라져 있습니다. 그 자리에 남은 것은 그저 평평한 모래사장과 밀려오는 파도뿐입니다.

사랑이 때로는 우리를 녹여버린다고들 합니다. 하지만 이 말이 꼭 좋은 의미만은 아닙니다. 머레이 보웬이라는 심리학자는 이런 현상을 '융합'이라고 불렀습니다.[55] 마치 두 개의 물방울이 하나로 합쳐지듯, 우리는 사랑하는 사람과 하나가 되어 갑니다. 처음에는 이게 로맨틱하게 느껴질 수 있습니다. 상대방의 모든 것을 이해하고, 함께 숨 쉬는 것 같은 기분을 느낄 수 있습니다. 하지만 이는 양날의 검입니다. 우리는 어느새 자신이 누구인지를 잊어버리고, 오직 '우리'만을 생각하게 됩니다. 특히 자신감이 부족한 사람들은 이런 상황에 더 쉽게 빠져들곤 합니다. 사랑에 빠진 우리는 종종 상대방의 감정이나 욕구에 지나치게 집중합니다. 그러다 보면 어느새 나의 감정, 나의 욕구는 어디론가 사라져 버립니다. 이것이 바로 보웬이 말한 자아 상실입니다. 그렇다면 우리는 어떻게 해야 할까요? 보웬은 '분화'라는 개념을 제시합니다. 이는 사랑 속에서도 '나'와 '너'를 구분할 줄 아는 능력을 말합니다. 마치 뿌리 깊은 나무처럼, 우리는 서로 가까이 있되 각자의 공간을 지켜야 합니다. 그래야 진정한 의미의 '우리'가 만들어질 수 있는 겁니다. 결국 건강한 사랑이란, 서로의 개별성을 인정하면서도 깊은 유대감을 나누는 것입니다. 물과 기름처럼 섞이지 않되, 서로를 포용하는 사랑. 그것이 바로 우리가 지향해야 할 관계의 모습일 것입니다.

사랑의 이름으로 자신을 잃어가는 모습, 우리는 그것을 종종 로맨틱하다고 생각합니다. 하지만 시몬 드 보부아르는 이를 경계하라고 말합니다. 그녀의 대표작 《제2의 성》에서, 보부아르는 특히 여성들이 사랑이라는 미명하에 자아를 상실하는 위험을 날카롭게 지적합니다.56 보부아르에 따르면, 사회는 여성에게 사랑을 위해 모든 것을 바치는 것이 미덕인 양 강요해왔습니다. 하지만 이는 함정입니다. 자신의 꿈, 욕망, 그리고 가능성을 포기하고 오직 '누군가의 연인'이 되는 것은 진정한 사랑이라 할 수 없습니다. 그녀는 이렇게 말합니다. '여성은 사랑 속에서 자신을 잃지 말아야 한다. 그것이 진정한 해방의 시작이다.' 사랑은 자아실현의 걸림돌이 아닌, 서로의 성장을 돕는 발판이 되어야 합니다. 우리는 사랑하면서도 '나'로 존재해야 합니다. 결국 사랑은 자신을 잃어가는 과정이 아닌, 서로를 존중하며 함께 성장해가는 여정이어야 합니다. 이는 보부아르가 우리에게 전하는 핵심 메시지입니다.

상처와 집착

사랑은 때로 양날의 검과 같습니다. 한 면은 기쁨이지만, 다른 면은 고통입니다. 우리는 사랑하는 만큼 상처받을 수 있습니다. 그리고 그 상처에 대한 두려움은 집착으로 이어집니다. 상대방을 잃을까 봐 불안해하고, 그의 모든 것을 통제하려 듭니다. 이는 마치 모래를 꽉 쥐는 것과 같습니다. 더 세게 쥘수록, 더 많이 빠져나갑니다. 집착은 사랑이 아닙니다. 그것은 두려움의 다른 이름일 뿐입니다.

사랑의 고통 중 상처와 집착은 성인기 애착이론을 통해 더 깊이 이해할 수 있습니다. 신디 헤이전과 필립 셰이버의 연구에 따르면, 성인의 애착 스타일을 안정형, 회피형, 불안/양가형의 세 가지로 분류했습니다.57 그 가운데 불안/양가형 애착 스타일을 가진 사람들은 사랑에 있어 집착적이고 질투심이 강한 특징을 보입니다. 이들은 파트너와의 관계에서 극단적인 감정 기복을 경험하며, 상대방의 사랑을 끊임없이 확인받고 싶어 합니다. 이러한 성향은 물론 변화가능성은 있지만 어린 시절 부모와의 불안정한 관계 경험에서 비롯될 수 있습니다. 부모의 일관성 없는 반응이나 거부는 아이로 하여금 관계에 대한 불안과 집착을 발달시키게 만듭니다. 성인이 된 후에도 이런 패턴이 지속되면, 연인 관계에서 과도한 요구나 집착으로 이어질 수 있습니다. 반면 회피형 애착 스타일을 가진 이들은 친밀함을 두려워하고 정서적 거리를 유지하려 합니다. 이는 과거의 상처로부터 자신을 보호하려는 방어기제일 수 있지만, 결과적으로 깊이 있는 관계 형성을 방해합니다. 이처럼 애착이론은 우리가 경험하는 사랑의 고통, 특히 상처와 집착의 근원을 이해하는 데 중요한 통찰을 제공합니다.

사랑의 고통, 특히 상처와 집착은 사랑을 깊이 연구한 인류학자 헬렌 피셔 등의 fMRI 연구결과를 통해 새로운 관점에서 이해할 수 있습니다.58 이 연구에 따르면, 로맨틱한 사랑은 뇌의 보상시스템과 밀접하게 연관되어 있으며, 도파민이 풍부한 영역의 활성화를 수반합니다. 이는 사랑이 강력한 동기부여 시스템임을 시사합니다. 사랑에 빠진 사람들의 뇌에서 관찰되는 이러한 신경학적 반응은 중독과 유사한 패턴을 보입니다. 따라서 사랑의 상실이나 거부는 마치 중독물질의 금단현상과 비슷한 고통을 유발할 수 있습니다. 이는 실연 후 경험하는 강렬한 상처와 집착적 행동을 설명해줍니다. 더불어 이 연구는 사랑의 신경메커니즘이 시간에 따라 변화함을 보여줍니다. 초기의 강렬한 감정은 점차 안정적인 애착으로 변화하는데, 이 과정에서 적응에 실패하면 지속적인 상처나 병적인 집착으로 이어질 수 있습니다. 진화의 긴 여정에서 우리에게 선물로 주어진 이 '매력시스템'은 짝을 선택하고 유지하는 데 중요한 역할을 합니다. 그러나 이 시스템이 우리를 완벽한 짝을 향해 인도하기도 하지만, 때로는 우리 영혼을 갉아먹는 독이 되기도 합니다. 결국 사랑의 고통은 우리 뇌가 만들어내는 아름다운 착각인지도 모릅니다. 사랑은 심각한 부작용으로 중독과 같은 상처와 집착을 남깁니다. 물론 치료의 가능성도 함께 보여주었습니다. 이 사랑의 고통은 우리가 살아있고 뜨겁게 사랑할 수 있는 존재인지를 보여주는 증거이기도 하니까요.

심리학자이자 철학자인 에리히 프롬은 그의 유명한 저서 《사랑의 기술》에서 사랑의 상처와 집착에 대해 깊이 있는 통찰을 제공합니다.59 프롬은 많은 이들이 사랑이라는 이름으로 포장한 '소유'의 함정에 빠진다고 말합니다. 이 '소유적 사랑'은 마치 새장 속에 아름다운 새를 가두려는 욕심과도 같아, 결국 사랑하는 이의 날개를 꺾고 맙니다. 또한 그는 '미성숙한 사랑'에 대해서도 언급합니다. 미성숙한 사랑은 마치 뿌리 얕은 나무처럼 흔들리고 불안정합니다. 이런 사랑에 빠진 이들은 자신의 그림자를 잃어버린 듯, 온전한 자아를 상실한 채 상대방에게 집착합니다. 프롬은 진정한 사랑이 잔잔한 호수가 아닌 끊임없이 흐르는 강물과 같다고 말합니다. 그것은 수동적인 감정이 아니라 능동적인 행위라고 강조합니다. 이는 집착과 대비되는 개념으로, 사랑을 하나의 예술로 보고 이를 배우고 실천해야 한다고 주장합니다. 더불어 그는 타인을 진정으로 사랑하기 위해서는 먼저 자신을 사랑해야 한다고 말합니다. 자기 사랑의 부족은 불안정한 관계와 집착으로 이어질 수 있기 때문입니다. 프롬의 지혜는 우리에게 사랑의 상처를 치유하고 집착의 사슬을 끊을 수 있는 열쇠를 건넵니다. 그의 눈을 통해 보면, 진정한 사랑은 상대방을 가두는 새장이 아닌, 함께 날아오를 수 있는 광활한 하늘을 선물하는 것입니다.

사랑의 어두운 면, 특히 상처와 집착이 극단적인 형태로 표출되는 사례를 우리는 종종 뉴스를 통해 접하게 됩니다. 전 연인과의 이별 후, 상실의 아픔을 건강하게 극복하지 못한 이들이 스토킹이나 심지어 살인과 같은 중범죄를 저지르는 경우가 그 예입니다. 이는 사랑이 남긴 상처가 얼마나 깊을 수 있는지, 그리고 집착이 어떤 파괴적인 결과를 낳을 수 있는지를 극명하게 보여줍니다. 한때 사랑했던 사람에 대한 병적인 집착이 이처럼 비극적인 결말로 이어지는 것은 사랑의 가장 어두운 부작용이라 할 수 있습니다. 이러한 사례들은 단순히 개인의 문제를 넘어, 우리 사회가 건강한 사랑의 관계와 이별 후의 감정 관리에 대해 더 많은 관심과 교육이 필요함을 시사합니다. 사랑의 기쁨만큼이나 그 끝에서 겪을 수 있는 아픔에 대해서도 우리는 준비되어 있어야 합니다.

감정적 소진

　사랑은 때로 우리의 감정을 말려 버립니다. 마치 사막의 오아시스처럼, 처음엔 생명을 주는 것 같지만 점차 고갈됩니다. 우리는 끊임없이 주고 또 줍니다. 상대방의 행복을 위해 자신의 모든 것을 쏟아붓습니다. 하지만 어느 순간, 우리는 텅 비어버립니다. 더 이상 줄 것이 없는 빈 우물 같은 기분이 듭니다. 이것이 바로 감정적 소진입니다. 사랑이 우리를 지치게 할 때, 그것은 더 이상 사랑이 아닐지도 모릅니다.

　사랑의 고통 중 감정적 소진에 대한 심리학적 연구는 앞에서 '의존성'에서 소개한 미쿨린서와 필립 셰이버의 성인기 애착연구가 대표적입니다. 이들의 연구에 따르면, 커플 간의 감정적 소진은 개인의 애착 스타일과 밀접한 관련이 있습니다. 애착불안이 높은 사람들은 관계에서 지속적인 확신을 추구하며, 이는 자신과 파트너 모두에게 감정적 소진을 야기할 수 있습니다. 사랑에 불안한 나머지 마치 바닷가의 모래성을 지키려는 어린아이처럼, 끊임없이 관계의 확신을 갈구합니다. 이 지칠 줄 모르는 갈구는 결국 두 사람 모두의 마음을 고갈시킵니다. 반면, 애착회피 성향이 강한 이들은 친밀감을 피하고 감정표현을 억제하는 경향이 있어, 장기적으로 감정적 소진으로 이어질 수 있습니다. 즉, 사랑이 두려운 이들은 마음의 문을 굳게 잠그고, 감정을 숨기느라 애씁니다. 하지만 이렇게 억눌린 감정은 시간이 지나면서 서서히 그들의 영혼을 갉아먹습니다. 특히 주목할 만한 점은 불안정 애착 스타일을 가진 커플 사이에서 자주 나타나는 요구-철회 패턴입니다. 다시 말해 '당신이 다가오면 나는 멀어지고, 당신이 멀어지면 나는 다가가는' 끝없는 밀고당김입니다. 이 아픈 춤은 두 사람 모두를 지치게 만들어, 결국 사랑의 불꽃을 꺼뜨리고 맙니다. 또한, 불안정 애착을 가진 커플은 시간이 지남에 따라 더 높은 수준의 소진을 경험하는 것으로 나타났습니다.

알랭 드 보통은 《왜 나는 너를 사랑하는가》에서 사랑의 감정적 소진 과정을 예리하게 포착합니다.60 그는 사랑에 빠진 순간 우리가 상대를 이상화하는 경향을 지적하며, 시간이 지나 환상이 깨질 때 느끼는 실망과 피로감을 섬세하게 묘사합니다. 사랑을 지속하기 위한 노력과 상호 이해의 중요성을 강조하면서도, 그는 기대와 현실의 간극이 커질수록 쌓이는 감정적 부담을 날카롭게 포착합니다. 자아를 잃고 상대에게 몰두하는 것이 정체성을 흐릿하게 만들고 결국 감정적 소진으로 이어질 수 있다는 그의 통찰은 깊은 울림을 줍니다. 드 보통은 과도한 이상화를 경계하고, 현실적 기대와 상호 존중에 기반한 성숙한 사랑이 감정적 소진을 예방할 수 있다고 제안합니다.

우리 주변에는 사랑하는 이들을 위해 자신을 바치는 사람들이 있습니다. 그들은 끝없는 에너지의 원천처럼 보입니다. 하지만 이면에는 자신의 욕구를 철저히 외면하는 모습이 있습니다. 직장에서 하루 종일 스트레스에 시달리고 피로에 지친 채 집으로 돌아옵니다. 그럼에도 가족을 위해 모든 집안일을 도맡아 합니다. 연인의 고민을 해결하려 시간을 아낌없이 쏟아붓습니다. 때론 밤잠을 설쳐가며 상대의 걱정거리를 함께 고민합니다. 이런 희생은 처음엔 순수한 사랑의 표현으로 보입니다. 주변 사람들은 그의 헌신을 칭찬하고 그 자신도 보람을 느낍니다. 하지만 시간이 흐르면 상황이 바뀝니다. 끝없는 희생이 그들의 영혼을 갉아먹기 시작합니다. 어느 순간 완전히 지쳤음을 깨닫습니다. 더 이상 아무것도 느낄 수 없는 공허한 상태에 이르게 됩니다. 사랑을 위해 불태우던 마음에 이제 차가운 재만 남습니다. 이처럼 감정적 소진은 종종 가장 순수한 사랑에서 시작됩니다. 하지만 자신을 잃는 사랑은 모두를 위험에 빠뜨립니다. 사랑의 부작용이자 고통의 하나인 감정적 소진의 아픈 모습입니다.

사랑의 이면에는 어두운 그림자가 숨어 있습니다. 의존성, 자아 상실, 상처와 집착, 감정적 소진 – 이들은 사랑이란 아름다운 꽃의 가시입니다. 하지만 이를 인식하는 것은 더 성숙한 사랑으로 가는 첫걸음입니다. 진정한 사랑은 서로의 독립성을 존중하며 함께 성장하는 것입니다. 상처받을 수 있다는 두려움에도 불구하고 서로를 신뢰하고, 집착 없이 자유롭게 사랑하는 것입니다. 사랑은 완벽하지도 않고 완벽할 수도 없습니다. 어쩌면 그래서 더 아름다울 수 있습니다. 사랑은 항상 위험과 불확실성이 따릅니다. 그러나 서로의 불안전함을 인정하고 받아들이며, 함께 성장해 나갑니다. 그 과정에서 우리는 진정한 사랑의 의미를 깨닫게 됩니다. 사랑의 어두운 면을 알고 있으면서도 사랑하기로 선택하는 것, 그것이 바로 가장 용기 있는 행동이며, 가장 아름다운 사랑의 모습일 것입니다. 사랑의 고통에도 불구하고 우리가 다시 사랑하는 이유는 무엇일까요? 아마도 사랑이 주는 기쁨이, 그것이 가져올 수 있는 모든 고통보다 크기 때문일 것입니다. 사랑은 우리를 더 나은 사람으로 만들고, 삶에 의미를 부여합니다. 결국, 사랑의 여정은 자신과 타인을 이해하고 서로의 일부가 되는 과정입니다. 사랑의 그림자는 우리에게 중요한 교훈을 줍니다. 그리고 그 불완전함 속에서 우리는 진정한 사랑의 아름다움을 발견하게 될 겁니다.

8

희망의 뒤안길

강력한 형태의 희망은 우리가 상상하는 것보다 훨씬 더 문제적이다. 절망은 상상력의 부족이라는 말에는 깊은 진실이 있다.

- 테리 이글턴

희망은 우리가 살아가는 데 있어 빛과 같은 존재입니다. 어둠 속에서도 앞으로 나아갈 수 있게 해주며, 불확실한 미래에 대한 용기를 줍니다. 희망은 인간의 가장 강력한 감정 중 하나입니다. 희망은 우리를 전진하게 하는 원동력이 되기도 합니다. 어둠 속에서도 빛을 찾게 하는 등불과 같습니다. 역사적 위업들은 희망에서 시작을 알렸습니다. 개인의 삶에서도 희망은 고난을 이기는 힘이 됩니다. 하지만 빛이 있으면 그림자가 생기

존 윌리엄 워터하우스,
〈판도라〉, 1896

듯, 희망에도 어두운 면이 있습니다. 때로는 그 빛이 너무 강해 현실을 보지 못하게 하거나, 잘못된 길로 인도할 수도 있습니다. 때로는 현실을 왜곡합니다. 행동을 막기도 합니다. 깊은 실망으로 이어지기도 합니다.

　　고대 그리스 신화에는 인간의 세상에 모든 불행과 재앙이 퍼지게 된 기원을 설명하는 이야기가 있습니다. 그것은 바로 판도라의 상자 이야기입니다. 제우스는 인간에게 벌을 주기 위해 최초의 여성인 판도라를 만들고, 그녀에게 절대 열지 말라는 상자를 주었습니다. 그러나 판도라는 그 상자에 대한 호기심을 이기지 못하고 결국 열어버리고 말았습니다. 그 순간 질병, 슬픔, 고통을 포함한 모든 악이 세상에 퍼져나갔습니다. 모든 악이 퍼진 뒤 상자에는 단 하나의 것이 남아 있었습니다. 그것은 바로 희망이었습니다. 희망은 상자에서 마지막으로 나와 인간에게 남겨진 유일한 긍정적인 요소였습니다. 세상에 모든 악이 퍼진 뒤에도 남아 있는 희망은 인간이 절망 속에서도 살아갈 수 있게 해주는 위안과 구원의 힘을 상징합니다. 희망은 고통을 견디게 하고, 앞으로 나아가게 하는 빛과도 같은 존재입니다.

　　하지만 한편으로, 희망이 악과 함께 상자에 들어 있었다는 것은 그것이 고통을 연장시키는 요소일 수도 있다는 해석을 가능하게 합니다. 철학자 니체는 '희망은 인간을 가장 오래 고통받게 하는 최악의 악이다'라고 말했습니다. 그는 희망이 사람들로 하여금 현실을 직시하지 못하게 하고, 막연한 기대 속에 갇히게 하여 고통을 더 길게 만든다고 보았습니다. 판도라의 상자에서 희망이 마지막으로 남은 것은 인간에게 위안을 주는 동시에, 더 큰 좌절과 실망을 안길 가능성 또한 품고 있다는 것을 의미합니다.

이처럼 희망은 양면성을 지닌 감정입니다. 그것은 한편으로는 절망 속에서 일어설 수 있는 힘을 주지만, 다른 한편으로는 비현실적인 기대와 현실도피로 이어져 더 큰 고통을 가져올 수 있습니다. 이 장에서는 희망의 이러한 어두운 측면에 대해 깊이 탐구하고자 합니다. 우리가 흔히 긍정적으로만 여기는 희망이 실제로는 어떤 그림자를 드리울 수 있는지, 그 속에 숨겨진 위험과 함정을 함께 살펴보겠습니다.

비현실적인 기대와 실망

희망은 미래에 대한 긍정적인 기대를 심어주지만, 그 기대가 비현실적일 때 깊은 실망과 좌절로 이어질 수 있습니다. 희망은 때로 현실을 왜곡합니다. 과도한 희망은 상황을 지나치게 낙관적으로 해석하게 만듭니다. 이는 비현실적인 기대로 이어집니다. 그 결과, 현실과 기대 사이의 간극이 커지면서 깊은 실망과 좌절을 경험하게 됩니다.

아머와 테일러는 수많은 연구를 분석하고 종합하여 결과를 찾아냈습니다.[61] 그 결과는 비현실적 낙관주의의 위험성을 잘 보여줍니다. 이 연구에 따르면, 사람들은 자신의 미래에 대해 지나치게 낙관적인 예측을 하는 경향이 있습니다. 연구진은 MBA 학생들을 대상으로 졸업 후 첫 취업까지 걸리는 시간, 초봉, 첫 입사제안을 받은 시기 등에 대해 예측하게 한 뒤, 실제 결과와 비교했습니다. 결과는 충격적이었습니다. 학생들의 예측은 실제 결과보다 훨씬 더 긍정적이었고, 이는 그들이 현실을 제대로 파악하지 못했음을 보여줍니다. 특히 주목할 만한 점은, 이러한 비현실적 낙관주의가 단기적으로는 긍정적인 효과를 낼 수 있다는 것입니다. 낙관적인 기대는 학생들의 동기부여와 자신감 향상에 도움을 줄 수 있습니다. 그러나 장기적으로 볼 때, 이는 오히려 더 큰 실망과 좌절로 이어질 수 있습니다. 사람들은 긍정적인 결과의 가능성을 과대 평가하고 부정적인 결과의 가능성을 무시하는 경향이 있으며, 이는 결 과적으로 더 큰 실망과 좌절을 낳을 수 있다는 것입니다. 이러한 결과는 희망이 현실적이지 않을 때 오히려 고통을 증대시키는 요소가 될 수 있 음을 보여줍니다.

비현실적 기대로서의 희망의 부조리함을 통찰한 철학자는 카뮈일 것입니다. 카뮈는 그리스 신화의 시지프를 통해 인간의 실존적 상황을 탐구합니다.62 시지프는 신들에 의해 끝없이 바위를 산 정상까지 밀어 올리는 형벌을 받았습니다. 그러나 바위는 매번 다시 굴러 내려가고, 시 지프는 이 무의미해 보이는 작업을 영원히 반복해야 합니다. 카뮈는 이 상황을 인간 삶의 은유로 봅니다. 우리 모두는 어떤 의미에서 시지프와 같습니다. 매일 같은 일을 반복하고, 궁극적으로는 죽음을 맞이하게 될 것을 알면서도 살아갑니다. 그러나 카뮈가 주목하는 것은 시지프의 태 도입니다. 시지프가 자신의 운명을 받아들이는 순간, 그는 진정한 자유 를 얻습니다. 더 이상 허망한 희망에 매달리지 않고, 현재의 상황을 있 는 그대로 받아들이는 것입니다. 이는 우리의 삶에 중요한 교훈을 줍니 다. 때로는 모든 것이 좋아질 것이라는 막연한 희망을 버리고, 현실을 있는 그대로 받아들이는 것이 더 나은 삶의 태도가 될 수 있습니다. 이 는 비관주의가 아니라, 오히려 현실을 직시하고 그 안에서 의미를 찾는 적극적인 태도입니다. 카뮈는 이를 통해 부조리한 자유라는 개념을 제 시합니다. 우리가 삶의 부조리함을 인정하고 받아들일 때, 역설적으로 우리는 그 상황에서 자유로워질 수 있다는 것입니다. 이는 허망한 희망에 매달리는 것보다 더 강력하고 진정한 삶의 태도가 될 수 있습니다. 결국, 카뮈의 메시지는 우리가 때로는 희망을 내려놓고 현실을 있는 그대로 받아들일 때, 오히려 더 충만하고 의미 있는 삶을 살 수 있다는 것입니다. 이는 희망의 그림자 중 하나인 비현실적 기대와 실망의 문제에 대한 깊이 있는 철학적 통찰을 제공합니다.

파랑새 증후군은 비현실적 기대와 실망을 설명하는 증상일 수 있습니다. 파랑새 증후군은 현재에 대한 만족을 느끼지 못하고, 막연히 미래에 더 나은 행복이 있을 것이라고 기대하는 심리적 상태를 의미합니다. 이 용어는 모리스 마테를링크의 동화 《파랑새(The Blue Bird)》63에서 유래되었습니다. 이는 마치 파랑새를 찾아 끝없이 여행을 떠나는 동화 속 이야기와 같습니다. 현재를 충분히 즐기지 못하고 행복을 외부의 조건에만 기대는 이 태도는 결국 비현실적인 기대로 이어져 실망과 좌절을 반복하게 만듭니다. 지금의 삶을 충분히 인식하지 못한 채, 미래에 대한 막연한 희망만을 추구하는 이러한 모습은 희망의 그림자를 잘 보여주는 사례입니다. 희망이 현실에서 출발하지 않을 때 생길 수 있는 그림자입니다.

현실도피와 부정

희망은 때로 현실도피의 수단이 됩니다. 어려운 상황에 직면했을 때, 사람들은 종종 모든 것이 좋아질 것이라는 막연한 희망에 의지합니다. 이는 일시적인 위안을 줄 수 있지만, 현실의 문제를 직시하고 해결하는 것을 방해합니다. 결과적으로 문제는 더욱 악화되고, 우리 자신은 더 큰 고통에 직면하게 됩니다. 현실도피는 단기적으로는 심리적 안정을 제공할 수 있습니다. 하지만 장기적으로 볼 때, 이는 개인의 성장과 적응을 방해하는 요인이 됩니다. 현실을 회피하면 할수록 그 현실은 더욱 감당하기 어려운 것이 되어갑니다. 이는 마치 눈덩이가 굴러가며 점점 더 커지는 것과 같습니다.

프로이트의 방어기제는 사람들이 심리적 불안이나 스트레스를 줄이기 위해 사용하는 무의식적인 심리적 전략을 말합니다. 방어기제는 우리가 일상생활에서 어려운 감정이나 갈등 상황을 처리하는 데 도움을 줍니다. 프로이트 사후 그의 딸 안나 프로이트가 방어기제를 정리하였습니다.64 방어기제에 관한 프로이트의 연구에서 부정은 중요한 개념입니다. 부정은 위협적이거나 불편한 현실을 인식하지 않으려는 무의식적인 시도입니다. 희망이 과도할 때, 현실을 있는 그대로 보지 않고 긍정적으로만 해석하려는 경향이 있습니다. 이럴 때 사람들은 문제의 심각성을 부정하고 '모두 괜찮아질 거야'라는 막연한 희망 속에 머무르며 아무런 행동도 취하지 않는 경우가 많습니다. 예를 들어, 어떤 사람이 건강검진에서 암 진단을 받았는데도 '내가 암에 걸릴 리가 없다'거나 '나는 괜찮아질 거야'라고 하면서 그 사실을 부정하고 치료를 거부하는 경우입니다. 이 사람은 희망적인 기대를 통해 불안한 현실을 직면하지 않으려 하고, 문제를 해결할 기회를 놓치고 있는 것입니다. 이런 식으로 희망이 현실을 회피하게 만드는 요소가 될 때, 우리는 오히려 상황을 악화시키고 문제를 해결할 기회를 잃게 됩니다.

경제적 어려움에 처한 한 가정의 이야기를 들어보겠습니다. 이 가족은 빚이 점점 쌓여가고 수입은 줄어드는 상황에 직면했습니다. 그러나 '곧 좋아질 거야'라는 희망만 품은 채, 구체적인 해결책을 마련하지 않았습니다. 처음에는 그 희망이 위안을 주었지만, 시간이 지나도 상황은 나아지지 않고 더 악화되었습니다. 신용카드 빚은 눈덩이처럼 불어났고, 결국 집을 팔아야 했습니다. 이 가족의 희망은 현실을 직시하지 못하게 했습니다. 그들은 지출을 줄이거나 추가 수입을 창출할 방법을 적극적으로 모색하지 않았습니다. 금융상담을 받거나 채무조정을 시도하는 등의 실질적인 대응책을 마련하지 않았습니다. 결과적으로 상황은 더욱 악화되며 가족 관계까지 악화되었습니다.

수동성 증가

희망은 때로 우리의 행동을 가로막습니다. '언젠가는 좋아질 거야'라는 긍정적 기대와 생각은 현재의 노력을 게을리하게 만들고 수동적 태도로 이어집니다. 이러한 수동성은 개인의 성장과 발전을 저해하며, 결과적으로 희망했던 바를 이루지 못하게 만드는 악순환을 초래합니다. 수동성의 증가는 특히 장기적인 목표 달성에 있어 큰 장애물이 됩니다. 막연한 희망에 기대어 구체적인 행동계획을 세우지 않으면, 시간이 지나도 상황은 개선되지 않습니다. 오히려 시간이 지날수록 목표달성은 더욱 어려워지고, 이는 더 큰 좌절감으로 이어질 수 있습니다.

수동성의 증가는 심리학적 개념으로 계획오류와도 관련이 있습니다. 노벨 경제학상 수상자인 다니엘 카너먼은 그의 저서에서 계획오류에 대해 중요한 통찰을 제시합니다.[65] 우리는 종종 밝은 미래를 꿈꾸며

원대한 계획을 세웁니다. 그러나 시간이 흐르면서 현실의 벽에 부딪히곤 합니다. 이러한 인간의 보편적인 경험을 카너먼은 '계획오류'라고 명명했습니다. 카너먼의 연구에 따르면, 우리는 마치 사랑에 빠진 사람처럼 자신의 능력을 과대평가하고 일의 어려움을 과소평가하는 경향이 있습니다. 처음엔 열정과 기대로 가득 차 있지만, 시간이 지나면서 현실의 고난과 마주하게 됩니다. 예상보다 더딘 진전에 좌절감을 느끼고, 때로는 자신을 책망하기도 합니다. 이런 경험이 쌓일수록 우리의 마음속에는 작은 두려움이 자라납니다. 마치 상처받은 아이처럼, 우리는 점점 더 안전한 곳으로 물러나고 싶어집니다. 이것이 바로 수동성의 그림자가 우리를 덮어가는 과정입니다. 결국, 계획오류를 극복하고 능동적인 삶을 살아가는 것은 자신과의 끊임없는 대화와 성장의 과정입니다. 희망을 잘 다루어 수동성의 덫에 걸리지 않도록 주의해야 합니다.

취업난 속에서 '좋은 기회가 올 거야'라는 희망만 품은 채 실제 준비는 하지 않는 대학생의 경우를 살펴보겠습니다. 이 학생은 졸업 후 좋은 직장에 취직할 수 있을 거라는 막연한 기대를 가지고 있었습니다. 그러나 그는 구체적인 준비를 하지 않았습니다. 그는 학점관리에 소홀했고, 인턴십이나 자격증 취득 같은 실질적인 경력 쌓기에도 관심을 기울이지 않았습니다. 취업시장의 동향을 파악하거나 필요한 기술을 습득하는 데도 소극적이었습니다. 그저 '언젠가는 좋은 기회가 올 거야'라는 생각으로 시간을 보냈습니다. 결과적으로 그는 졸업 후 심각한 취업난에 직면하게 되었습니다. 경쟁력 있는 스펙을 갖춘 다른 지원자들에 비해 그의 이력서는 초라해 보였습니다. 여러 번의 면접에서 탈락한 후, 그는 자신의 수동적 태도가 얼마나 큰 대가를 치르게 했는지 깨달았습니다.

이 사례는 막연한 희망에 기대어 수동적 태도를 취하는 것의 위험성을 경고합니다.

심리적 의존과 취약성

지나친 희망은 심리적 의존을 낳습니다. 희망에만 의지하다 보면 현실적인 대안을 찾지 못하게 되고, 이는 개인을 심리적으로 취약하게 만듭니다. 이러한 취약성은 작은 실패나 좌절에도 쉽게 무너지게 만들며, 장기적으로 개인의 정신건강에 부정적인 영향을 미칩니다. 심리적 의존은 마치 중독과 비슷한 양상을 보입니다. 현실의 문제를 직시하고 해결하는 대신, 사람들은 더 나은 미래에 대한 환상에 빠져듭니다. 이러한 환상은 일시적인 위안을 줄 수 있지만, 결국 현실과의 괴리를 더욱 크게 만들어 더 심각한 심리적 충격을 초래할 수 있습니다.

희망은 때로 우리를 예기치 못한 심리적 취약성에 빠뜨릴 수 있습니다. 이는 특히 실업상태에 놓인 사람들에게서 두드러지게 나타납니다. 클레멘스 헤츠코와 동료들의 연구는 이러한 현상을 흥미롭게 보여줍니다.66 그들은 25년간의 독일 사회경제 패널 데이터를 분석하여, 실업자들이 은퇴 후 삶의 만족도가 크게 상승하는 것을 발견했습니다. 언뜻 보기에 이는 긍정적으로 보일 수 있지만, 사실 이는 희망의 부정적 역할을 드러내는 증거입니다. 실업상태에서 사람들은 다시 일자리를 찾을 수 있을 것이라는 희망을 품습니다. 그러나 이 희망은 동시에 '일을 해야 한다'는 사회적 압박을 지속시키는 원인이 됩니다. 결과적으로 실업자들은 현재의 상황에 적응하지 못하고, 지속적인 스트레스와 낮은 삶의 만족도를 경험하게 됩니다. 반면 은퇴는 이러한 희망과 압박에서 벗어나는 전환점이 됩니다. '더 이상 일하지 않아도 된다'는 새로운 사회적 규범은 실업자들을 심리적 부담에서 해방시킵니다. 이는 곧 삶의 만족도 상승으로 이어집니다. 아이러니컬하게도 이들이 실직상태에 있을 때 이들을 불행하게 만든 것은 희망이었고, 이 희망이 사라지자마자 이들은 회복되기 시작했습니다. 이 연구결과는 역설적이게도 희망이 때로는 우리를 불행하게 만들 수 있음을 보여줍니다. 특히 현실과 동떨어진 희망은 오히려 우리를 심리적으로 취약하게 만들 수 있습니다. 따라서 우리는 희망을 품되, 그것이 현실적이고 건강한 것인지 항상 점검할 필요가 있습니다. 때로는 희망을 내려놓는 것이 오히려 우리를 자유롭게 할 수 있다는 점을 기억해야 합니다.

독일 철학자 프리드리히 니체는 '희망은 참으로 재앙 중에서도 최악의 재앙이다. 희망은 인간의 괴로움을 연장하기 때문이다'라고 말했습니다.[67] 이는 희망이 때로는 현실 직면을 방해하고 고통을 지속시킬 수 있음을 의미합니다. 니체의 이 말은 고대 그리스신화의 판도라의 상자와 관련이 있습니다. 판도라의 상자에서 모든 재앙이 나온 후 희망이 마지막으로 남았다는 점을 니체는 부정적으로 해석했습니다. 그는 희망이 인간을 더 오래 고통 속에 머물게 하고, 현실을 직시하는 것을 방해한다고 본 것입니다. 즉, 희망이 때로는 우리가 문제를 직면하고 해결할 수 있는 기회를 빼앗고, 현실적이지 않은 기대 속에 머무르게 할 수 있음을 강조했습니다. 희망은 사람을 심리적으로 취약하게 만들며, 현실에 대처하지 못하게 하고, 더 큰 고통에 빠질 위험을 증가시킨다는 겁니다. 즉, 희망에 의존하면서 스스로를 나약하게 만들고, 고통의 근본적인 원인을 해결하지 못하는 모습이 심리적 의존과 취약성으로 귀결될 수 있습니다. 니체의 이 통찰은 우리에게 중요한 질문을 던집니다. 희망은 정말로 항상 좋은 것일까요? 니체는 희망이 때로는 우리를 현실로부터 도피하게 만들고, 필요한 변화와 성장을 방해할 수 있다고 보았습니다. 그는 대신 '운명애(amor fati)'라는 개념을 제시했습니다. 현실을 있는 그대로 받아들이고 사랑하는 태도를 의미합니다.

영화 《쇼생크 탈출(The Shawshank Redemption), 1994》의 브룩스(제임스 휘트모어 분)는 희망의 그림자 중 심리적 의존과 취약성을 생생하게 보여줍니다. 50년 넘게 감옥에서 살아온 브룩스에게 감옥은 편안한 안식처였습니다. 그의 희망은 이 제한된 세계 안에서만 존재했습니다. 그러나 가석방으로 자유를 얻은 브룩스는 새로운 세상에 적응하지 못합니다. 그의 희망은 감옥 밖에서 아무런 의미가 없었고, 오히려 두려움과 혼란만을 가져왔습니다. 결국 브룩스는 새로운 삶에 희망을 품지 못하고 스스로 목숨을 끊고 맙니다. 브룩스의 비극은 희망이 특정 환경에 지나치게 의존적일 때 얼마나 위험한지를 보여줍니다. 이는 변화에 적응할 수 있는 유연한 희망의 중요성을 일깨워줍니다. 진정한 희망은 어떤 상황에서도 의미를 찾고 성장할 수 있는 힘을 줍니다. 이 사례는 우리에게 중요한 질문을 던집니다. 우리의 희망은 어디에 뿌리를 두고 있을까요? 그리고 그 희망은 우리를 자유롭게 하는지 아니면 구속하는지 말입니다.

희망은 우리 삶의 중요한 요소지만, 그 부정적 측면도 인식해야 합니다. 비현실적인 기대, 현실도피, 수동성 증가, 심리적 의존과 취약성은 잘못된 희망이 초래할 수 있는 문제들입니다. 진정한 희망은 현실을 직시하고 구체적인 행동계획과 함께 변화에 유연하게 대응할 수 있어야 합니다. 때로는 희망을 내려놓고 현실을 받아들이는 것이 필요합니다. 가장 강력한 희망은 현실을 인정하면서도 그 안에서 변화의 가능성을 찾는 자세에서 시작됩니다. 이런 균형 잡힌 희망이야말로 우리를 더 강하고 건강하게 만듭니다.

9

감사의 부작용

경멸스러운 상황에서조차 감사함을 느껴야 한다는 압박은 일종의 심리적 폭정이 되었다.

- 바버라 에런라이크

우리는 어릴 때부터 감사의 중요성을 배웁니다. '감사합니다' 또는 '고맙습니다'라는 말은 예의의 기본이며, 감사일기를 쓰는 것은 행복의 비결이라고 합니다. 감사는 유대교, 기독교, 이슬람교, 불교, 힌두교 사상에서 매우 소중히 여겨지는 인간적 기질이기도 합니다. 로마의 철학자이자 정치가 키케로는 감사를 모든 미덕의 어머니라고까지 하였습니다. 실제로 감사는 우리의 삶을 더 풍요롭게 만들고, 긍정적인 마인드를 갖게 해주는 강력한 도구입니다. 하지만 모든 것에는 양면이 있듯이, 감사 역시 그 이면에 숨겨진 부작용을 가지고 있습니다.

이 장에서는 감사가 가져올 수 있는 예상치 못한 부작용에 대해 살펴보고자 합니다. 감사의 어두운 면을 인식함으로써, 우리는 더 균형 잡힌 시각으로 감사를 바라보고 실천할 수 있을 것입니다. 감사의 부작용을 네 가지 측면에서 살펴보겠습니다. 이는 감사를 부정하려는 것이 아니라 오히려 더 깊고 진실한 감사를 느끼고 실천하기 위함입니다.

현실 왜곡과 비판적 사고 억제

감사는 우리의 시선을 긍정적인 면에 머물게 합니다. 감사를 느끼는 것은 우리가 처한 상황을 긍정적으로 해석하게 합니다. 이는 대체로 좋은 일이지만, 때로는 현실을 있는 그대로 보지 못하게 만들 수 있습니다. 지나친 감사는 마치 장밋빛 안경을 쓴 것처럼 세상을 바라보게 만들어, 실제로 존재하는 문제나 개선이 필요한 부분을 간과하게 만들 수 있습니다. 감사가 우리가 직면한 문제들을 희석시키는 역할을 하면서 비판적인 사고를 억제하는 경우가 있는 것입니다.

한 연구에 따르면, 감사를 느끼는 것이 삶의 만족도를 높이는 데 긍정적인 영향을 줄 수 있지만, 동시에 비판적인 상황 인식을 저해할 수 있는 위험이 있습니다. 그들의 연구는 감사일기 작성이 긍정적인 감정을 증대시키는 한편, 어려운 상황에서 문제 해결을 위해 필요한 행동적 동기를 약화시킬 수 있음을 시사했습니다.68 이는 감사가 지나치게 사용될 경우, 개인이 직면한 문제를 무시하거나, 개선하려는 의지를 억제할 수 있음을 보여줍니다. 즉 일부 상황에서 감사는 현실의 부정적인 면을 직면하거나 문제를 해결하는 노력을 감소시킬 수 있습니다.

19세기 독일의 대담한 사상가 프리드리히 니체는 우리가 당연하게 여기는 많은 가치들에 의문을 제기했습니다. 그의 날카로운 통찰 중 하나가 바로 감사에 관한 것입니다. 니체는 감사에 대해 독특한 시각을 제시했습니다. 그는 '감사는 노예도덕의 한 형태이다'라는 파격적인 주장을 펼칩니다.69 니체의 관점에서 감사는 단순한 미덕이 아닌, 복잡한 권력관계의 산물입니다. 그는 지나친 감사가 현실인식을 왜곡하고 변화의 필요성을 무디게 할 수 있다고 보았습니다. 마치 새장 속 새가 자유를 갈망하지 않는 것처럼, 감사가 현 상황에 안주하게 만들 수 있다는 것이죠. 더불어 니체는 감사가 때로 비판적 사고를 억압할 수 있다고 지적했습니다. '감사해야 한다'는 사회적 압박이 정당한 불만이나 비판을 배은망덕으로 낙인찍을 수 있다는 것입니다. 그러나 니체의 이런 통찰은 감사 자체를 부정하는 것이 아닙니다. 오히려 그는 우리에게 더 깊고 비판적인 감사의 자세, 즉 현실을 있는 그대로 보면서도 삶을 긍정할 수 있는 힘을 요구하고 있는 것입니다.

예를 들어, 열악한 근무환경에 처한 직원이 '그래도 직장이 있다는 것에 감사해야 해'라는 생각에 사로잡혀 부당한 처우를 개선하려는 노력을 포기할 수 있습니다. 또는 불공정한 사회 제도에 대해 '그래도 우리나라가 다른 나라보다 낫다'는 식의 감사표현이 필요한 비판적 사고를 저해할 수 있습니다.

불평등 정당화와 사회 변화 저해

감사는 현재 가진 것에 대해 감사하도록 이끕니다. 이것이 때로 현재의 상태에 만족한 나머지 불평등한 현실에 안주하게 만들어 사회적인 변화를 저해할 수 있습니다. '주어진 것에 감사하라'는 메시지는 개인의 행복을 증진시키는 데 도움이 될 수 있지만, 사회적 차원에서는 필요한 변화를 막는 장애물이 될 수 있습니다.

사회심리학자 존 요스트의 시스템 정당화 이론은 이러한 현상을 설명합니다. 요스트와 동료 학자에 따르면, 사람들은 현재의 사회시스템을 정당화하고 지지하려는 심리적 동기를 가지고 있습니다.[70] 이 이론에 따르면, 감사의 감정은 때때로 현재의 시스템을 정당화하는 도구로 작용할 수 있습니다. 예를 들어, 불평등한 사회구조 속에서도 '그나마 이 정도인 것에 감사해야 한다'는 생각은 현 시스템에 대한 비판을 무디게 만들 수 있습니다. 시스템 정당화이론은 나아가 요스트와 다른 동료의 연구에 따르면, '가난하지만 행복한' 또는 '가난하지만 정직한' 이미지가 현 사회 시스템을 더 공정하게 인식하도록 만듭니다. 이러한 긍정적 고정관념은 실제로 불평등한 구조를 정당화하는 데 기여할 수 있습니다. '그래도 행복하다'는 감사의 마음이 역설적으로 불공정한 상황을 유지하는 심리적 메커니즘으로 작용한다는 것입니다. 이는 대부분 무의식적으로 일어나며, 사회 변화의 필요성을 느끼지 못하게 하거나 변화에 대한 저항을 증가시킬 수 있습니다.

또한, 독일에서의 한 연구는 감사 표현이 불평등한 사회적 관계에서 불리하게 작용할 수 있는 여러 측면을 밝혀냈습니다.[71] 특히 낮은 권력그룹이 높은 권력그룹의 도움에 감사할 때, 이들은 자신의 권리나 개선의 필요성을 주장하기보다는 현재 상황에 순응하려는 경향을 보였습니다. 연구에서는 감사 표현이 체제 정당화와 용서를 매개로 이러한 효과를 강화하여 억압적 권력구조를 고착화시키고, 결과적으로 사회 변화를 저해할 수 있음을 발견했습니다. 이는 감사가 긍정적인 감정임에도 불구하고, 사회적 불평등 속에서 권력 불균형을 유지하는 데 기여할 수 있음을 시사합니다.

이러한 현상은 영화 《헬프(The Help), 2011》에서 생생하게 묘사됩니다. 1960년대 미시시피를 배경으로 한 이 영화는 흑인 가정부들이 겪는 인종차별과 불평등을 그리면서, 동시에 이러한 시스템이 어떻게 유지되는 지를 보여줍니다. 영화 속 흑인 가정부들은 종종 '가난하지만 행복하고 충실한' 모습으로 묘사되며, 일부는 자신들의 처우에 대해 '그래도 감사해야 한다'는 태도를 보입니다. 영

영화 〈헬프〉, 2011

화 초반, 많은 흑인 가정부들이 현 상황에 대해 이야기하기를 꺼리는 모습을 보입니다. 이런 모습은 현 시스템에 대한 암묵적 수용을 나타내며, 변화에 대한 저항으로 해석될 수 있습니다. 불공정한 시스템에 대한 수용을 나타내며, 위에서 언급한 시스템 정당화이론과 연결됩니다. '그래도 행복하다'는 감사의 마음이 역설적으로 불공정한 상황을 유지하는 심리적 메커니즘으로 작용하는 것입니다. 이는 대부분 무의식적으로 일어나며, 사회 변화의 필요성을 느끼지 못하게 하거나 변화에 대한 저항을 증가시킬 수 있습니다. 이 영화에서 주인공 스키터(엠마 스톤 분)가 가정부들의 이야기를 책으로 출판하려는 시도는 이러한 수동적 감사의 태도에서 벗어나 불평등에 대해 목소리를 내는 과정을 보여줍니다.

독일의 철학자 테오도어 아도르노는 '감사는 질병이다. 현상유지에 대한 감사는 반동적이다'라고 말했습니다.72 이 날카로운 통찰은 감사의

덕목이 가진 양면성을 드러냅니다. 아도르노는 무비판적인 감사가 사회의 불공정한 구조를 유지하는 데 기여할 수 있다고 경고합니다. 그의 관점에서, 현재 상태에 대한 맹목적인 감사는 필요한 사회 변화를 저해하고 기존의 권력 구조를 강화할 수 있습니다. 이는 감사가 단순한 개인적 미덕을 넘어 사회적, 정치적 함의를 지닌다는 것을 시사합니다. 따라서 우리는 감사의 태도를 취할 때, 그것이 현실에 대한 비판적 인식을 무디게 하지 않는지, 필요한 변화를 방해하지 않는지 숙고해야 합니다. 진정한 감사는 현실을 직시하면서도 더 나은 세상을 향한 열망을 포기하지 않는 균형 잡힌 태도에서 비롯되어야 할 것입니다.

감정 억압과 자기 소외

감사는 긍정적인 감정을 강조하는 반면, 부정적인 감정을 억압하게 만들 수 있습니다. 우리 사회는 '항상 감사하라'는 메시지를 강조합니다. 하지만 이러한 압박은 개인이 느끼는 부정적 감정들을 인정하고 표현하는 것을 어렵게 만들 수 있습니다. 때로는 부정적인 감정이 발생하더라도 사회적 규범이나 타인의 기대에 의해 억지로 감사해야 한다는 압박감을 받게 됩니다. 이러한 과정에서 개인은 자신의 진정한 감정을 억누르고, 불쾌하거나 힘든 상황에서조차 감사하는 척해야만 하는 상황에 처할 수 있습니다. 시간이 지나면 자신의 감정을 인식하지 못하고, 결국 자신과 감정적으로 단절되는 자기 소외를 경험하게 됩니다. 이는 개인의 정서적 건강에 부정적인 영향을 미칠 수 있습니다.

한 연구에 따르면, 진정성은 개인의 정신건강과 웰빙에 중요한 역할을 합니다. 그러나 과도한 감사 표현의 압박은 이러한 진정성을 해칠 수 있습니다.73 사람들은 항상 감사해야 한다는 사회적 기대에 부응하기 위해 부정적인 감정을 억누르고, 자신의 진짜 느낌과 욕구를 무시하게 될 수 있습니다. 이는 결과적으로 자기 소외로 이어질 수 있으며, 우드 등이 개발한 진정성 척도에서 낮은 점수를 보일 가능성이 높습니다. 진정성의 세 가지 주요 구성요소인 자기 인식, 편견 없는 처리, 그리고 진실된 행동이 모두 손상될 수 있기 때문입니다. 따라서 건강한 감사 표현을 위해서는 자신의 감정을 솔직히 인정하고 표현하는 것이 중요하며, 이를 통해 진정한 자아와의 연결을 유지할 수 있습니다.

애니메이션 《인사이드 아웃(Inside Out), 2015》에서 주인공 라일리는 새로운 환경에 적응하면서 항상 긍정적이고 감사해야 한다는 부모의 기대에 부응하려 노력합니다. 그 과정에서 라일리는 자신의 진짜 감정, 특히 슬픔을 억누르게 됩니다. 라일리의 마음속 감정 캐릭터들, 특히 '기쁨'이 '슬픔'을 통제하려는 모습은 감사와 긍정성만을 강요하는 사회적 압박을 상징적으로 보여줍니다. 이로 인해 라일리는 점차 자신의 진짜 감정과 단절되고, 결국 감정적 무감각 상태에 빠지게 됩니다. 영화의 클라이맥스에서 라일리가 자신의 슬픔을 인정하고 표현하면서 비로소 진정한 치유와 성장을 경험하게 되는 모습은, 모든 감정의 수용과 표현이 건강한 정서발달과 자아인식에 얼마나 중요한지를 보여줍니다.

과도한 기대와 관계 부담

감사는 인간관계를 강화하는 긍정적인 역할을 합니다. 하지만 과도한 감사 표현이나 기대는 오히려 관계에 부담을 줄 수 있습니다. 지나친 감사 표현은 상대에게 더 많은 것을 기대하게 하거나 감사하지 않는다면 비난의 대상이 될 수 있습니다. 지나친 감사의 표현이 관계에 불필요한 긴장과 부담을 만들어냅니다.

하버드비즈니스스쿨에 실린 한 연구는 감사 표현이 항상 긍정적인 결과만을 가져오는 것이 아니라는 점을 지적합니다.[74] 특히 경쟁적인 환경에서 감사 표현이 경쟁자에게 약점으로 작용할 수 있음을 보여줍니다. 연구에 따르면, 감사를 표현한 사람이 더 많은 요구나 기대에 직면할 수 있으며, 이는 관계에서 부담으로 작용할 수 있습니다. 예를 들어, 감사를 표현받은 사람은 지속적으로 호의를 베풀어야 한다는 압박감을 느낄 수 있고, 감사를 표현한 사람 역시 더 많은 보답을 해야 한다는 의무감에 시달릴 수 있습니다. 이러한 현상은 관계의 불균형을 초래하고, 진정성 있는 상호작용을 방해할 수 있습니다. 결과적으로 감사 표현이 관계에서 스트레스 요인으로 작용하며, 오히려 관계의 질을 저하시킬 수 있다는 점을 이 연구는 시사합니다.

예를 들어, 누군가가 당신에게 작은 친절을 베풀었을 때 과도하게 감사를 표현하면, 상대방은 부담을 느낄 수 있습니다. 또한 지속적으로 감사를 표현받은 사람은 그 관계에서 계속 무언가를 해주어야 한다는 압박감을 느낄 수 있습니다. 명절이나 생일에 필요 이상의 선물은 상대방에게 감사의 부담을 주어 다시 선물이나 호의를 베풀어야 한다는 부담을 떠안는 악순환을 경험하게 됩니다.

프랑스 인류학의 아버지로 불리는 인류학자 마르셀 모스의 걸작으로 평가받는 저서 《증여론》에서 선물 교환의 사회적 의미와 그 복잡성을 깊이 있게 탐구한 결과를 보여주었습니다.[75] 모스의 연구는 감사와 선물 교환의 이면에 숨겨진 사회적 역학을 이해하는 데 중요한 통찰을 제공합니다. 모스에 따르면, 선물 교환은 단순한 물건의 이동이 아닌 복잡한 사회적 의무와 기대의 시스템을 형성합니다. 증여, 교환의 체계는 자발적인 것처럼 보이지만 실제로는 의무적인 것으로 생활의 모든 부분에 관여하며 사회구조를 작동시키고 있다는 겁니다. 그는 이를 '전체적인 급부체계'라고 불렀습니다. 이 체계 안에서 선물을 주는 행위는 세 가지 의무를 수반합니다. 주는 의무, 받는 의무, 그리고 답례하는 의무입니다.

특히 주목할 만한 점은 선물을 받는 것은 단순히 혜택을 누리는 것이 아니라, 답례해야 한다는 부담을 지는 것이기도 합니다. 모스의 관점에서 보면, 감사의 표현 역시 이러한 선물 교환의 연장선상에 있습니다. 감사를 표현하는 것은 받은 호의를 인정하고 향후 답례할 의지를 나타내는 것입니다. 그러나 이는 동시에 지속적인 호혜관계에 대한 기대와 부담을 생성할 수 있습니다. 이러한 관점은 현대 사회에서 감사 표현의 복잡성을 이해하는 데 중요한 시사점을 제공합니다. 감사와 선물 교환이 사회적 유대를 강화하는 긍정적 기능을 하는 동시에, 개인에게 부담과 압박으로 작용할 수 있다는 점을 인식해야 합니다. 따라서 건강한 관계를 유지하기 위해서는 감사와 호의의 교환에서 균형과 진정성을 찾는 것이 중요합니다.

우리는 감사라는 복잡한 감정의 양면성을 살펴보았습니다. 감사가 가진 밝은 면과 함께 그림자도 있음을 인식하는 것은 중요합니다. 하지만 이는 결코 감사의 가치를 폄하하거나 부정하자는 뜻이 아닙니다. 오히려 감사의 진정한 의미와 힘을 되찾기 위해 우리는 더 깊이 성찰해야 합니다. 강요된 감사나 과도한 감사가 아닌, 진심에서 우러나오는 순수한 감사야말로 우리 삶을 풍요롭게 만들고 관계를 깊게 하는 힘이 있습니다.

감사는 마치 맑은 물과 같습니다. 흐르지 않고 고이면 썩어버리지만, 끊임없이 흐르면 생명을 키우고 대지를 윤택하게 합니다. 우리의 감사도 마찬가지입니다. 의무감이나 부담으로 굳어진 감사가 아니라, 자연스럽게 흐르는 감사야말로 진정한 가치가 있습니다.

감사의 부작용을 인식하는 것은 결국 더 나은 감사를 위한 여정의 시작입니다. 이를 통해 우리는 더 진실된 관계, 더 건강한 자아, 그리고 더 따뜻한 사회를 만들어 갈 것입니다. 작지만 진심어린 감사가 참 아름다워 보입니다.

10

도덕의 족쇄

도덕은 우리가 어떻게 행복해질 수 있는가가 아니라, 어떻게 행복할 자격을 갖출 수 있는가에 관한 교리이다.

- 임마누엘 칸트

우리는 도덕을 삶의 나침반으로 여깁니다. 도덕은 우리를 올바른 길로 인도하고, 사회를 유지하는 근간이 됩니다. 하지만 모든 빛이 그림자를 드리우듯, 도덕에도 어두운 면이 존재합니다. 이 장에서는 도덕의 그림자, 즉 그 부정적 측면을 탐구해 보려고 합니다. 도덕의 부정적 측면을 이해하는 것은 결코 도덕 자체를 부정하거나 그 가치를 폄하하려는 것이 아닙니다. 오히려 더 성숙하고 균형 잡힌 윤리관을 발전시키기 위한 필수적인 과정입니다. 마치 연꽃이 진흙 속에서 피어나듯, 우리는 도덕의 한계와 모순을 인식함으로써 더 깊고 풍부한 윤리의식을 키워나갈 수 있습니다.

이제 도덕의 네 가지 주요 그림자를 살펴보겠습니다. 도덕적 우월감과 불관용의 덫, 도덕의 이중잣대, 도덕적 딜레마와 내적 갈등, 그리고 도덕의 상대성과 문화적 편향이 그것입니다. 각각의 측면을 통해 우리는 도덕이 어떻게 의도치 않게 부정적 결과를 낳을 수 있는지, 그리고 이를 어떻게 극복할 수 있는지 고민해 볼 것입니다.

도덕적 우월감과 불관용의 덫

우리는 종종 자신의 도덕 기준을 절대적인 것으로 생각합니다. 자신이 올바른 도덕 기준을 가지고 있다는 믿음에서 비롯되는 생각입니다. 이는 자연스러운 현상이지만, 위험한 함정이 될 수 있습니다. 자신이 선하고 도덕적이라는 확신은 곧 타인의 행동을 섣불리 평가하고 판단하려는 태도로 이어집니다. 도덕적 우월감은 타인에 대한 판단과 차별을 낳고, 결국 불관용과 갈등의 씨앗이 됩니다. 도덕적 우월감에 빠진 사람은 자신을 도덕의 수호자로 여기는 경향이 있습니다. 그들은 세상을 선과 악, 옳고 그름의 이분법적 구도로 바라봅니다. 이런 시각은 복잡한 현실을 지나치게 단순화하고, 다양성을 인정하지 못하게 만듭니다. 결과적으로 우리는 타인의 관점을 이해하려 노력하기보다는 비난하고 배척하는 함정에 빠져듭니다.

미국의 심리학자 로렌스 콜버그는 장 피아제의 인지발달 이론에 영향을 받아 도덕발달 이론을 통해 이러한 현상을 설명하였습니다.[76] 콜버그에 따르면, 도덕적 발달은 크게 세 단계로 나뉩니다. 특히 중간수준에 해당하는 인습적 단계는 사회적 규범과 권위에 순응하는 도덕적 판단이 형성되는 시기입니다. 이 단계에서 도덕적 우월감은 자신이 속한 사회의 규범과 법을 절대적인 기준으로 받아들이며, 이를 따르지 않는 사람들에게 비판적인 태도를 보이게 됩니다. 예를 들어, 이 단계에서는 사회의 법과 규칙을 무조건적으로 지지하고, 이를 따르지 않는 이들을 도덕적 기준에서 벗어난 사람으로 간주하며 비난할 수 있습니다. 이 단계에서는 자신의 도덕관을 절대화하고, 다른 의견을 가진 사람들을 비도덕적이라고 판단하기 쉽습니다. 버클리대학의 심리학자 튜리엘도 도덕적 우월감의 부작용에 관한 연구를 내놓았습니다. 그의 연구에 다르면 도덕적 우월감은 규범을 강하게 따르는 사람들 사이에서 자주 나타납니다. 그들은 자신이 도덕적으로 옳다는 믿음 때문에 타인을 쉽게 비판합니다. 이는 불관용으로 이어지며, 사회적 갈등을 심화시킬 수 있습니다.

아리스토텔레스는 《니코마코스 윤리학》77에서 덕과 도덕적 우월성에 대해 논하며, 지나친 도덕적 이상 추구가 위험하다고 경고했습니다. 그는 덕이란 극단이 아닌 중용에 있으며, 과도한 도덕적 우월감은 타인을 쉽게 비판하게 만들어 인간관계를 해칠 수 있다고 보았습니다. 특히, 아리스토텔레스는 도덕적 우월감이 자기 자신에게는 관대하면서 타인에게는 엄격한 기준을 적용하는 태도로 이어진다고 지적했습니다. 이러한 태도는 타인의 상황을 제대로 이해하지 못하게 만들고, 불관용으로 이어질 수 있습니다. 도덕적 우월감은 공감능력을 약화시키며, 사회적 갈등을 촉발시킬 수 있습니다. 결국, 아리스토텔레스는 도덕적 이상을 추구하되, 타인에 대한 이해와 공감을 유지하는 것이 중요하다고 강조합니다. 도덕적 우월감은 인간관계와 사회적 연대를 해칠 수 있으며, 이를 방지하기 위해서는 중용을 유지해야 한다는 것이 그의 핵심 통찰입니다.

영화 《데드 맨 워킹(Dead Man Walking), 1995》은 도덕적 우월감과

영화 〈데드 맨 워킹〉, 1995

불관용이 어떻게 인간관계와 사회적 갈등을 초래하는지를 보여주는 사례입니다. 영화 속에서 사형을 지지하는 사람들은 사형수 매튜 폰셀렛(숀 펜 분)을 극악한 범죄자로 규정하고, 그에 대한 분노와 증오를 품습니다. 그들은 자신들의 도덕적 판단이 옳다고 확신하며, 매튜를 인간으로 이해하려는 시도 없이 단죄합니다. 이 과정에서 도덕적 우월감이 불관용으로 이어져, 타인을 있는 그대로 보지 못하게 만듭니다. 반면, 헬렌 프레진 수녀(수잔 서랜든 분)는 매튜를 범죄자이기 전에 하나의 인간으로 보려 합니다. 그녀는 도덕적 우월감에 빠지지 않고, 그의 내면을 이해하려는 노력을 기울입니다. 헬렌의 이러한 태도는 도덕적 판단을 넘어서, 타인에 대한 공감과 이해를 대변합니다. 이를 통해 영화는 도덕적 우월감에서 벗어나려는 노력이 얼마나 중요한지 보여줍니다. 또한, 영화는 사형제도 자체가 도덕적 우월감의 산물임을 지적합니다. 국가가 법의 이름으로 사형을 집행하는 것은 권력자의 도덕적 판단을 절대화하는 행위입니다. 이는 또 다른 폭력을 정당화하며, 불관용을 강화합니다. 이 영화는 도덕적 우월감이 어떻게 타인을 단죄하고, 인간적 이해를 차단하는지를 경고하는 중요한 메시지를 전달합니다.

도덕의 이중잣대: 권력과 특권의 그늘

도덕이 모든 이에게 공평하게 적용되지 않는 현상은 우리 사회의 고질적인 문제입니다. 흔히 '법은 거미줄'이라는 말이 있듯이, 도덕적 판단 역시 권력과 특권에 따라 다르게 적용되곤 합니다. 이 말은 《걸리버 여행기》의 풍자작가 조너선 스위프트가 에세이에서 한 말입니다.[78] 작은 날파리는 거미줄에 걸리지만 말벌이나 호박벌은 거미줄을 뚫고 지나갑니다. 그는 에세이에서 법의 불평등한 적용을 풍자하며, 약자나 힘없는 사람들은 법의 영향력에 쉽게 걸리지만, 권력자나 부유한 사람들은 법의 제약을 쉽게 벗어난다는 의미를 전달하고 있습니다. 부자와 권력자의 비도덕적 행위는 종종 관대하게 넘어가거나 정당화됩니다. 반면 사회적 약자의 작은 실수는 가혹하게 비난받습니다. 이러한 이중잣대는 사회 정의를 훼손하고, 도덕의 근간을 흔듭니다. 결과적으로 사회 구성원들의 신뢰가 무너지고, 도덕 자체에 대한 회의로 이어집니다.

한 심리학 연구는 권력이 도덕적 위선을 증가시킨다는 결과를 잘 보여줍니다.[79] 도덕적 우월감과 불관용의 메커니즘을 명확하게 드러냈습니다. 연구에서는 권력을 부여받은 사람들이 타인의 부정행위에 대해 더 엄격한 도덕적 판단을 내리는 한편, 자신은 그 규범을 쉽게 어긴다는 결과가 나왔습니다. 예를 들어, 한 실험에서는 권력이 부여된 참가자들이 사기 행위를 더 비난했지만, 실제로 더 많은 사기 행위를 저질렀습니다. 또한, 권력의 정당성이 위선의 수준에 중요한 영향을 미쳤습니다. 권력이 정당하다고 느낄 때 도덕적 위선은 강화되었으나, 권력이 정당하지 않다고 느껴질 때는 자신에게 더 엄격한 기준을 적용하는 '과잉 비판' 현상이 나타났습니다. 이러한 결과는 권력이 도덕적 우월감을 정당화하고, 그로 인해 사회적 불평등을 더욱 고착화할 수 있음을 시사합니다.

프랑스의 철학자 미셸 푸코는 권력과 지식, 그리고 도덕의 관계를 독특한 시각으로 분석했습니다. 그에 따르면 권력은 지식을 통해 작동하며, 이는 다시 도덕규범의 형성에 영향을 미칩니다.80 즉, 권력을 가진 집단이 자신들에게 유리한 방식으로 도덕을 정의하고 적용한다는 것입니다. 예를 들어, 옛날에 왕들은 자신이 신의 뜻으로 왕이 되었다고 주장했습니다. 이것이 하나의 지식이 되어 사람들에게 퍼졌습니다. 사람들이 이를 믿게 되면서 왕의 권력은 더욱 강해졌습니다. 이처럼 권력과 지식은 서로를 강화하는 관계에 있습니다. 푸코는 우리가 당연하게 받아들이는 도덕적 규범들이 사실은 특정 집단의 이익을 반영할 수 있다고 경고합니다. 따라서 그는 우리가 도덕을 절대적인 것으로 받아들이기보다는, 그 이면의 권력관계를 비판적으로 살펴봐야 한다고 주장합니다. 이러한 통찰은 우리가 더 공정하고 포용적인 도덕체계를 구축하는 데 중요한 시사점을 제공합니다.

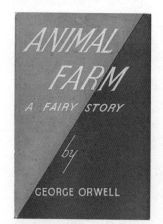

동물농장 초판본(1945) 표지

조지 오웰의 소설 《동물농장》은 도덕적 이중잣대와 권력의 왜곡된 사용을 상징적으로 묘사한 작품입니다.81 소설 속에서 돼지들은 처음에는 모든 동물이 평등하다는 원칙을 세우지만, 점차 자신들의 권력을 강화하고 특권을 누리기 위해 도덕적 기준을 변경하고 왜곡합니다. 대표적인 예로, 동물들은 혁명 직후 '침대에서 자지 않는다'

는 규칙을 만듭니다. 이는 인간처럼 사치스럽게 살지 않고, 동물들끼리 평등을 유지하자는 의도로 만들어진 규칙이었습니다. 그러나 시간이 지나면서 돼지들은 이 규칙을 자신들의 이익에 맞게 수정합니다. 결국, '시트가 있는 침대에서 자지 않는다'로 규칙을 바꾼 후, 자신들이 침대에서 자는 것은 문제가 없다고 주장합니다. 이들은 자신들에게 유리한 방식으로 규칙을 변경하면서도, 여전히 다른 동물들에게는 원칙을 엄격히 적용하려 합니다. 이러한 장면은 권력자들이 도덕적 기준을 자신들의 필요에 맞게 바꾸고, 이를 통해 특권을 유지하는 전형적인 도덕적 이중 잣대의 모습을 보여줍니다.

이러한 도덕과 규범의 이중잣대는 우리의 현실에서도 흔히 볼 수 있습니다. 편의점에서 빵과 과자를 5천원어치 훔친 사람에게는 징역 1년의 실형이 선고되었습니다. 반면 그룹 내 지배권을 확보하기 위해 불법합병을 통해 국민연금에 수천억원의 피해를 입힌 재벌에겐 무죄가 선고된 사실도 있습니다. 도덕은 과연 누구와 무엇을 위한 것인지 도덕의 이중잣대는 권력과 특권의 그늘을 짙게 드리웁니다.

도덕적 딜레마와 내적 갈등의 소용돌이

현실 세계에서 도덕적 원칙들은 종종 충돌합니다. 우리는 두 가지 옳은 것 사이에서, 혹은 두 가지 나쁜 것 사이에서 선택해야 하는 상황에 직면합니다. 도덕적 딜레마는 상충하는 가치 사이에서 어느 한쪽을 선택하기 어려운 상황을 말합니다. 이러한 도덕적 딜레마는 깊은 내적 갈등과 심리적 고통을 야기합니다. 도덕적 딜레마 앞에서 우리는 종종 무력감을 느낍니다. 어떤 선택을 하든 죄책감이나 후회가 따르기 때문입니다. 이는 도덕적 마비로 이어질 수 있습니다. 즉, 결정을 회피하거나 무책임한 태도를 취하게 되는 것입니다. 또는 반대로 극단적인 도덕주의에 빠져, 현실을 무시한 채 원칙만을 고수하게 될 수도 있습니다.

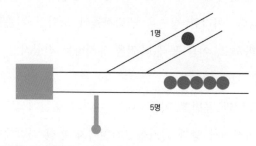

트롤리 딜레마(저자 그림)

도덕적 딜레마의 복잡성을 가장 잘 보여주는 실험으로 '트롤리 딜레마'를 들 수 있습니다. 영국의 철학자 필리파 푸트가 1967년에 처음 제시한 이 사고실험은 우리의 도덕적 직관을 예리하게 파고듭니다.[82] 달리는 트롤리가 궤도를 따라 다섯 명의 사람을 향해 질주하고 있습니다. 당신은 선로 변환장치 옆에 서 있고, 트롤리의 방향을 바꿔 한 명만 있는 다른 선로로 돌릴 수 있습니다. 다섯 명을 구하기 위해 한 명을 희생시키는 것이 옳은 선택일까요?

이 딜레마는 결과주의적 윤리(다수의 생명을 구하는 것이 옳다)와 의무론적 윤리(무고한 생명을 해치는 것은 언제나 그르다) 사이의 갈등을 명확히 보여줍니다. 대부분의 사람들은 이 상황에서 레버를 당겨 한 명을 희생시키는 것이 옳다고 답합니다. 그러나 똑같이 다섯 명을 구하기 위해

한 명을 직접 선로 위로 밀어야 한다면, 많은 이들이 주저하게 됩니다.

이 딜레마는 다수를 위해 소수를 희생하는 것이 옳다고 판단하는 이성적인 반응과, 한 명이라도 직접적으로 희생시키는 것이 옳지 않다고 느끼는 감정적인 반응 사이에서 갈등으로 볼 수도 있습니다. 심리적 이중과정 모델에 따르면, 사람들은 이성적으로 다수를 구하는 선택이 더 합리적이라고 생각할 수 있지만, 감정적으로는 한 명을 죽이는 행동에 거부감을 느낄 수 있습니다. 신경과학자 조슈아 그린의 연구는 이러한 도덕적 판단이 우리 뇌의 서로 다른 부분에서 일어남을 보여주었습니다.83 개인적이지 않은 해를 가하는 결정(레버를 당기는 것)은 이성적 사고를 담당하는 전전두피질에서 처리되는 반면, 직접적이고 개인적인 해(누군가를 밀어 떨어뜨리는 것)는 감정을 담당하는 편도체를 더 활성화시킵니다. 이는 우리의 도덕적 판단이 단순히 이성적 계산의 결과가 아니라 복잡한 감정적, 인지적 과정의 산물임을 시사합니다.

철학자 장 폴 사르트르는 이러한 도덕적 딜레마를 실존주의적 관점에서 해석했습니다.84 그는 인간이 본질적으로 자유롭기에, 모든 선택에 대해 전적인 책임을 져야 한다고 주장했습니다. 도덕적 딜레마 앞에서 우리는 그 무거운 자유와 책임의 무게를 감당해야 합니다. 바로 이런 내적 갈등을 존재의 무거움으로 설명합니다. 사르트르는 이러한 상황에서 우리가 진정성 있는 선택을 해야 하며, 그 선택의 결과를 기꺼이 받아들여야 한다고 말합니다. 이는 도덕적 딜레마를 회피하지 않고 정면으로 마주하라는 요청이기도 합니다.

영화《소피의 선택(Sophie's Choice), 1982》은 극단적인 도덕적 딜레마를 통해 우리에게 깊은 윤리적 고민을 안겨줍니다. 폴란드 출신의 생존자 소피(메릴 스트립 분)는 아우슈비츠 수용소에 도착하는 순간, 상상조차 할 수 없는 선택을 강요받습니다. 나치 장교는 그녀에게 두 자녀 중 한 명만 살릴 수 있다고 말하며, 선택하지 않으면 둘 다 죽이겠다고 위협합니다. 어머니로서 자식 중 하나를 포기한다는 것은 상상조차 할 수 없는 일이지만, 그녀는 결국 어린 딸을 보내고 아들을 지키는 선택을 합니다. 이 선택은 소피의 영혼에 지울 수 없는 상처를 남기고, 그녀는 평생 죄책감과 후회 속에서 살아갑니다. 소피의 이야기는 우리에게 도덕적 딜레마란 단순히 철학적 사고실험이 아니라, 실제 삶에서 마주하는 고통스러운 현실임을 일깨워줍니다. 더 나아가 이 영화는 우리에게 묻습니다. 과연 이런 상황에서 올바른 선택이란 존재하는가? 극단적인 상황에서 내린 결정에 대해 우리는 어떻게 판단해야 하는가? 소피의 고통스러운 선택은 도덕의 절대성에 대한 우리의 믿음을 흔들고, 때로는 선과 악, 옳고 그름의 경계가 얼마나 모호해질 수 있는지를 보여줍니다. 어쩌면 우리의 삶은 도덕적 딜레마로 가득한 미로일지 모릅니다.

도덕의 상대성과 문화적 편향

도덕은 보편적인 것처럼 보이지만, 실제로는 문화와 시대에 따라 크게 달라집니다. 한 사회에서 옳다고 여기는 것이 다른 사회에서는 그렇지 않을 수 있습니다. 절대적인 도덕적 기준은 존재하지 않으며, 도덕적 판단은 종종 그 사회의 문화적 가치와 관습에 의해 좌우됩니다. 우리는 종종 자신의 도덕적 기준이 보편적이라고 착각하고, 다른 문화나 사회를 평가할 때 이를 적용하려 합니다. 그러나 이러한 문화적 편향은 타문화를 이해하지 못하게 하며, 오해와 갈등을 초래할 수 있습니다. 문화적 차이로 인한 도덕적 갈등은 현대 사회에서 흔히 볼 수 있습니다. 예를 들어, 개인의 자유를 중시하는 서구사회와 집단의 조화를 강조하는 동양사회는 종종 서로 다른 도덕적 판단을 내립니다. 이는 국제 관계나 다문화 사회에서 심각한 마찰을 일으키기도 합니다.

　문화심리학자 리처드 슈웨더는 도덕적 판단이 보편적이지 않고, 각 문화의 가치와 맥락에 따라 달라진다고 주장했습니다.[85] 그의 연구에 따르면, 서구 사회는 개인의 권리와 자율성을 강조하는 도덕적 기준을 중시하는 반면, 동양 사회는 공동체의 조화와 상호 의무를 중요한 도덕적 원칙으로 삼습니다. 이러한 차이는 문화마다 도덕적 기준이 상이하다는 문화상대주의를 반영합니다. 슈웨더의 통찰은 우리가 도덕을 절대적인 기준으로 받아들이기보다는, 그 이면의 문화적 맥락과 가치체계를 이해해야 함을 시사합니다. 결국, 슈웨더의 연구는 우리에게 도덕의 복잡성과 다양성을 인식하게 합니다. 이는 우리가 도덕적 판단을 내릴 때 자신의 문화적 편견을 인식하고, 다른 문화의 가치체계를 이해하려는 노력이 필요함을 시사합니다. 동시에 이는 보편적 윤리의 가능성에 대한 깊은 철학적 질문을 제기하며, 글로벌 시대에 우리가 어떻게 서로 다른 도덕체계 간의 대화와 조화를 이룰 수 있을지에 대한 중요한 과제를 제시합니다.

　도덕의 상대성과 문화적 편향에 대한 통찰은 19세기 독일 철학자 프리드리히 니체의 저서 《선악의 저편》에서도 찾아볼 수 있습니다. 니체는 이 작품에서 우리가 당연하게 여기는 도덕관념에 대해 근본적인 의문을 제기합니다. 그에 따르면, 선과 악이라는 개념은 절대적이거나 보편적인 것이 아니라, 특정 문화와 역사적 맥락에서 형성된 것입니다. 니체는 도덕이 종종 특정 집단의 이해관계를 반영하며, 그들의 권력을 유지하는 도구로 사용된다고 주장합니다. 그는 이를 '노예도덕'과 '주인도덕'의 개념으로 설명하는데, 노예도덕은 약자들이 강자를 제어하기 위해 만든 것이며, 주인도덕은 강자들이 자신의 힘을 긍정하는 것이라고 봅니다. 즉 노예도덕은 '강한 자들은 악하고, 나는 약하지만 착하므로 선하다!'고 하는 타자 부정의 도덕이고, 주인도덕은 '나는 강하고 독립적이므로 선하다!'라고 하는 자기 긍정의 도덕입니다. 이러한 니체의 관점은 우리가 당연하게 여기는 도덕적 가치들이 사실은 문화적으로 구성된 것일 수 있음을 시사합니다. 그는 우리에게 이러한 도덕적 편견을 인식하고, 그 너머를 바라볼 것을 요구합니다. '선악의 저편'이라는 제목 자체가 이러한 도덕적 상대주의를 함축하고 있는 것입니다. 니체의 통찰은 우리에게 도덕의 복잡성과 다양성을 인식하게 합니다. 이는 우리가 도덕적 판단을 할 때 더욱 신중하고 비판적인 태도를 가져야 함을 의미합니다. 동시에 이는 다른 문화의 도덕체계를 이해하고 존중하는 데 도움을 줄 수 있습니다. 결국 니체의 사상은 우리가 도덕을 절대적인 것으로 받아들이기보다는, 그 이면의 문화적, 역사적 맥락을 비판적으로 살펴봐야 함을 일깨워줍니다.

도덕의 상대성과 문화적 편향을 이해하는 데 영화 《포카혼타스(Pocahontas), 1995》는 탁월한 예시가 됩니다. 이 디즈니 애니메이션은 17세기 북미 대륙을 배경으로 영국 탐험가들과 원주민 간의 문화충돌을 그리며, 도덕관의 차이를 선명하게 보여줍니다. 영화 속 영국인들은 자신들의 문화를 문명화된 것으로 여기며, 원주민들을 야만인으로 취급합니다. 총독 래드클리프로 대표되는 이들의 태도는 자문화중심주의와 물질만능주의라는 서구문화의 편향을 드러냅니다. 반면 포카혼타스와 그녀의 부족은 자연과의 조화로운 삶을 중시하며, 땅을 정복의 대상이 아닌 존중과 보호의 대상으로 여깁니다. '두 산 사이에 흐르는 개울'을 뜻하는 포카혼타스는 인디언과 영국인을 결합시키는 고리를 의미할 수 있습니다.

주인공 존 스미스의 변화는 문화적 편견 극복의 가능성을 보여줍니다. 그는 포카혼타스와의 교류를 통해 점차 다른 문화의 가치를 인정하게 됩니다. <Colors of the Wind> 노래 장면은 이러한 문화적 깨달음을 상징적으로 표현합니다. 이 영화는 다른 문화의 도덕관과 가치관을 이해하고 존중해야 한다는 메시지와 함께, 보편적 인류애와 평화의 가치도 강조합니다. 이는 문화 상대주의와 보편적 가치 사이의 균형을 모색하는 시도로 볼 수 있습니다. 결국 영화 《포카혼타스》는 도덕의 상대성을 인정하면서도, 문화 간 소통과 상호 이해를 통해 보편적 가치를 추구할 수 있다는 가능성을 보여주는 작품이라고 할 수 있습니다.

도덕의 그림자를 마주하는 것은 결코 쉽지 않습니다. 그것은 우리가 믿어왔던 가치관에 의문을 제기하고, 때로는 불편한 진실과 마주하게 됩니다. 하지만 이는 더 성숙하고 포용적인 윤리의식을 기르기 위한 필수적인 과정입니다. 도덕적 우월감에서 벗어나 타인의 관점을 이해하려 노력할 때, 우리는 진정한 공감과 소통의 길을 열 수 있습니다. 권력과 특권에 의한 도덕의 왜곡을 인식함으로써, 우리는 더 공정하고 정의로운 사회를 만들어갈 수 있습니다. 도덕적 딜레마 앞에서 우리는 더 깊이 성찰하고, 책임 있는 선택을 할 수 있는 용기를 기를 수 있습니다. 그리고 도덕의 문화적 상대성을 인정함으로써, 우리는 다양성을 존중하면서도 보편적 가치를 추구하는 균형을 찾을 수 있습니다.

마치 연꽃이 진흙 속에서 피어나듯, 우리의 도덕성도 이러한 고민과 성찰을 통해 더욱 아름답게 꽃피울 수 있습니다. 도덕의 그림자를 두려워하지 말고, 그것을 통해 배우고 성장하는 지혜와 용기가 필요합니다. 그럴 때 우리는 진정으로 성숙한 윤리의식을 가진 개인으로, 그리고 사회로 발전해 나갈 수 있을 것입니다.

어둠 속의 빛

: 부정성의 긍정적 측면

어둠은 내게 까만 눈동자를 주었지만
나는 그것으로 세상의 빛을 찾는다.

- 꾸청

1

우울이 주는 지혜

우울은 나약함의 결과가 아니라, 오히려 우리가 너무 오랫동안 강했다는 신호다. 우울은 우리를 자신과의 깊은 만남으로 이끈다.

— 카를 융

      우리는 지금 역사상 가장 우울한 시대에 살고 있습니다. 한국은 물론 전 세계적으로 우울증의 유병률이 증가하고 있습니다. 세계보건기구에 따르면 전 세계적으로 성인의 약 5%가 우울증을 앓고 있는 것으로 추산됩니다. 우울증은 남성보다 여성이 더 많이 겪고 있으며, 우울증은 심한 경우 자살로 이어질 수 있습니다.[1] 우리나라의 우울증 유병률은 세계 최고수준으로 추산되고 있으나, 실제 조사된 바는 평균수준에 가깝습니다. 정신과의사들이 기고한 뉴스기사들에서는 OECD 통계를 인용하면서 코로나 이후 2020년 우울장애 유병률이 36.8%라고 하면서 지나치게 크게 보고하고 있습니다. 그러나 OECD의 해당 자료를 보면 우울증을 측정하는 데 사용되는 설문조사 도구는 국가마다 다르므로 직접

152

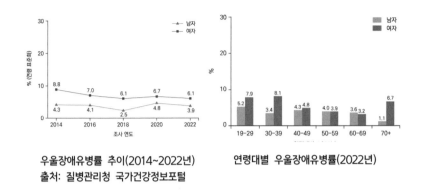

우울장애유병률 추이(2014~2022년)
출처: 질병관리청 국가건강정보포털

연령대별 우울장애유병률(2022년)

비교할 수 없으며, 일부 설문조사의 경우 표본 크기가 작거나 국가를 대표하는 표본을 사용하지 않았을 수 있다며 주의를 표시하고 있습니다. 그렇게 높은 수치는 유병률이 아니라 1년간 우울감을 느껴본 적 있는 사람의 비율일 가능성이 큽니다.

우리나라의 경우 질병관리청의 공식통계에 따르면 19세 이상 성인의 우울장애 유병률은 2022년 남자 3.9%, 여자 6.1%로 2020년에 비해 남녀 모두 큰 차이는 없으나, 남자보다 여자의 유병률이 훨씬 높습니다. 그리고 남녀 공히 20·30대가 다른 연령층보다 우울장애 유병률이 높게 나타납니다.[2]

이 책에서는 질병으로 진단받은 주요우울장애에 그치지 않고 넓은 의미의 '우울'이라는 정서를 다룰 예정입니다. 일반적으로, 우울은 장기간 지속되는 슬픔, 흥미 상실, 에너지 부족 등으로 특징지어지는 상태를 의미합니다. 이는 일상생활의 다양한 영역에 부정적인 영향을 미치며, 개인의 감정, 행동, 사고 패턴에 영향을 줄 수 있습니다. 흔히 사용되는 표현으로는 '우울하다' 또는 '기분이 가라앉다' 등이 있으며, 이는 비교적 짧은 기간의 기분 저하부터 임상적인 주요우울장애에 이르기까지 다양합니다. 우울증은 세계보건기구도 인정할 정도로 건강악화의 첫 번째 요인이라고 할 수 있는 정신건강의 중요한 부분입니다. 확실히 우울은 우리의 건강에 해로운 요소임이 분명합니다. 그러나 항상 그렇지 않을 수도 있습니다. 특정한 상황이나 맥락에서 우울의 밝은 측면을 볼 수도 있습니다. 이 책의 핵심주제가 바로 우리 삶의 어두운 요소의 밝은 측면을 찾는 것입니다. 우울은 오늘날 현대인이 가장 많이 호소하는 심리적 어려움이자 불편함입니다. 우울의 밝은 측면을 보는 지혜를 터득하면 다른 어두운 삶의 요소에 대해서도 밝은 면을 찾을 지혜와 용기가 생길 수 있습니다. 그래서 삶의 어두운 요소에 숨겨진 빛의 측면을 발견하기 위한 여정은 '우울'에서 시작합니다.

우울증 진단과 항우울제의 문제

우울증의 긍정적 측면을 살펴보기 전에 우울증 진단의 문제점부터 보겠습니다. 우선, 우울증 진단의 간편성과 과다진단은 문제입니다. 우울증 진단이 너무 많고 쉬우며 이로 인한 불필요한 약물치료로 인한 부작용이 있습니다. 우울증의 진단은 정신과의사가 미국정신의학회의 정신질환 진단 및 통계편람(DSM)이 제시하는 진단기준 9가지 가운데 5가지 이상의 증상이 2주 연속 지속되며 이전의 기능 상태와 변화를 보이는 경우 우울장애로 진단하게 됩니다.3 증상 가운데 적어도 하나는 (1) 우울 기분이거나 (2) 흥미나 즐거움의 상실이어야 합니다.

주요 우울장애 진단기준
(미국정신의학회, 정신질환의 진단 및 통계 편람(5판))

진단기준

A. 다음의 증상 가운데 5가지(또는 그 이상)의 증상이 2주 연속으로 지속되
며 이전의 기능 상태와 비교할 때 변화를 보이는 경우. 증상 가운데 적어
도 하나는 (1) 우울 기분이거나 (2) 흥미나 즐거움의 상실이어야 한다.

주의점: 명백한 다른 의학적 상태로 인한 증상은 포함되지 않아야 한다.

1. 하루 중 대부분 그리고 거의 매일 지속되는 우울 기분에 대해 주관적으
로 보고(예: 슬픔, 공허감 또는 절망감)하거나 객관적으로 관찰됨(예: 눈
물 흘림)

주의점: 아동·청소년의 경우는 과민한 기분으로 나타나기도 함

2. 거의 매일. 하루 중 대부분. 거의 또는 모든 일상 활동에 대해 흥미나
즐거움이 뚜렷하게 저하됨.

3. 체중 조절을 하고 있지 않은 상태에서 의미 있는 체중의 감소(예. 1개
월 동안 5% 이상의 체중 변화)나 체중의 증가. 거의 매일 나타나는 식
욕의 감소나 증가가 있음

주의점: 아동에서는 체중 증가가 기대치에 미달되는 경우

4. 거의 매일 나타나는 불면이나 과다수면

5. 거의 매일 나타나는 정신운동 초조나 지연(객관적으로 관찰 가능함, 단
지 주관적인 좌불안석 또는 처지는 느낌뿐만이 아님)

6. 거의 매일 나타나는 피로나 활력의 상실

7. 거의 매일 무가치감 또는 과도하거나 부적절한 죄책감(망상적일 수도
있는) 느낌(단순히 병이 있다는 데 대한 자책이나 죄책감이 아님)

8. 거의 매일 나타나는 사고력이나 집중력의 감소 또는 우유부단함(주관적
인 호소나 객관적인 관찰 가능함)

9. 반복적인 죽음에 대한 생각(단지 죽음에 대한 두려움이 아닌). 구체적인
계획 없이 반복되는 자살 사고, 또는 자살 시도나 지살 수행에 대한 구
체적인 계획

우울증의 정확한 원인은 아직까지 완전히 밝혀지지 않았지만, 여러 가지 생물학적, 심리적, 사회적(환경적) 요인들이 복합적으로 작용하여 발생하는 것으로 알려져 있습니다. 생물학적 요인에는 뇌의 신경전달물질 불균형, 유전적 요인, 호르몬 변화 등이 있습니다. 심리적 요인에는 스트레스, 트라우마, 부정적 사고방식, 대인관계 문제 등이 있습니다. 사회적(환경적) 요인에는 사회적 고립, 경제적 어려움, 문화적 차이 등이 있습니다. 우울증은 이러한 다양한 요인의 복합적인 작용으로 인해 발생할 가능성이 큽니다. 그럼에도 우울증의 진단은 위의 DSM-5상의 주요우울장애 진단기준에 따라 의사 개인의 주관적 진단에 따라 너무 쉽게 내려집니다. 또한 우울증 증상이 개인마다 문화의 차이에 따라 다양하게 나타남에도 획일적 기준으로 과다진단하는 문제점들이 있습니다. 처방과 치료는 더 문제입니다. 증상과 원인은 매우 다양한데 처방과 치료는 생물학적 원인 즉, 신경전달물질 불균형에 집중해 있습니다. 항우울제 약물치료에 과도하게 기대는 경향입니다. 우울증 환자는 선택적 세로토닌 재흡수 억제제(SSRI)를 가장 많이 사용하는 것으로 알려져 있습니다. 일반적으로 프로작으로 알려진 세로토닌 수치를 증가시켜 기분을 개선하는 약물들입니다. 약물에는 부작용이 따릅니다. 알려진 부작용으로는 메스꺼움, 구토, 설사, 변비를 비롯해 두통, 어지러움, 불면증, 졸림 등 신경계 부작용과 체중증가 또는 감소, 발기부전, 성욕감퇴 등 성기능장애도 보고되었습니다. 심지어 자살위험을 증가시킨다는 보고도 있습니다. 급기야 미국 식품의약품안전청(FDA)은 어린이나 청소년에게 자살사고와 자살행동을 증가시킬 위험이 있으니 주의하라는 내용의 권고문을 채택하기에 이르렀습니다. 심지어 선택적 세로토닌 재흡수 억제제(SSRI)가 전혀 효과가 없다는 연구가 보고되기도 합니다.4 항우울제는 모든 우울증상을 가진 사람에게 효과가 있는 것이 아니므로 꼭 필요한 경우에만 신중히 사용하는 것이 좋을 것입니다.

우울장애의 진단에서 두 번째 문제점은, 정신질환의 진단 및 통계 편람 제4판(DSM-4)까지 있었던 이른바 '애도 예외'가 2013년 DSM-5 의 출간부터 다시 삭제된 것입니다. 애도 예외는 사랑하는 사람의 사망 후 2개월 이내에 발생하는 우울증은 주요우울장애(MDD)로 진단되지 않 도록 하는 규정이었습니다. DSM-5에서 이 예외를 삭제한 이유는 애도 중 발생하는 우울증이 다른 맥락에서 발생하는 우울증과 본질적으로 다 르지 않다는 연구결과와, 치료가 필요한 중증 우울증 환자를 배제할 위 험이 있다는 점 때문입니다. 사랑하는 사람과의 사별을 슬퍼하는 지극 히 정상적인 슬픔과 우울을 다시 질환으로 판단하는 것은 합리적이라고 보기 어렵습니다. 아직도 논란의 여지가 많은 부분입니다. 주의를 게을 리하면 일상적 슬픔이나 스트레스를 병리적으로 취급하여 문제를 악화 시킬 수 있는 겁니다. 우리 삶에서 필수적인 슬픔이나 저조한 기분과 같 은 일상적 감정을 병리화하는 어리석음을 저질러서는 안 될 것입니다.

우울장애의 진단과 치료에서 또 하나의 문제점은 개인화의 부족입 니다. 우울증의 치료에 있어 개인의 고유한 경험과 배경을 무시하고 표 준화된 방법에 의존한 일률적인 접근은 도움이 되지 않거나 해가 됩니 다. 우울증의 증상은 사람마다 수없이 다양하게 나타날 수 있음에도 불 구하고 모든 우울증 환자에게 동일한 진단기준과 치료법을 적용하는 경 향이 있습니다. 따라서 환자가 선호하는 치료방법이나 접근방식을 충분 히 고려하지 않고, 주로 약물치료나 특정 치료법만 권장하는 경우가 많습니다. 직장 내 괴롭힘에 의한 우울이나 장기간의 실직으로 인한 우울이건 동일한 진단과 약물치료방법으로만 치료하려고 한다면 도움이 되지 않을 것입니다. 이런 경우 환자는 치료를 중단하려 할 것이고 우울증은 더 악화될 가능성이 큽니다. EBS의 〈위대한 수업〉에서 정신건강 우울증을 강의하였고, 자신이 우울증을 겪은 세계적인 정신과의사이자 우울장애 전문가 린다 개스크의 말은 우리가 깊이 생각해 볼 의견입니다.

나는 우울증이란 단순히 미국정신의학회의 정신장애진단통계편람(DSM)이나 세계보건기구의 국제질병분류(ICD)에 제시된 증상들의 모음이 아니라고 확신한다. 거기에 나오는 것은 '우울증'이란 것에 대한 근사치이자 구성개념이자 추측에 지나지 않는다. 학자들의 연구와 임상실무에는 유용하지만, 그 자체를 근본적 사실로 간주해서는 안 된다. 그러나 안타깝게도 세계 모든 곳에서 일상적으로 그렇게 취급하고 있는 게 현실이다. 나는 우울증이란 DSM에서 제시하듯 단일한 병이 아니라, 서로 공통점도 있지만 매우 다른 점도 있는 복합적이며 다양한 병이라고 생각한다.[5]

우울증 진단의 또 다른 문제점은 낙인효과입니다. 낙인효과는 특정한 상태나 질병에 대해 사회적으로 부정적인 인식이 형성되어, 그 진단을 받은 사람이 차별이나 편견을 경험하는 현상을 의미합니다. 우울증과 같은 정신질환에 대한 낙인은 특히 심각하며, 이는 진단을 받은 사람들의 사회적, 심리적, 경제적 삶에 부정적인 영향을 미칠 수 있습니다. 우울증 진단을 받으면 '멘탈이 약하다'거나 '심리적으로 불안정하다'는 등의 부정적인 인식을 가질 수 있습니다. 우울증이 범죄의 원인이라는 어떤 증거도 없음에도 불구하고 뉴스나 기사에서 동기 없는 범죄의 과거 우울증 치료경력을 들며 사람들로 하여금 우울증을 비롯한 정신질환에 대해 부정적 인식을 심어줍니다. 그러면서 건강관련 단체나 정부기관, 전 세계 건강관련 기관들에서는 우울하면 가만 있지 말고 치료를 받거나 주위의 도움을 청하라고 합니다. 즉시 상담전화로 전화하라고 권유합니다. 병원가서 진단받고 치료받으라고 권유하면서 낙인찍고 차별하는 것은 앞뒤가 안 맞는 우리의 부끄러운 현실입니다. 정말 심각한 우울증은 손 까딱할 힘도 없는 상태라서 폭력성과 아무런 관계가 없습니다.6 낙인효과는 우울증 환자 자신에게도 미칩니다. 진단 자체로 인해 자신을 부정적으로 인식하게 되어 자존감이 낮아질 수 있기 때문입니다. 내적 낙인은 우울증이 장기화될 수 있어 치명적일 수 있습니다.

우울의 긍정적 측면: 어둠 속에서 피어난 희망

우울의 어둠이 짙을수록 밝은 빛을 발견할 수 있습니다. 우울이라는 무거운 감정에 '긍정적 측면'이라는 단어를 붙이는 것이 어색하게 느껴질 수 있습니다. 우울은 많은 사람에게 고통과 절망을 가져다주는 감정입니다. 그러나, 우울의 어둠 속에서도 희망과 변화·성장을 찾을 수 있습니다. 우울은 단순히 부정적인 감정이나 질환이 아니라, 우리의 삶에 깊은 통찰과 긍정적인 변화를 가져올 수 있는 힘이 되기도 합니다.

삶의 의미와 가치 발견

무엇보다 우울은 삶의 의미와 가치를 다시 한번 돌아보게 합니다.

일상의 분주함과 분투하는 과정에서 놓치기 쉬운 중요한 것들을 성찰하게 만듭니다. 우리가 진정으로 원하는 것은 무엇인지, 어떤 가치가 우리의 삶을 의미 있게 만드는지 고민하게 됩니다. 우울은 내면의 깊은 곳에서 울려 나오는 경고음처럼, 우리의 마음을 다시 한 번 점검하게 하는 기회가 됩니다.

고흐의 자화상
(1889년, 생 레미 정신병원 시절)

예술가 빈센트 반 고흐는 그의 평생 동안의 우울과 싸우면서도, 그의 고통을 캔버스 위에 고스란히 그림으로 표현했습니다. 그의 작품들은 오늘날까지 많은 사람들에게 사랑받고 영감을 주고 있습니다. 고흐는 그의 고통 속에서 진정한 자아를 찾고, 이를 예술로 승화시켰습니다. 그의 작품들은 단순한 멋진 그림이 아닙니다. 그는 깊은 내면의 고통과 열정을 숨김없이 자신의 그림에 쏟아냈습니다. 그는 자신을 유일하게 이해한다고 믿었던 동생 테오에게 보낸 편지에서 "내 안에 어떤 힘이 있는 걸 느낀다. 난 그걸 밖으로 꺼내 풀어놓기 위해 가능한 모든 노력을 다하고 있다"7라고 씀으로써 자신의 예술혼을 직접 표현하기도 했습니다. 고흐가 겪은 고통에 비해 참으로 아름다운 그림들입니다. 상단에 있는 자화상은 반 고흐가 1889년 생 레미 정신병원에 있을 때 그린 것으로, 그의 정신적 고통과 우울한 표정이 담겨 있습니다. 그의 날카로운 눈빛이 두드러집니다. 자신의 귀를 자른 후로는 왼쪽의 얼굴만 그렸습니다. 고흐의 모든 그림은 우울과의 투쟁을 담고 있습니다. 그래서 우리는 그의 그림에서 힘과 용기를 얻습니다.

창의성의 원천

우울은 그 어두운 이면에 창의성의 불꽃을 지니고 있습니다. 많은 예술가와 철학자들이 우울 속에서 위대한 작품을 탄생시켰습니다. 우울은 창의성의 원천이 될 수 있으며, 우리에게 더 깊은 감정과 생각을 탐구할 기회를 주기도 합니다. 이들은 자신의 고통을 예술로 승화시켜, 많은 이들에게 감동을 주고 있습니다. 레프 톨스토이는 세계적인 문호로, 그의 작품들은 문학사에 큰 영향을 미쳤습니다. 톨스토이의 삶은 한편으로는 깊은 우울증과 싸움의 연속이었지만, 이를 극복하고 훌륭한 작품을 생산해낸 기적적인 사례로도 평가받습니다. 톨스토이는 그의 인생 중 여러 차례 심각한 우울증과 정신적 위기를 겪었습니다. 특히 그의 중년기에, 톨스토이는 자신의 삶의 목적과 존재에 대해 깊은 회의를 느꼈습니다. 그는 자서전적인 에세이인《고백록》에서 자신의 우울증과 자살 충동을 고백하기도 하였습니다. 그는 평생을 괴롭힌 우울증을 창작열로 승화시켜《전쟁과 평화(1869)》,《안나 카레니나(1876)》등 길이 남을 걸작을 탄생시켰습니다. 그의 작품들 속에는 톨스토이의 내면의 갈등과 삶의 고통이 고스란히 녹아 있습니다.

공감 능력 강화

우울은 공감의 능력을 키워줍니다. 자신이 우울을 경험한 사람들은 다른 사람들의 고통과 슬픔을 더 잘 이해하고, 진정한 위로와 지원을 제공할 수 있습니다. 이러한 공감은 인간관계를 더 깊고 의미 있게 만들며, 사회적 유대감을 강화합니다. 정신분석 심리학자 카를 융은 자신의 우울을 통해 다른 사람들의 내면을 깊이 이해하고, 심리치료에 혁신적인 방법을 도입할 수 있었습니다. 융은 자신의 고통을 통해 다른 사람들을 더 잘 이해하고, 그들의 고통을 덜어줄 수 있는 방법을 찾았습니다. 특히 융의 그림자이론은 인간의 무의식에 존재하는 부정적이고 억압된 측면을 다루며, 이를 통합하고 이해함으로써 개인의 성장과 치유를 도모합니다. 이 과정은 우울의 긍정적 측면을 탐색하는 것과 통하는 점이 많습니다. 그림자는 개인이 의식적으로 받아들이지 못하고 억압하거나 부정하는 성격의 부정적 측면, 충동, 감정 등을 말합니다. 그림자는 무의식에 자리 잡고 있으며, 종종 꿈, 실수, 불안, 우울증 등의 형태로 드러납니다. 융은 그림자를 억압하는 대신 그림자를 인정하고 통합함으로써 개인이 더 완전한 자아를 형성할 수 있다고 보았습니다. 융이 그의 정신적 고통을 통해 길이 남을 정신분석과 심리이론을 창안해 냈듯 우리는 우울을 통해 인간적으로 더 성숙해지고, 다른 사람들과 더 깊이 연결될 수 있습니다.

내면의 강화와 회복력 성장

우울은 우리의 내면을 강화시키는 과정이기도 합니다. 고통과 마주하면서 우리는 자신을 더 강하게 단련할 수 있습니다. 어려운 상황을 극복하면서 우리는 더욱 강인해지고, 어떤 어려움도 견딜 수 있는 내면의 힘을 발견하게 됩니다. 역사적 인물 윈스턴 처칠은 자신의 우울증을 '검은 개'라고 부를 정도로 늘 그를 따라다닌 우울증과 싸웠습니다. 그의 '검은 개' 비유는 우울증과 싸우는 사람들에게 위로와 공감을 주는 표현이 되기도 하였습니다. 검은 개와 싸우면서도 제2차 세계대전 중 영국과 연합군을 이끌었습니다. 처칠은 자신의 우울을 통해 더욱 강해졌고, 나라를 이끄는 데 필요한 용기와 결단력을 얻었습니다. 이러한 과정은 우리를 더 단단하게 만들고, 삶의 역경을 이겨낼 수 있는 회복력을 키워줍니다.

변화와 성장의 촉매제

마지막으로, 우울은 변화와 성장을 위한 원동력과 촉매제가 될 수 있습니다. 우울은 심하면 일상생활을 영위하기 어렵게 되며 심지어는 자살충동까지 이르게 하는 어려운 증상입니다. 그러나 극심하지 않은 우울은 스스로를 보호하며 변화를 위한 행동에 나서게 하기도 합니다. 우리는 우울을 통해 자신의 삶을 재정비하고, 더 나은 방향으로 나아갈 수 있는 용기를 얻습니다. 찰스 다윈은 그의 편지에서 다음과 같이 말함으로써 우울의 역동성을 말합니다.

어떤 종류의 고통이나 고통이 오래 지속된다면 우울증을 유발하고 행동력을 감소시키지만, 생명체가 크거나 갑작스러운 악으로부터 스스로를 보호할 수 있도록 잘 적응합니다.[8]

이 책은 그의 아들 프랜시스 다윈이 다윈의 사후에 편집한 것으로, 1887년에 출간한 서간집입니다. 다윈은 자신의 삶과 건강 문제, 그리고 그의 과학적 업적을 설명하면서 자신의 우울증과 고통을 언급합니다. 물론 다윈은 그 속에서 발견한 사람의 생명력과 적응력을 강조합니다.

이를 통해 다윈은 고통이 단순히 부정적인 것이 아니라, 생명체가 더 큰 위협에 대비하고 적응할 수 있게 하는 중요한 역할을 할 수 있음을 시사했습니다. 혁신적인 비즈니스 리더 스티브 잡스도 실패와 우울을 통해 자신의 회사를 혁신하고, 새로운 성공을 거두었습니다. 잡스는 우울한 심리적 고통 속에서도 포기하지 않고, 자신의 비전을 실현하기 위해 끊임없이 노력했습니다.

우울은 우리 삶의 어두운 부분이지만, 그 속에서도 우리는 희망과 성장의 증거를 찾을 수 있습니다. 우울을 단순히 어둡고 피해야 할 감정으로 보지 말고, 그것이 주는 뼈아픈 기회를 받아들일 때, 우리는 심리적으로 더 강한 사람으로 성장할 수 있습니다. 우울 속에서 피어난 희망은 우리의 삶을 더 깊고 의미 있게 만드는 소중한 자산이 될 것입니다. 그것은 우리의 책임이자 권리입니다.

2

불안의 교훈

모험하는 것은 불안을 일으키지만, 모험하지 않는 것은 자기 자신을 잃는 것
이다.

- 쇠얀 키르케고르

　　현대는 불확실성의 시대 즉, 불안의 시대입니다. 우리 모두는 살면
서 누구나 불안을 경험합니다. 중요한 시험을 앞두고, 새로운 일을 시작
할 때, 심지어 사랑을 느끼기 시작할 때 또는 인생의 중요한 결정을 내
려야 할 때 불안은 어김없이 찾아옵니다. 마치 가슴에 커다란 돌을 얹어
놓은 듯 답답하고, 미래에 대한 막연한 걱정이 앞을 가릴 때, 우리는 불
안이라는 감정에 휩싸이곤 합니다. 불안은 두려움, 긴장감, 그리고 불확
실성에서 비롯된 감정입니다. 불안은 때로는 우리를 움츠러들게 만들고,
때로는 앞으로 나아가는 발목을 잡기도 합니다. 하지만 불안은 단순히
부정적인 감정만은 아닙니다. 우리가 흔히 부정적으로만 생각하는 불안
이 실제로는 얼마나 중요한 역할을 할 수 있는지 아는 사람은 많지 않

은 것 같습니다. 어두운 불안이 때로는 우리에게 새로운 가능성을 열어주고, 삶을 더욱 빛나게 만드는 긍정적인 힘이 될 수도 있습니다.

불안, 그것은 무엇인가?

불안은 단순한 두려움 이상의 복잡한 감정입니다. 이는 미래의 불확실성과 잠재적인 위험에 대한 자연스러운 반응입니다. 불안은 마치 우리 마음속에 켜진 노란색 점멸등과 같습니다. 어둠 속에서 길을 잃었을 때, 이 노란 불빛은 위험을 알려주고 안전한 길로 안내하는 역할을 합니다. 불안은 마치 이 노란 불빛처럼, 우리에게 잠재적인 위험을 알려주고, 더 나은 선택을 할 수 있도록 돕습니다. 불안은 우리에게 다가올 위험을 인식하고, 이에 대비하도록 도와주는 경고시스템 역할을 합니다. 예를 들어, 심사위원이나 여러 사람 앞에서 중요한 발표를 앞두고 느끼는 불안은 우리가 준비를 철저히 하도록 만들며, 그 결과 더 나은 성과를 낳기도 합니다.

불안의 원인은 다양합니다. 유전적 요인, 환경적 스트레스, 그리고 심리적 요인이 복합적으로 작용하여 발생할 수 있습니다. 불안의 증상 역시 신체적, 정서적, 인지적, 행동적 측면에서 다양하게 나타납니다. 심장박동의 증가, 호흡 곤란, 식은땀의 분비, 과도한 걱정 등이 대표적인 불안의 증상입니다. 또한 불안은 다양한 모습으로 얼굴을 드러냅니다. 시험을 앞두고 가슴이 콩닥거리는 것, 새로운 사람을 만날 때 긴장되는 것, 미래에 대한 불확실성으로 밤잠을 설치는 것 등 모두 불안의 한 형태입니다. 불안은 때로는 우리를 더욱 발전하게 만드는 원동력이 되기도 하지만, 심할 경우에는 일상생활에 지장을 줄 수도 있습니다.

불안의 긍정적인 측면

불안은 단순히 부정적인 감정만은 아닙니다. 불안은 우리에게 다음과 같은 긍정적인 영향을 줄 수 있습니다. 불안이 우리의 삶에 긍정적인 영향을 주는 측면은 어떤 것이 있는 알아보겠습니다.

생존본능과 위험신호로서의 불안

무엇보다 불안은 잠재적인 위험이나 위협을 미리 인식하게 도와줍니다. 이는 우리가 미리 준비하고, 대처할 수 있도록 하는 역할입니다. 중요한 발표를 앞두고 느끼는 불안은 우리가 더 열심히 준비하게 만듭니다. 이러한 준비는 결국 성공적인 결과를 이끌어냅니다. 현대 신경과학으로부터 비판받고 있지만 파충류의 뇌는 여전히 불안의 기초적인 진화적 메커니즘을 설명하는데 유용합니다. 파충류의 뇌는 생존을 위해 즉각적으로 하는 경고시스템의 역할을 합니다. 이는 원시환경에서 생존을 위해 필수적인 반응이었습니다. 맹수와 같은 포식자나 자연재해와 같은 위험요소를 인식하고 이를 피할 수 있는 능력은 생존에 결정적인 역할을 했습니다. 불안은 신체가 잠재적인 위협에 대해 경고를 보내는 메커니즘입니다. 이는 심장박동을 증가시키고, 근육에 더 많은 혈액을 공급하며, 주의력을 높이는 등 투쟁-도피 반응을 활성화합니다. 이러한 반응은 신속한 행동을 가능하게 하여 인류의 생존확률을 높였습니다. 따라서 불안은 우리가 살아있다는 증거이며 미래에도 살아갈 힘을 줍니다.

동기촉진과 성취의 에너지

다음으로 불안은 우리에게 동기를 일깨우고, 목표를 달성하기 위해 노력하게 만듭니다. 불안은 새로운 도전에 직면할 때 우리의 집중력과 에너지를 높여주기도 합니다. 이는 우리가 더 높은 성취를 이룰 수 있도록 돕는 역할입니다. 예를 들어, 중요한 시험을 앞둔 학생이 불안을 느끼는 것은 자연스러운 반응입니다. 이 불안은 학생이 더 열심히 공부하고, 시험준비를 철저히 하도록 동기를 점화합니다. 불안은 도파민 시스템을 활성화하여 보상과 성취에 대한 기대를 한층 높여줍니다. 이는 우리가 더 열심히 노력하고, 목표를 달성할 때 느끼는 성취감을 극대화합니다. 연구에 따르면, 적절한 수준의 각성이나 불안은 작업기억과 주의력을 향상시키는 데 도움이 됩니다. 이는 우리가 더 복잡한 문제를 해결하고, 높은 수준의 성과를 달성하는 데 기여합니다. 바로 여키스-도슨 법칙이 그것입니다.[9] 1908년 심리학자 로버트 여키스와 존 도슨이 처음 수립한 이론으로, 흥분수준과 수행능력 간의 관계를 설명합니다. 간단히 말해, 이 법칙은 어느 정도의 흥분은 수행능력을 향상시키지만, 흥분이 너무 높거나 낮으면 수행능력이 저하된다는 것을 의미합니다. 한국의 대표적인 영화감독 봉준호 또한 불안을 통해 섬세하고 좋은 영화를 만들었고, 불안 때문에 살 수 있었다고 고백한 적이 있습니다.

"저는 사실 하루 24시간 매우 불안해요." 블랙커피를 세 잔이나 마신 후 그가 말했다. "사실 정신과의사가 그러는데 저는 심각한 불안감이 있는 데다 사회생활이 불가능할 만큼 매우 강박적 경향이 있다고 해요. 하지만 영화 제작 덕분에 살아남을 수 있었죠."10

창의성 증진과 문제해결능력 향상

불안은 우리의 창의성을 자극하고, 문제해결능력을 향상시키는 역할을 합니다. 불안한 상황에서는 새로운 해결책을 찾기 위해 더 많은 노력을 기울이게 됩니다. 이는 창의적 사고와 혁신을 촉진하는 중요한 요소가 됩니다. 불안은 새로운 아이디어를 떠올리고 문제를 해결하는 데 도움이 되는 창의적인 사고를 촉진할 수 있습니다. 불안은 마치 레이더처럼 주변의 위험신호를 감지하고, 우리에게 문제를 해결하도록 촉구합니다. 불안을 느낄 때, 우리는 문제의 원인을 분석하고 해결책을 찾기 위해 더욱 집중하게 됩니다. 이러한 과정을 통해 문제해결능력이 향상되고, 스스로 문제를 해결할 수 있는 자신감을 얻을 수 있습니다.

노르웨이의 태양이라는 찬사를 받는 화가 에드바르드 뭉크의 대표작 〈절규〉는 그의 내면의 불안을 강렬하고 생생하게 표현한 작품입니다. 에드바르드 뭉크는 어린 시절부터 가족의 죽음을 경험했습니다. 다섯 살 때 어머니를 결핵으로 잃었고, 그 후 몇 년 뒤에는 여동생도 같은 병으로 사망했습니다. 이러한 사랑하는 가족의 상실은

에드바르드 뭉크, 〈절규〉, 1893

그의 감정에 깊은 상처를 남겼고, 이는 그의 작품에 자주 반영되었습니

다. 어린 시절의 깊은 마음의 상처와 충격은 뭉크에게 지속적인 불안과 고통을 안겨주었고, 이는 그의 예술적 표현에 큰 영향을 미쳤습니다. 뭉크는 평생 동안 정신적 불안과 싸워야 했습니다. 그는 종종 신경증과 우울증에 시달렸으며, 이는 그의 삶과 예술에 깊은 영향을 미쳤습니다. 그가 그림을 그리지 않았다면 어찌 되었을지 상상하기 어렵습니다. 그는 불안, 고통, 고립과 같은 부정적 감정을 끊임없이 느꼈으며, 이러한 감정은 그의 작품 속에 강렬하게 표현되었습니다. 특히, 〈절규〉는 이러한 정신적 고통과 고립감을 상징하는 대표적인 작품입니다. 뭉크는 자신의 불안을 예술로 승화시키며, 이를 통해 현대 미술사에 큰 획을 그었습니다. 그의 불안은 자신의 영혼을 집어삼킨 것이 아니라 불안한 마음상태 그대로, 또한 불안 그 자체를 통해 그는 위대한 작품을 탄생시킨 것입니다. 뭉크에게 불안은 삶의 고통 그 자체이면서 창의성의 원천이었으며 생존의 도구였습니다. 평생 창의성을 연구한 미하이 칙센트미하이가 혼자 있는 것을 참을 수 있는 아이들만이 어떤 영역의 상징을 터득할 수 있는 기회를 갖는다[11]고 하였습니다. 절망에 가까운 고독과 불안은 창의성의 부싯돌이 됩니다.

인류 역사를 살펴보면 불안이 생존과 직결된 창의성을 발화시키는 역할을 했다는 것을 쉽게 발견할 수 있습니다. 수렵채집 시대에 새로운 식물을 섭취할 때 독성에 대한 불안감은 생존과 직결된 문제였습니다. 날음식으로 인한 질병이나 죽음은 인류에게 끊임없는 불안을 안겨주었고, 이를 해결하기 위해 익혀 먹는 습관이 발달했습니다. 익혀 먹는 습관은 또한 소화하기 쉬운 음식을 섭취하게 되었으며 이에 따라 불안감을 줄이고 심리적인 안정감을 강화하여 지속적인 생존을 보장할 수 있었습니다.

회복탄력성 향상

마지막으로 우리는 불안을 경험하면서 심리적 회복탄력성을 키울 수 있습니다. 불안은 어려운 상황에서 벗어나기 위해 더 강한 정신력을 요구하며, 이를 통해 우리는 더욱 단단한 내면을 가질 수 있습니다. 회복탄력성은 스트레스와 역경을 견디고 회복하는 능력으로, 불안은 이 과정을 촉진하는 여러 가지 방법을 제공합니다. 일반적으로 불안은 회복탄력성을 약화시키는 요소로 알려져 있습니다. 불안은 개인의 심리적 안정감을 떨어뜨리고, 스트레스에 대한 저항력을 감소시켜 회복탄력성을 낮추는 역할을 한다는 것입니다. 하지만 특정 상황에서 불안이 회복탄력성을 강화하는 긍정적인 효과를 가져올 수 있습니다. 이는 마치 불이 너무 없어도 춥고, 너무 많아도 위험한 것과 같이, 불안도 적절한 수준에서 유지될 때 긍정적인 효과를 발휘할 수 있다는 의미입니다. 우리는 불안한 상황을 극복할 때마다 자신의 능력과 강점을 더 잘 인식하게 됩니다. 몰랐던 장점도 발견하게 됩니다. 미래에 대한 불확실성을 인지하는 경험을 할 때마다 이에 대비하는 계획과 행동을 본능적으로 수행함으로써 회복탄력성이 향상됩니다. 강철은 때릴수록 더 단단해지는 원리와 같습니다.

남아프리카공화국의 넬슨 만델라는 27년간 감옥 생활을 하며 끊임없는 불안과 고통을 경험했습니다. 그러나 그는 이러한 불안을 극복하고, 내면의 강인함을 키워 남아프리카공화국의 첫 흑인 대통령이 되었습니다. 그는 끔찍한 인종차별 정책인 아파르트헤이트(Apartheid)를 종식시키고, 민주주의를 정착시키는 데 획기적인 공헌을 한 지도자로 추앙받는 인물입니다. 감옥에서의 27년이라는 길고도 험한 고통과 불안의 시기는 그를 오히려 단련시켰던 것입니다. 그의 회복탄력성은 용서와 화해의 메시지를 통해 국민을 하나로 모으는 빛나는 업적으로 결실을 맺습니다.

불안은 단순히 부정적인 감정이 아닙니다. 불안은 우리의 삶에 중요한 생존본능과 위험신호이자, 동기점화와 성취에너지, 창의성 자극, 회복탄력성 향상 등 다양한 긍정적 측면을 가지고 있습니다. 누구에게나 불현듯 찾아오는 불안을 잘 다루고 이를 통해 성장하는 방법을 터득하는 것은 우리의 삶을 더욱 풍요롭게 만드는 중요한 요소가 될 것입니다. 역사적 인물들과 뛰어난 예술가들의 사례는 불안을 극복하고 이를 통해 큰 성취를 이룰 수 있음을 보여줍니다. 이 모든 이야기는 우리에게 불안을 긍정적으로 수용하고, 이를 통해 더 나은 삶을 개척해 나갈 수 있게 해 줄 것입니다.

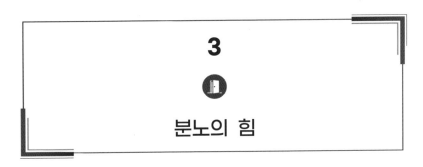

3

분노의 힘

분노는 불의에 대한 저항이며 변화의 원동력이다.

- 마틴 루터 킹

　　분노는 가장 강력한 감정입니다. 분노는 자신이 불공평하게 대우받거나 권리를 침해당했다고 느낄 때 자연스럽게 발생하는 뜨거운 감정입니다. 심리학에서 분노는 강한 적개심이나 의분의 감정으로 정의되며, 자기 존재가 부정당한다고 느낄 때 일어나는 감정입니다. 자신의 욕구 실현이 저지당하거나 어떤 일을 강요당했을 때, 이에 저항하기 위해 생기는 부정적인 정서상태를 의미합니다. 분노는 '노여움' 또는 '화'로 표현되는 하나의 감정으로서 어떤 불만과 불평에 대한 감정적인 반응입니다. 간단하게 '화' 또는 '성'이라고도 합니다.

　　우리는 흔히 분노를 부정적인 감정이라고 생각해 왔습니다. 하지만 분노는 단순히 파괴적인 에너지가 아니라, 때로는 사회정의를 바로 세우고 우리를 변화시키고 성장하게 하는 강력한 동력이 될 수 있습니다. 마치 화산폭발이 새로운 땅을 솟아나게 하듯, 분노는 우리 내면의 깊은 곳에서 잠재된 가능성을 폭발시켜 세상을 바꿀 수 있는 힘을 지니고 있습니다. 우리가 무심코 지나쳤거나 몰랐을 수도 있는 분노의 새로운 긍정성을 함께 찾아보겠습니다.

자기 보호와 정체성 확립: 스스로의 권리를 지키다

무엇보다 분노는 자기 자신을 보호하고 정체성을 확립하고 지키게 해줍니다. 분노는 우리로 하여금 위험한 상황에서 벗어나거나 대처할 수 있게 해줍니다. 자신의 가치관과 신념을 분명하게 인식하게 해 줍니다. 사회적 불평등이나 차별을 경험하며 느끼는 분노는 자신이 공정하고 평등한 사회를 원한다는 가치관을 더욱 확고히 해줍니다. 예를 들어, 누군가가 우리를 괴롭힐 때 분노가 솟아나면서 자신을 보호하기 위해 행동하게 됩니다. 부당한 대우나 차별을 받았을 때 느끼는 분노는 자신이 소중한 존재이며 존중받아야 한다는 자존감을 높여줍니다. 이때 분노의 감정은 개인이 자신의 경계를 설정하고 지킬 수 있게 도와주는 역할을 합니다. 또한 분노는 우리가 누구인지, 무엇을 믿는지, 어떤 가치관을 가지고 있는지를 명확히 하는 데 도움을 줍니다. 분노는 우리가 부당하다고 여기는 것에 대해 단호히 반응하게 만들어, 자신의 정체성과 신념을 더 확고히 할 수 있게 해줍니다. 예를 들어, 자신의 인권이 침해당했을 때 분노를 느끼며 자신의 정체성과 권리를 지키고자 하는 모습을 보일 수 있습니다. 이처럼 분노는 우리를 위협하는 상황에서 자신을

174

보호하고, 자신의 정체성과 신념을 확립하는 데 도움을 줄 수 있습니다.

3·8 세계여성의 날의 시작은 여성의 정체성을 확립하고 여성의 권리를 확장하는 데 있어 중요한 사건입니다. 1908년 3월 8일 미국 여성노동자 1만 5천여 명이 뉴욕 루트커스 광장에 모여 열악한 작업장에서 화재로 숨진 여성들을 기리며 참정권과 노동조합 결성 자유를 쟁취하고자 대대적인 시위를 벌이며 이같이 요구했습니다. 당시 시위에 참가한 여성들은 '빵과 장미를 달라'고 외쳤다고 합니다. 빵은 남성과 비교해 저임금에 시달리던 여성들의 생존권, 장미는 참정권을 각각 뜻하는 것이었습니다. 당시로서는 놀라운 여성들의 대규모 참여의 기폭제가 바로 분노였던 것입니다. 분노는 여성이 스스로의 권리를 지키고 사회의 주인이라는 정체성 확립의 중요한 동력이었던 것입니다.

사회적 변화의 원동력: 정의와 공정성 추구

분노의 긍정성 두 번째는, 정치·사회적이나 도덕적 부정의에 대한 분노는 사회정의를 추구하는 변혁적인 행동을 촉진할 수 있다는 점입니다. 분노는 불의나 부당함에 대한 저항에서 비롯됩니다. 이러한 분노는 사회시스템의 문제점을 드러내고, 개인과 사회의 변화를 요구하는 강력한 목소리를 분출시킵니다. 역사적으로 많은 혁명과 사회개혁은 분노를 출발점으로 이루어졌습니다. 이때의 분노는 사회변혁의 기폭제 역할을 합니다. 1960년 이승만 자유당정권이 3.15 부정선거를 감행하자 전국 각지에서 항의시위가 일어났습니다. 남원에 살던 열일곱 살 소년 김주열은 형을 따라 마산상고 입학시험을 위해 마산에 머물고 있었습니다.

당시 마산에서도 15만이 넘는 시위가 벌어졌고 시위에 참여했던 김주열은 행방불명이 되었습니다. 4월 11일 오전 마산 신포동 중앙부두 앞에서 김주열의 시신이 떠올랐습니다.[12] 왼쪽 눈에 최루탄이 박힌 채로 떠오른 시신은 전국적인 4.19혁명의 도화선이 되었습니다. 소년 김주열의 처참한 죽음에 대한 국민적 분노는 4.19혁명과 이승만 자유당정권의 종말을 고하는 사회변혁의 출발이었던 겁니다. 1987년 6월 항쟁도 비슷했습니다. 전두환이 개헌약속을 지키지 않고 4.13 호헌조치를 발표하자 전국에서 시위가 끊이지 않았습니다. 6.10 민주항쟁이 전국적으로 확산되는 데는 1월 남영동대공분실에서 고문으로 사망한 박종철 치사사건이 5월 18일 폭로되었고, 6월 9일 연세대학생 이한열이 최루탄에 맞아 사망하는 사건이 결정적 도화선이 됩니다. 그토록 순한 사람들에게도 이런 사건이 분노를 치솟게 하고 역사의 물줄기를 바꾸는 계기가 됩니다.

드골이 이끄는 '자유프랑스'에 합류해 레지스탕스의 일원으로 활약하다가 체포되어 세 곳의 수용소를 거친 끝에 기적처럼 살아남았던 스테판 에셀은 그의 책 《분노하라》에서 말합니다.

나는 여러분 모두가, 한 사람 한 사람이, 자기 나름대로 분노의 동기를 갖기 바란다. 이건 소중한 일이다. 내가 나치즘에 분노했듯이 여러분이 뭔가에 분노한다면, 그때 우리는 힘 있는 투사, 참여하는 투사가 된다. 이럴 때 우리는 역사의 흐름에 합류하게 되며, 역사의 이 도도한 흐름은 우리들 각자의 노력에 힘입어 면면히 이어질 것이다. 이 강물은 더 큰 정의, 더 큰 자유의 방향으로 흘러간다.[13]

대표적인 부정적 감정인 까닭에 자제하고 억누를 것만 권유받았던 분노는 때로 한 사람을 넘어 사회 전체를 변혁하는 힘이 됩니다.

창의성의 원천: 예술과 혁신의 동력

분노의 긍정성은 창의성의 원천이 될 수 있다는 것입니다. 분노는 매우 강렬한 감정으로, 뇌의 각성을 증가시켜 사고와 행동을 자극합니다. 이러한 감정적 각성은 창의적 사고를 활성화하고 새로운 아이디어를 촉진하는 데 도움이 될 수 있습니다. 분노는 내면의 에너지를 강력하게 끌어내어, 이를 창의적인 작업으로 전환할 수 있습니다. 예술가들은 종종 자신의 분노 감정을

프리다 칼로, 〈부서진 기둥〉, 1944

작품에 쏟아내어 위대한 작품을 창작해내곤 합니다. 멕시코의 불후의 화가 프리다 칼로는 끊임없는 육체적 고통과 불행한 결혼생활 속에서 늘 분노와 함께 했습니다. 그녀는 이러한 감정을 자신의 작품에 투영하여 강렬하고 독특한 작품을 탄생시켰습니다. 칼로는 "일생 동안 나는 심각한 사고를 두 번 당했다. 하나는 18살 때 나를 부스러뜨린 전차이다. 두 번째 사고는 바로 디에고다. 두 사고를 비교하면 디에고가 더 끔찍했다."라고 말하였습니다. 산산조각난 상태에서 그가 겪었을 감정은 울분, 슬픔, 두려움, 절망이 중첩된 참혹한 상태였을 겁니다. 칼로에게 분노는 자신의 고통을 표현하고 이를 통해 치유의 방법을 찾는 길이었을지 모릅니다. 이처럼 분노는 창의적인 예술혼의 씨앗이 된다는 것을 보여줌

니다. 분노는 예술가들에게 강력한 영감을 제공하는 것 같습니다.

심리학 연구에 따르면, 분노는 강렬한 감정적 각성을 통해 창의적 사고를 촉진할 수 있습니다. 이는 문제를 인식하고 새로운 해결책을 모색하는 데 도움이 됩니다. 베이스와 동료들이 수행한 연구는 분노가 창의성을 촉진할 수 있다는 점을 발견했습니다. 연구자들은 분노가 초기에는 창의적 생산성을 높이지만, 시간이 지남에 따라 그 효과가 감소한다는 점 또한 보고했습니다.[14] 분노는 초기 아이디어 생성에 강력한 영향을 미치며, 이는 감정적 각성이 창의적 사고를 촉진하기 때문입니다. 또한 판 클리프와 동료들이 수행한 연구에서도 분노가 사람들의 과제 참여도와 지속성을 자극하여 더 큰 창의적 성과를 이끌어낸다고 밝혔습니다.[15] 이는 분노가 인지적 유연성을 증가시켜 다양한 사고방식을 활성화하는 데 기여한다는 것을 의미합니다.

자기 이해와 성찰: 내면의 목소리 듣기

마지막으로 분노의 긍정성은 자신의 내면을 더 깊이 이해하고 성찰할 수 있는 중요한 기회로 작용할 수 있습니다. 분노를 경험하면서 우리는 자신의 감정, 가치, 욕구를 더 깊이 이해하게 됩니다. 이는 자기 성찰과 자기 발전을 위한 중요한 기회가 될 수 있습니다. 분노는 우리가 어떤 상황이나 사람에게 강한 반응을 보일 때 나타납니다. 이는 우리가 무엇에 대해 열정적이거나, 무엇이 우리에게 중요하고 소중한지를 알게 해줍니다. 이러한 감정 인식을 통해 우리는 자신의 가치와 신념을 더 잘 이해할 수 있습니다.

픽사의 애니메이션 영화《인사이드 아웃(Inside Out), 2015》에서 주인공 라일리는 다양한 감정을 경험하며 성장해 나갑니다. 그 중 분노를 담당한 버럭이는 종종 문제를 일으키지만, 중요한 자기 이해의 캐릭터로 활약합니다. 라일리는 분노를 통해 자신의 진정한 욕구와 감정을 더 잘 이해하게 되며, 이는 자신이 더 건강한 방식으로 감정을 처리하고 성장하는 데 기여합니다. 도스토옙스키의 걸작《죄와 벌》에서 주인공 라스콜리니코프는 자신의 가난과 사회적 부조리에 대한 분노로 인해 범죄를 저지르게 됩니다. 그러나 그는 이후 자신의 행동을 깊이 성찰하며, 내면의 갈등과 도덕적 깨달음을 경험합니다. 그의 분노는 결국 자신을 이해하고 변화하는 계기가 됩니다. 이 소설은 분노가 어떻게 깊은 자기성찰을 촉발할 수 있는지를 잘 보여줍니다.

분노는 파괴적 감정일 수도 있기 때문에 늘 피해야 할 부정적인 감정으로만 여겨왔습니다. 하지만 긍정심리학 2.0의 관점에서 볼 때, 분노는 우리의 삶에 중요한 긍정적인 역할을 할 수 있습니다. 분노는 자기 보호와 정체성 확립, 사회적 변화의 원동력으로서 정의 추구, 창의성의 원천으로서 예술과 혁신의 동력, 자기 이해와 성찰 등의 측면에서 강력한 에너지원이자 성장의 도구가 될 수 있습니다. 중요한 것은 이러한 감정을 억누르거나 부정하는 것이 아니라, 이를 이해하고 적절히 관리하며 생산적인 방향으로 활용하는 것입니다. 우리는 분노를 통해 더욱 강해지고, 더 나은 자신이 되며, 더 나은 세상을 만들어갈 수 있습니다. 분노의 긍정성을 인식하고 이를 우리의 삶에 적극적으로 활용해보는 것은 어떨까요? 우리의 흔한 감정 분노를 조금은 명예회복시켜야 할 때입니다. 그것은 어쩌면, 상처 입은 내면의 외침이며 변화에 대한 강렬한 갈망일지도 모릅니다. 분노를 억누르기보다 정직하게 마주하고, 그것이 지닌 힘을 더 지혜롭게 써보아야 할 시간입니다.

4

슬픔의 선물

슬픔은 우리의 영혼을 깊게 만드는 선물이다.

- 빅터 프랭클

　슬픔은 인간의 자연스러운 감정 중 하나입니다. 슬픔은 심리학적으로 인간이 경험하는 기본적인 감정 중 하나로, 주로 상실, 실망, 좌절, 또는 애도와 같은 부정적인 사건에 대한 반응으로 나타납니다. 슬픔은 다양한 강도와 지속 기간을 가질 수 있으며, 인간의 감정체계에서 중요한 역할을 합니다. 하지만 슬픔을 이야기하려고 하니 슬픈 이야기나 경험들이 떠올라 가슴이 무거워짐을 느낍니다. 나는 슬픔에 관한 이 장을 쓰면서 슬픔의 고통을 애써 무시하지 않으려고 노력하고 있습니다. 슬픔을 긍정적인 것으로 치장하지 않으려고 말입니다. 아무리 슬픔의 다른 측면을 보려고 하더라도 사랑하는 이의 상실과 같은 슬픔은 그 자체로 비극적이며 존중받아야 한다고 믿습니다. 이 장에서 우리가 할 일은 슬픔을 재구성하고 조금은 특별한 의미를 찾는 것입니다. 어쩌면 슬픔은 사랑의 상실이 아니라 사랑의 표현입니다. 우리가 잃은 사랑하는 사람을 계속 사랑하는 방식인 것입니다. 이러한 관점에서 보면 슬픔과 기쁨은 모두 사랑의 표현이며, 실제로 동전의 양면처럼 대상이 있을 때 사랑은 기쁨으로 나타나고, 대상이 없을 때는 슬픔으로 나타납니다.16 우리는 대개 슬픔을 부정적으로만 보지만, 심리학적 관점에서는 슬픔이 단순히 부정적인 감정이 아니라는 점입니다. 슬픔은 우리 삶에 중요한 역할을 하며, 이를 통해 우리는 감정적 성장, 깊은 공감, 회복탄력성, 그리고 삶의 의미 재발견의 가능성을 열어갈 수 있습니다.

자기성찰과 정서적 성장 기회

슬픔의 이면 첫 번째는 슬픔이 자기 이해를 깊게 하는 중요한 감정이라는 점입니다. 슬픔을 경험할 때 우리는 감정의 깊은 골짜기로 들어가게 되며, 이를 통해 자기성찰을 할 수 있는 기회를 얻게 됩니다. 심리학적으로 자기성찰은 자신의 감정 상태를 인식하고, 이를 분석하며, 더 나아가 자신의 가치와 목표를 재평가하는 과정으로 정의됩니다. 슬픔을 통해 우리는 자신의 감정적 반응을 더 잘 이해하게 되고, 이러한 이해는 우리로 하여금 더 성숙한 감정조절 능력을 갖추게 합니다. 이는 또한 인간관계에서 더 깊은 감정적 유대감을 형성하는 데 중요한 역할을 합니다. 한 예로, 연인과의 이별 경험을 떠올릴 수 있습니다. 많은 사람이 이별을 겪을 때 깊은 슬픔을 경험합니다. 그러나 아픈 실연의 상처일지라도 시간이 지나면서 그 슬픔을 통해 자신을 더 깊이 이해하게 되고, 감정적으로 성장하는 계기가 됩니다. 처음에는 슬픔과 상실감에 빠져 무척 힘들어합니다. 하지만 이 과정에서 자신이 무엇을 원하고, 어떤 부분에서 부족했는지를 되돌아보게 됩니다. 슬픔 속에서 과거의 관계를 반추하며, 자신의 감정패턴이나 연인과의 관계에서의 행동을 다시 보게 됩니다. 이로 인해 자신이 무엇을 더 중요하게 생각하는지, 앞으로 어떤 사람과 어떤 관계를 맺고 싶은지를 명확하게 알게 됩니다. 결국 이별의 슬픔은 더 성숙한 인간관계로 나아가기 위한 중요한 밑거름이 됩니다. 자신과 연인의 감정과 욕구를 더 잘 이해하게 되며, 이는 이후의 관계에서 더 건강하고 성숙한 사랑을 할 수 있는 능력을 길러줍니다.

독일 철학자 프리드리히 니체는 '신은 죽었다'[17]는 선언을 통해 인간 존재의 불확실성과 상실을 강조했습니다. 니체는 이러한 상실과 슬픔을 통해 인간이 자기성찰을 하고, 더 나은 자아로 성장할 수 있다고 주장했습니다. 니체는 인간의 삶이 고통과 슬픔으로 가득 차 있다는 것을 인정합니다. 그는 이러한 고통을 회피하거나 부정하기보다는, 그것을 받아들이고 극복하려는 인간의 의지를 강조합니다. 그의 철학은 슬픔이 인간 존재의 핵심을 이루는 감정이며, 이를 통해 우리는 자신의 삶을 재평가하고, 새로운 가치를 창출할 수 있다는 점을 강조합니다. 니체의 철학은 슬픔이 단순히 고통스러운 감정이 아니라, 깊은 자기 이해와 존재의 의미를 찾는 과정에서 중요한 역할을 한다는 것을 보여줍니다. 니체는 인간이 마치 예술가처럼 삶을 창조적으로 살아야 한다고 강조합니다. 슬픔이 예술가에게 창조적 영감을 주는 것처럼 보통의 사람도 슬픔과 고통을 통해 더욱 깊이 있는 삶을 꾸려갈 수 있습니다.

공감과 연민의 증대

슬픔의 이면 두 번째는 슬픔이 공감과 연민을 증대시키는 강력한 감정이라는 점입니다. 심리학에서는 이러한 과정을 정서전염 또는 공감적 반응이라고 설명합니다. 슬픔을 경험한 사람은 다른 사람의 고통을 더 깊이 이해할 수 있게 되며, 이를 통해 더 큰 연민을 느끼게 됩니다. 이로 인해 슬픔은 개인적인 감정을 넘어서서 사회적 유대감을 강화하는 데 기여할 수 있습니다. 공감과 연민은 인간관계에서 필수적인 요소이며, 이는 건강한 사회적 상호작용의 기초가 됩니다.

2016년 4월에 발생한 세월호 참사는 전 국민에게 큰 충격을 주었고, 많은 사람이 희생자와 그 가족들의 슬픔에 공감하며 함께 아파했습니다. 이 비극은 한국 사회에서 공감과 연민의 감정을 크게 확산시키는 계기가 되었습니다. 특히, 이 사건을 계기로 시민들은 서로의 고통을 이해하고, 이를 나누기 위한 다양한 활동에 참여하게 되었습니다. 추모의 노란 리본, 거리에서 이루어진 추모행사, 희생자를 기억하기 위한 다양한 시민활동, 그리고 희생자 가족들과의 연대활동이 그러한 사례입니다. 이 비극으로 피를 토하는 듯한 아픈 슬픔을 겪은 희생학생의 어머니의 글은 비극적인 슬픔일지라도 공감과 연민의 눈을 뜨게 하는지 웅변합니다.

제가 한창 슬픔에 젖어 있던 무렵에 삼풍백화점 붕괴사고로 딸과 아들을 잃은 부모를 만났어요. 그분이 고맙게도 위로를 해주고 가시더라고요. '아, 그 당시에 나는 뭐했나' 하는 생각이 들었어요. 그때는 남의 얘기였고 나와 먼 얘기였는데 이렇게 내가 위로를 받는구나… 다른 사람의 아픔을 껴안는다는 거, 그전에는 전혀 생각 못했어요. 내가 경험하지 않았다고 모른 체하고 살았던 게 문제라는 생각이 들었어요. 우리도 잘못한 게 있어요. 밀양 송전탑, 강정마을 주민들, 쌍용자동차 해고자들… 휴, 그 사람들이 부르짖을 때 저희는 뭐 하고 있었나요? 전혀 생각을 안했어. 그런 거에 대해서. 나만 보람 있게 잘살면 된다는 그런 거였지. 다른 사람의 고충이나 힘든 것들을 우리가 보려고 하지 안 했던 거예요. 의(義)를 망각하고 있었던 거야. 그랬기 때문에 이런 일들이 여기서 터지지 않았나 생각이 들어요.[18]

우리 인간이 겪을 수 있는 가장 큰 슬픔은 무엇일까요? 아마도 사랑하는 이를 떠나보내는 일일 것입니다. 그중에서도 자녀를 잃는 슬픔은 가히 이루 말할 수 없는 고통일 것입니다. 부모와 자녀 사이의 본능적 유대는 그 무엇과도 비교할 수 없기에, 자녀와 함께할 미래를 잃는다는 것은 상상조차 힘든 상실입니다. 더욱이, 부모로서 자녀를 지켜주지 못했다는 죄책감은 슬픔을 더욱 깊고 오래 지속되게 합니다. 그럼에도, 이러한 슬픔은 다른 이의 고통을 이해하고 함께하는 연대의 힘을 길러줍니다. 슬픔은 참으로 잔인하지만, 동시에 위대한 힘을 가진 감정입니다.

회복탄력성 증진 기회

슬픔의 이면 세 번째는 슬픔이 회복탄력성을 향상시켜 준다는 점입니다. 회복탄력성은 어려움이나 역경에 직면했을 때 이를 극복하고 다시 일어설 수 있는 능력을 의미합니다. 슬픔은 회복탄력성을 강화하는 데 중요한 역할을 합니다. 심리학에서는 슬픔과 같은 부정적 경험이 오히려 개인의 내면적 강인함을 강화할 수 있음을 설명합니다. 슬픔은 인간이 고통을 견디고 극복할 수 있는 능력을 개발하게 하며, 이를 통해 더 강해지고 새로운 도전에 맞설 수 있게 합니다. 이러한 회복탄력성은 삶의 여러 측면에서 중요한 역할을 하며, 개인의 전반적인 정신건강에도 긍정적인 영향을 미칩니다. 나아가 성공과 성취에서도 중요한 역할을 하는 것으로 밝혀졌습니다.

드라마 《미스터 션샤인》의 주인공 유진 초이(이병헌 분)는 슬픔을 딛고 회복탄력성을 발휘하여 자신의 삶을 개척한 인물입니다. 아홉 살에 노비였던 부모를 잃고, 또한 노비로서 쫓기는 삶을 살아야 했습니다. 그의 조국처럼 가혹한 운명을 벗어나기 위해 미국으로 도망쳤습니다. 새로운 삶을 시작하며, 온갖 시련을 이겨냈습니다. 결국, 그는 미국 해병대 장교로 성장했고, 다시 조선으로 돌아옵니다. 어린 시절의 상처와 슬픔이 그를 강하게 만들었습니다. 원망스러울 수 있는 조국과 신분이 다른 여인도 사랑할 수 있게 됩니다. 사랑하는 존재를 위해 슬픈 끝맺음을 알면서도 희생할 수 있는 용기를 얻게 합니다. 유진 초이의 이야기는 슬픔이 어떻게 회복탄력성을 키울 수 있는지를 보여줍니다. 그는 개인적인 고통을 어머니 같은 비참한 운명의 조국과 한 여인에 대한 희생적인 사랑으로 승화시켰습니다. 슬픔은 처연하게 아름답고 강한 힘을 줍니다.

삶의 의미 재발견과 가치 재평가의 기회

마지막으로 슬픔은 우리에게 삶의 의미를 재발견하고, 우리의 가치관을 재평가할 수 있는 중요한 기회를 제공합니다. 심리학에서 이러한 과정은 실존적 위기와 관련이 있습니다. 실존적 위기는 주로 인생에서 중대한 사건 특히 상실이나 슬픔을 경험한 후에 발생합니다. 이로 인해 개인은 자신의 삶의 목적과 의미를 다시 생각하게 됩니다. 또한 슬픔은 우리가 일상적으로 간과하던 삶의 진정한 가치를 되돌아보게 합니다. 이는 인간의 존재 이유, 삶의 목적, 그리고 우리가 진정으로 중요하게 여기는 것들이 무엇인지를 성찰하게 하는 중요한 순간이 됩니다. 슬픔을 통해 우리는 그동안 당연하게 여겨왔던 것들을 다시 생각하게 되며, 새로운 관점에서 자신의 인생을 바라보게 됩니다.

　카를 융은 심리학에서 '개성화 과정'이라는 개념을 제시했습니다. 이는 인간이 진정한 자아를 찾아가는 여정을 의미합니다. 이 과정에서 우리는 내면의 갈등과 상처를 통합하고, 삶의 의미를 재발견합니다. 융에 따르면, 슬픔과 같은 감정적 고통은 개인화 과정에서 중요한 역할을 합니다. 슬픔은 우리가 무의식에 억압해둔 감정들을 표면으로 드러내며, 융이 말한 그림자와 대면하게 합니다. 그리고 이를 통합함으로써 더 완전한 자아를 이루게 됩니다. 이런 의미에서 슬픔은 자기실현을 앞당기는 역할을 합니다. 이는 곧 삶의 의미를 재발견하고, 우리의 가치를 재평가하는 중요한 과정으로 이어집니다. 융은 또한 슬픔이 우리가 더 깊은 심리적 성숙을 이루는 데 필수적인 요소라고 보았습니다. 그는 슬픔을 통해 우리가 인간으로서의 한계와 취약성을 인정하게 되며, 이를 통해 더 깊은 인간적 이해와 공감을 얻을 수 있다고 강조했습니다. 이 과정에서 우리는 삶의 의미를 새롭게 정의하게 되며, 이를 통해 더 나은 자아로 성장할 수 있습니다.

애플의 공동 창립자 스티브 잡스는 2004년에 췌장암 진단을 받았을 때, 자신의 삶을 재평가하게 되는 중요한 순간을 경험했습니다. 잡스는 죽음에 대한 인식이 그에게 삶의 의미를 재발견하게 했다고 말했습니다. 그는 '내가 곧 죽을 것이라는 사실은 내가 인생에서 중요한 결정을 내리는 데 가장 중요한 도구가 되었다'고 밝혔습니다. 잡스는 이 경험을 통해 자신의 삶에서 무엇이 진정으로 중요한지를 깨닫게 되었다고 합니다. 이에 따라 애플에서의 역할을 재정비하고, 더 혁신적인 제품을 개발하는 데 집중했습니다. 그의 경험은 슬픔과 죽음에 대한 인식이 어떻게 우리의 가치관과 삶의 의미를 재평가하게 하는지를 잘 보여줍니다.

슬픔은 피하고 싶은 감정일지 모르지만, 그 안에는 삶을 풍요롭게 하는 힘이 담겨 있습니다. 슬픔은 우리에게 자기성찰과 정서적 성장을 선물합니다. 또한 공감과 연민을 키우고, 회복탄력성을 강화하며, 삶의 의미를 재발견하게 합니다. 이 네 가지는 슬픔이 단순한 부정적 감정이 아니라, 우리의 삶을 더 깊고 의미 있게 만드는 중요한 요소임을 보여줍니다. 슬픔을 통해 우리는 인간으로서 깊이를 더하고, 더 나은 삶을 살아갈 용기와 힘을 얻습니다.

5

두려움의 가치

두려움은 용기의 스승이다. 두려움 없이는 용기도 있을 수 없다. 두려움과 마주할 때에만 우리는 진정한 힘을 발견할 수 있다.

- 롤로 메이

두려움은 인간이 위험이나 위협을 인지할 때 경험하는 본능적이고 강렬한 감정입니다. 이 감정은 신체적으로 투쟁-도피 반응을 유발하며, 심리적으로는 위협에 대한 인식을 강화합니다. 두려움은 원시시대부터 인류의 생존을 보장해 온 중요한 감정이며, 오늘날에도 다양한 방식으로 우리의 삶에 영향을 미치고 있습니다. 두려움은 진화과정에서 생존을 위해 필수적으로 발달한 감정입니다. 신경과학적으로 두려움은 주로 뇌의 편도체에서 처리됩니다. 편도체는 위협적인 자극을 빠르게 인지하고 신체적 반응을 일으키며, 이로 인해 우리는 위험을 회피하거나 대응할 수 있게 됩니다. 이러한 두려움은 생존에 필수적이었으며, 오늘날에도 우리 삶에서 중요한 역할을 하고 있습니다. 두려움은 흔히 부정적인 감정으로 인식되지만, 이를 잘 이해하고 활용하면 우리 삶에서 긍정적인 역할을 할 수 있습니다. 두려움의 긍정적인 측면은 다음과 같이 네 가지로 나눌 수 있습니다.

생존본능 강화

두려움은 본능적으로 우리를 생존하게끔 만드는 가장 강력한 감정입니다. 위험을 인지할 때, 두려움은 신체의 즉각적인 반응을 유발하여 상황에 빠르게 대처할 수 있게 합니다. 이는 진화론적 관점에서 매우 중요한 기능으로, 인간이 자연 속에서 생존할 수 있도록 도왔습니다. UCLA 의과대학 25년간의 연구보고서를 작성한 로버트 마우러는 다음과 같이 말합니다.

> 사자는 겁을 먹으면 공격한다. 새는 나뭇가지가 부러지는 소리를 들으면 더 높은 가지로 날아올라간다. 사슴은 한쪽 방향에서 낯선 냄새를 맡으면 그 반대쪽으로 달아난다. 쥐는 겁을 먹으면 땅굴로 파고들어간다. ... 포유류는 갑작스러운 위협에 반응하도록 고안된 본능적인 시스템을 갖추고 있다. ... 인간 역시 다른 포유류와 마찬가지로 목숨을 구해주는 자동적인 반응 체계를 갖추고 있다.[19]

두려움에 대한 본능적 반응은 가령 우리가 밤길을 혼자 걸을 때 두려움을 느끼며 더 경계하게 됩니다. 이러한 두려움은 우리로 하여금 더 신중하게 행동하게 하고, 잠재적인 위험을 피할 수 있도록 돕습니다. 만일 이런 두려움의 생존본능이 없다면 인류는 이렇게 긴 수명을 누리지 못했을 것입니다. 과학이 발달하여 자연의 상당 부분을 인간이 지배했지만 아직 자연재해는 두렵습니다. 자연재해 상황에서 두려움은 우리를 신속하게 대피하게 하여 생명을 구할 수 있습니다. 수해가 발생했을 때 두려움은 즉각적으로 피신하거나 안전한 장소를 찾게 만드는 중요한 역할을 합니다. 산책하던 하천로에서 물이 넘치려는 데도 두려움 없이 피하지 않는 사람은 목숨을 잃거나 심각한 피해를 당하게 됩니다. 자동차 운전 중 예상치 못한 사고가 발생할 때, 두려움은 즉각적인 반응을 유도하여 브레이크를 밟거나 사고를 피하기 위한 조치를 취하게 합니다. 이는 생명을 보호하는 데 중요한 역할을 합니다.

자기 보호와 경계심

두려움의 두 번째 혜택은 자신을 보호하기 위해 경계심을 강화한다는 것입니다. 두려움은 인간이 자신을 보호하고, 불필요한 위험을 피하기 위해 발달한 중요한 감정입니다. 심리학적으로 두려움은 신경계와 관련이 깊습니다. 두려움을 느낄 때, 뇌의 편도체는 즉각적으로 위협을 감지하고 신체에 경고신호를 보냅니다. 이로 인해 심박수 증가, 근육 긴장, 호흡 가속 등 신체적 반응이 일어나며, 이러한 반응은 우리가 위험한 상황에 빠르게 대처할 수 있도록 돕습니다. 두려움은 단순히 신체적 반응을 넘어서, 우리의 인지적 과정에도 영향을 미칩니다. 우리가 특정 상황에서 두려움을 느낄 때, 뇌는 그 상황을 분석하고 위험요소를 평가하며, 이를 바탕으로 행동을 결정합니다. 이러한 인지적 과정은 우리가 더 신중하게 행동하고, 잠재적인 위험요소를 미리 파악하여 그로부터 자신을 보호하도록 합니다. 예를 들어, 낯선 사람과의 만남에서 느끼는 두려움은 우리의 경계심을 높여, 상대방의 행동을 주의 깊게 관찰하고, 위험이 될 수 있는 신호를 포착하도록 만듭니다. 이는 우리가 사회적 상호작용에서 자신을 보호할 수 있는 중요한 메커니즘입니다. 경계심이 없다면, 우리는 더 많은 위험에 노출될 수 있으며, 신체적, 정서적 상처를 입을 가능성이 커집니다. 또한, 두려운 경험은 강하게 기억에 남아, 비슷한 상황에서 다시 경계심을 가지도록 합니다. 이는 학습된 반응으로, 과거의 경험을 바탕으로 미래의 위험을 예측하고 회피하는 데 중요한 역할을 합니다.

〈미국정신의학회지〉에 실린 한 논문은 전형적인 두려움 반응이 없을 경우 어떤 위험을 겪을 수 있는지 확실히 보여줍니다. 세 살 아동의 두려움 반응이 20년 후 청년이 된 아동들이 범죄로 기소된 적이 있는지 여부입니다. 놀랍게도 성인기의 범죄 여부를 가장 잘 예측하는 요소는 세 살 때 두려움 반응이 부족하다는 것이었습니다. 이 가설은 사이코패스의 경우에 편도체가 제대로 기능하지 못한다는 연구결과들과도 일맥상통합니다.[20]

코로나 팬데믹 초기에는 바이러스의 심각성에 대한 정보가 불확실하거나 제한적이었기 때문에 많은 사람들이 그 위험성을 제대로 인식하지 못했습니다. 위험에 대한 인식이 부족할 때, 두려움도 충분하지 않기 때문에 사람들은 바이러스 확산의 위험성에 대해 경각심을 갖지 않게 됩니다. 많은 사람들이 '나에게는 일어나지 않을 것이다'거나 '나는 면역력이 강하다'라는 비현실적인 낙관주의에 빠져 두려움을 느끼지 않았습니다. 따라서 상황을 가볍게 받아들이면서 부주의하게 행동한 사례가 많았습니다. 두려움이 있었다면 이런 경우, 사회적 거리두기, 마스크 착용, 손 씻기 등 기본적인 예방조치를 충분히 하여 코로나의 감염과 확산을 줄일 수 있었을 것입니다.

성장과 학습 촉진

두려움의 세 번째 혜택은 새로운 상황에 적응하고, 개인의 한계를 시험하며, 이를 극복하는 과정에서 성장과 학습을 촉진한다는 점입니다. 도전적인 상황에서 두려움을 경험함으로써, 우리는 더 강해지고 새로운 기술과 대처방법을 배우게 됩니다. 높은 곳에 올라가는 것을 두려워하는 사람은 고소공포증을 극복하기 위해 조금씩 더 높은 곳에 도전함으로써 두려움을 극복하고 점차 자신감을 얻을 수 있습니다. 두려움은 학습으로 얼마든지 친구가 될 수 있습니다.

스티브 잡스가 중요한 연설을 하는 무대에 서기 전에 여러 번 리허설을 했다는 사실은 잘 알려진 사실입니다. 두려움이 그를 성장하고 학습하게 만든 사례로 볼 수 있습니다. 잡스가 연설의 중요성을 인식하고, 실패하거나 실수를 범할 가능성에 대한 두려움을 느꼈기 때문에 더 철저하게 준비한 결과라고 할 수 있습니다. 그의 직접 표현 여부에 상관없이 성공하는 사람들은 두려움을 느낍니다. 다만 그 두려움을 당당히 수용하고 맞서는 것입니다.

수많은 걸작 영화를 만든 전설적인 영화감독 스티븐 스필버그는 두려움에 관해 여러 번 이야기했습니다. 그는 "저는 어릴 때부터 두려움을 많이 느꼈습니다. 두려움은 제 연료입니다. 저는 두려움에서 에너지를 얻습니다"라고 말합니다. 수많은 걸작을 창작한 예술가인 스필버그는 자신의 두려움이 새로운 도전을 할 때마다 그를 앞으로 나아가게 했다고도 말했습니다. 두려움을 느낄 때마다 더 열심히 준비하고, 더 창의적인 해결책을 모색했습니다. 두려움은 그의 영화제작 과정에 중요한 영향을 미쳤습니다. 스필버그처럼 두려움을 솔직히 일정하는 것이 두려움을 이기는 좋은 전략의 시작이기도 합니다.

미식축구 역사상 가장 뛰어난 와이드 리시버로 손꼽히는 제리 라이스는 2010년 명예의 전당에 헌액된 전설적인 선수입니다. 단상에 오른 그 선수는 두려움에 대해 말합니다.

내가 가장 빠르거나 가장 볼을 잘 잡는 선수였다고 생각하지는 않습니다. ... 하지만 실패를 할까봐 두려움 속에 플레이한 게 원동력이 됐습니다. 항상 상대선수에게 잡힐까봐 불안한 마음으로 뛰었습니다. 그래서 더 잘했던 것 같습니다. 동료들이 내가 자신감이 얼마나 부족한지를 알고서 놀랄 때도 많습니다. 동료들이 없었다면 이 자리에서 서지 못했을 것입니다.[21]

사회적 유대와 협력 강화

마지막으로 두려움의 혜택은 두려움이 사람들 간의 유대감을 강화시킬 수 있다는 점입니다. 어려운 상황을 함께 겪으며 두려움에 맞서는 과정에서 서로에게 의지하고 신뢰감을 쌓아, 관계를 더욱 견고하게 만듭니다. 이는 협력과 사회적 유대감을 증진시켜 공동체를 강하게 결속합니다.

2010년 칠레 산호세 광산에서 매몰된 33명의 광부들이 69일 만에 극적으로 생존해 돌아온 사건이 있었습니다. 이 사건은 두려움이 그들의 생존에 중요한 역할을 했다는 점에서 매우 인상적인 사례입니다. 광부들은 지하 700미터에 매몰된 상황에서 두려움을 느끼지 않을 수 없었습니다. 이 두려움은 단순히 생존을 위한 본능적인 반응을 유발했습니다. 제한된 식량과 물, 어둠 속에서의 고립감, 구조될 수 있을지 모른다는 불확실성은 두려움을 가중시켰습니다. 하지만 그 두려움이 광부들이 생존을 위해 필사적으로 대응하도록 만들었습니다. 매몰된 광부들은 두려움을 느꼈지만, 그 두려움이 그들 사이의 협력과 유대감을 강화하는 역할을 했습니다. 두려움은 그들이 서로를 의지하고 도와야 한다는 사실을 인식하게 만들었으며, 이로 인해 공동체의식이 더욱 강해졌습니다. 매일의 생존을 위해 각자 할당된 일을 수행하고, 식량을 나누며, 희망을 유지하기 위해 서로 격려하는 과정에서 갈등도 있었습니다. 하지만 생존에 대한 두려움이 그들의 결속을 다지는 요소로 작용했습니다. 두려움을 이겨내기 위해 그들은 서로에게 정신적, 정서적 지지를 제공했고, 이는 고립된 상황에서도 그들이 안정성을 유지하는 데 중요한 역할을 했습니다. 두려움은 또한 희망을 유지하는 데 중요한 역할을 했습니다. 두려움 속에서 구조되지 못할 가능성을 마주할 때, 구조될 것이라는 희망을 유지하려 노력했습니다. 이 희망은 그들이 절망에 빠지지 않고, 끝까지 버틸 수 있도록 하는 정신적 버팀목이 되었습니다. 두려움은 희망을 강화시키기도 합니다.

영화 《타이타닉》에서 등장인물들은 배가 침몰할 때 서로에게 의지하며 두려움을 극복하려 합니다. 두려움은 개인적인 감정에서 시작되지만, 타이타닉호의 위기상황에서는 이 두려움이 집단적 협력으로 전환되었습니다. 승객들은 서로가 서로를 돕지 않으면 생존 가능성이 극히 낮다는 것을 인식하고, 함께 움직이기 시작했습니다. 한정된 수의 구명보트에 최대한 많은 사람을 태우기 위해 승객들 사이에 협력이 일어납니다. 처음에는 혼란스럽고 이기적인 행동이 보이기도 했지만, 곧 구명보트를 나누어 타고 아이들과 여성들을 우선적으로 대피시키는 등의 협력적 행동이 나타납니다. 이러한 극한상황에서의 두려움은 사람들 간의 연대와 협력을 강화시키는 요소로 작용하며, 궁극적으로는 더 깊은 인간관계를 형성하게 도와줍니다.

두려움은 단순히 부정적인 감정이 아니라, 인간의 삶에서 필수적이고 긍정적인 역할을 할 수 있는 중요한 감정입니다. 생존 본능을 강화하고, 자기 보호와 경계심을 높이며, 개인의 성장과 학습을 촉진하고, 사회적 유대와 협력을 강화하는 등 다양한 측면에서 두려움은 긍정적인 결과를 낳을 수 있습니다. 우리는 두려움을 피해야 할 감정으로만 보지 않고, 이를 이해하고 과감히 맞서고 적절히 활용함으로써 우리의 삶을 더욱 풍요롭게 만들 수 있습니다. 두려움이 우리를 강하게 만들고, 더 나은 결정을 내리게 하며, 사람들과의 관계를 깊게 만드는 도구로 작용할 수 있음을 인식하는 것이 중요합니다. 우리는 늘 두려움과 함께 살아갑니다. 두려움을 느끼는 사람만이 용기 있게 앞으로 나갈 수 있는 것 아닐까요?

6

스트레스의 반전

스트레스는 한계를 깨닫고 뛰어넘게 만드는 도전이다.

- 한스 셀리에

현대를 스트레스의 시대라고 합니다. 스트레스는 만병의 근원이자 현대인의 적으로 지탄받고 있습니다. 스트레스는 일반적으로 부정적인 것으로 인식되지만, 긍정적인 측면 또한 가지고 있습니다. 사전적으로 스트레스를 주로 신체적, 정신적 긴장상태 또는 특정 상황에서 발생하는 압박이나 부담감으로 정의합니다. 이 정의는 스트레스가 개인에게 부정적인 영향을 미칠 수 있는 상태라는 것을 강조합니다. 심리학에서 스트레스는 개인이 환경적 요구나 압박에 대처할 수 있는 능력을 넘어섰을 때 경험하는 정서적, 신체적 반응으로 정의합니다. 스트레스의 아버지라 불리는 한스 셀리에는 스트레스를 신체가 어떤 요구에 대응하기 위해 나타나는 비특이적 반응으로 정의했습니다. 셀리에는 긍정적 스트레스(eustress)와 부정적 스트레스(distress)로 나누기도 했습니다. 적절한 수준의 스트레스는 오래전부터 긍정적 역할을 인정받아 왔습니다. 스트레스에 대한 전통적 관점을 깨는 스트레스에 대한 인식의 전환을 이끄는 연구와 견해들이 속속 발표되고 있습니다. 이 장의 주제인 스트레스의 힘 또는 긍정적 측면을 살펴보기 전에 스트레스의 유래와 오해를 먼저 살펴보겠습니다.

스트레스의 유래와 오해

스트레스에 대한 인식이 부정적인 것은 스트레스의 유래와 오해에 기인하는 점이 많습니다. 먼저 현재 널리 사용되는 스트레스라는 용어는 1936년에 헝가리 출신 내분비학자 한스 셀리에가 스트레스를 '변화에 대한 모든 요구에 나타나는 신체의 불특정적인 반응'이라는 정의와 함께 태어났습니다. 셀리에는 당시 유행하던 호르몬 관련 연구를 위해 쥐를 대상으로 호르몬 주입 실험을 하다 쥐를 다루는 데 미숙한 셀리에가 쥐를 괴롭히게 되고 원래 계획한 실험에 실패하게 됩니다. 호르몬 영향에 상관없이 쥐가 병이 생기고 급기야 죽게 되자 다른 요소를 찾기 시작했고 그것이 결국 스트레스 때문이라는 것을 알게 됩니다. 셀리에는 세계적인 과학잡지 네이처에 한 장짜리 논문을 게재하였습니다. 논문제목은 '다양한 유해 자극으로 생긴 증후군'으로 여기서 그는 '손상을 입히는 자극의 유형에 무관하게 전형적인 증상이 나타난다'며 이를 '일반적응증후군'이라고 명명했습니다. 그 뒤 얼마 지나지 않아 셀리에 교수는 이 증상을 '스트레스 반응'이라고 하였고 이리하여 이른바 '스트레스 과학'이 탄생하였습니다. 셀리에는 자신이 쥐들에게 가한 행동(스트레스 부여)과 쥐의 몸에 나타난 반응(스트레스 반응) 모두를 설명하기 위해 스트레스라는 단어를 선택한 것입니다.22 셀리에는 1930년대에 스트레스 개념을 발전시키면서, 신체가 외부 자극에 대해 보이는 비특이적 반응을 설명하기 위해 '스트레스'라는 용어를 사용했습니다. 이 용어는 야금학에서 물리적 물체에 가해지는 힘이나 압력으로 인해 발생하는 내부 저항이나 변형을 설명하는 '응력(stress)'에서 차용되었습니다. 반면 '스트레인(strain)'은 스트레스가 가해졌을 때 물체가 얼마나 변형되었는지를 나타내는 비율 즉, 변형률을 말합니다. 그런데 후에 셀리에는 자신이 논문에서 용어를 잘못 선택했다는 사실을 고백하며 이를 바로잡았습니다. 셀리에는 영어가 서툴러 '스트레스(stress)'라는 용어를 선택했는데, 원래 선택했어야 했던 영어 단어, 즉 인간의 내적 반응을 설명하는 단어는 'stress'가 아니라 '스트레인(strain)'이었다고 해명했습니다.23 1907년 헝가리 태생으로 1930년대에 미국, 캐나다로 왔기 때문에 영어가 서툴렀던 것입니다. 스트레스는 현재 상태를 유지하려는 힘 또는 저항력이고, 스트레인은 그에 대한 반응으로써의 변형이므로 당연히 '스트레인'이 맞는 용어였을 것입니다. 어쨌든 셀리에는 이 개념을 인간의 신체와 정신 반응에 적용하여, 신체가 외부자극이나 압박(스트레스 요인)에 반응할 때 나타나는 일련의 생리적 변화를 묘사하고자 했습니다. 셀리에는 스트레스라는 용어를 선택할 때, 그 의미가 생리학적, 심리학적 맥락에서 다소 혼란을 일으킬 수 있다는 점을 충분히 고려하지 못했다는 비판을 받습니다. 그가 말한 '스트레스'는 단순히 부정적인 반응만을 의미하지 않았습니다. 신체의 적응메커니즘으로서 긍정적인 측면도 포함한다고 생각했습니다. 스트레스라는 용어는 야금학에서 '응력'이라는 의미로 사용되었으며, 이는 외부의 힘이 가해질 때 재료 내부에서 발행하는 저항을 뜻했습니다. 이후 한스 셀리에가 생리학적 개념으로 스트레스를 도입하며, 이는 인간이 환경 변화에 적응하는 과정에서 필연적으로 발생하는 반응으로 설명되었습니다. 하지만 스트레스가 질병과 부정적인 경험과 관련하여 자주 논의되면서, 대중들은 이를 본질적으로 해롭고 피해야 할 것으로 인식하게 되었습니다. 스트레스를 이렇게 정의함으로써 셀리에는 스트레스에 대한 현대적 공포의 기초를 마련했습니다.24 셀리에도 그의 실수를 인정하고 스트레스에 대한 이미지를 개선하려고 노력했지만 이미 때는 늦었습니다. 스트레스의 이미지를 개선하려고 노력하면서 1970년대의 한 인터뷰에서는 이렇게 말한 적도 있습니다. "스트레스는 항상 존재하게 마련입니다. 그렇기 때문에 명심해야 할 중요한 한 가지는 스트레스가 자신에게는 물론 타인에게도 반드시 유용하도록 만드는 것입니다."25 그러나 이미 스트레스라는 용어가 널리 퍼진 이후였고, 이를 수정하는 것은 현실적으로 어려웠습니다. 의학계와 일반 대중이 스트레스의 공포를 철저히 흡수한 뒤였습니다. 이는 오늘날에도 지속되고 있으며, 스트레스가 항상 해로운 것으로 여겨지는 주요 원인이 되었습니다. 심지어 어떤 사람들은 스트레스의 악영향을 과신한 나머지 1급 발암물질로 등재해야 한다는 주장을 하거나 이미 1급 발암물질이라고 잘못 알고 있습니다. 그러나 그들이 신봉하는 '스트레스의 아버지' 셀리에 마저도 스트레스를 물질이 아니라 '반응'이라는 추상적 개념을 사용하였습니다. 국제암연구소(IARC)는 발암물질을 5개의 그룹으로 분류하는데 어떤 그룹에도 스트레스는 없습니다. 물론 만성적, 장기적 스트레스는 면

역기능을 저하시켜 암 발생의 위험을 높일 수 있습니다. 어쨌든 스트레스 자체는 1급 발암물질이라는 주장은 정확한 표현이 아닙니다.

스트레스의 재발견

상당히 왜곡된 스트레스의 시대에 살고 있지만 이 어둠은 영원하지 않습니다. 점차 스트레스에 대한 관점을 전환하는 새로운 연구들이 속속 발표되고 점차 설득력을 얻고 있습니다. 크고 작은 많은 발표가 있었습니다만 이런 견해가 대중적인 호응을 얻는 계기 중 하나는 2013년 6월 켈리 맥고니걸이 TED에서 '스트레스와 친구가 되는 방법'26을 강연하였을 때일 것입니다. 이 강의는 2025년 2월 현재 4천 3백만 명 이상이 시청할 정도로 엄청난 파급력을 보였습니다. 강연내용은 2년 후에 《스트레스의 힘》이란 제목의 책으로 출간됩니다. 한마디로 말하면 스트레스는 나쁜 것이 아니며, 높은 스트레스가 조기사망률을 높이는데 항상 그런 것이 아니라 '스트레스가 건강에 해롭다'고 인식하는 경우에만 영향을 미친다는 것입니다. 켈리 맥고니걸은 많은 과학자들과 심리학자들이 믿었듯이 스트레스란 반드시 막아야 하는 전염병으로 인식하고 있었습니다. 어쩌면 더 적극적이었죠. 전 세계를 누비며 스트레스가 건강에 해로우니 피해야 한다고 강연하였으니까요. 하지만 맥고니걸은 2012년 발표된 충격적인 연구결과를 접하고 생각을 전면 바꾸게 됩니다. 1998년 아비올라 켈러 연구팀은 미국 국민건강 면접조사를 실시하였습니다. 미국 성인 3만 명에게 '작년 한 해 동안 경험한 스트레스가 얼마나 증가했는지' 물었습니다. '스트레스가 건강에 해롭다고 믿는가'라는 질문도 함께 제시했습니다. 8년 뒤 당시의 연구원들은 3만 명의 공식 사망률 데이터와 연결하여 조사했습니다. 그 결과 스트레스 수치가 높은 사람들은 조기 사망위험이 43%나 증가했습니다.[27] 그런데 맥고니걸의 주의를 사로잡은 결과는 스트레스가 건강에 해롭다고 믿었던 사람들만 사망위험이 증가했다는 사실입니다.[28] 비록 높은 스트레스 수치를 기록했지만, 스트레스가 해롭다고 '믿지 않은' 사람들은 사망확률이 증가하지 않았습니다. 사실 이들은 연구에 참여한 사람들 중 사망위험이 가장 낮았고, 심지어 스트레스를 거의 받지 않는다고 기록된 사람들보다 낮았습니다. 놀라운 결과였습니다. 사람들을 일찍 죽음으로 몰아가는 요인이 스트레스만은 아니었다고 결론지었습니다. 스트레스 그 자체와 스트레스는 해롭다는 믿음이 결합될 때 일어나는 시너지효과라는 것이었습니다. 연구원들은 8년 동안 연구를 진행하면서 18만 2천명의 미국인들이 스트레스가 건강을 해친다는 믿음 때문에 조기 사망했음을 발견했습니다. 맥고니걸은 켈러 연구팀의 연구결과에 당황하여 다음과 같이 고백합니다.

이 연구 결과에 나는 크게 당황했다. 스트레스가 건강에 해롭다는 사실을 사람들에게 주지시키기 위해 그토록 많은 시간과 에너지를 허비하지 않았던가. 나는 이 메시지와 내 작업이 사림들에게 도움이 된다는 생각을 당연하게 여겼다. 하지만 전혀 도움이 되지 않는다면 어떻게 될까? 신체 활동과 명상 그리고 사교활동 등 그동안 내가 제시한 스트레스 감소법이 설령 실제로 도움이 된다고 하더라도, '스트레스가 해롭다'는 메시지까지 함께 전달함으로써 그 혜택을 약화시켰던 것은 아닐까? 결국 나는 스트레스 관리라는 미명하에, 도움을 주기보다 오히려 피해를 더 많이 끼쳤던 것은 아닐까?[29]

켈러 교수 연구팀이 8년 간 수행한 연구결과를 세계에 널리 알린 것은 켈리 맥고니걸인 것은 분명합니다. 그 이후 스트레스에 대한 인식이 전환되는 돌파구가 열렸고 새로운 국면으로 전환하게 됩니다. 이제부터 스트레스에 대한 관점 전환으로부터 스트레스의 긍정적 측면을 살펴보겠습니다.

스트레스의 힘 다섯 가지

스트레스가 건강에 미치는 해로운 영향, 심리적 고통, 그리고 일상에서의 불편함은 누구도 부인할 수 없습니다. 그러나 우리는 이제 스트레스가 전적으로 나쁜 것이 아니라는 것을 알게 되었습니다. 만약 우리가 스트레스의 다른 측면을 발견하고, 그 속에 숨겨진 긍정적인 힘을 활용할 수 있다면 어떨까요? 스트레스는 우리가 인생의 도전과 마주할 때, 스스로를 더 강하고, 창의적이며, 탄력적으로 만들 수 있는 비밀을 품고 있을지도 모릅니다. 지금부터 우리는 스트레스의 숨겨진 힘, 그 긍정적 측면에 대해 탐구해보려 합니다.

동기촉진과 집중력 향상

스트레스는 우리 삶에서 불청객처럼 느껴질 때가 많습니다. 그러나 잘 관리된 스트레스는 우리가 목표를 달성하는 데 필요한 동기부여의 원천이 될 수 있습니다. 마치 긴장을 풀고 있다가도 중요한 경기를 앞두고 경기가 시작되기 전의 그 긴장감이 선수들의 잠재력을 끌어내듯, 스트레스는 우리의 내면에 숨어 있는 힘을 깨우는 역할을 합니다.

버클리대 심리학 교수 래저러스와 포크먼의 도전-기회 이론은 스트레스가 단순히 부정적인 것이 아니라, 이를 도전으로 인식할 때 긍정적인 동기를 촉진할 수 있다는 것을 강조합니다. 이 이론은 두 학자가 제시한 인지적 평가이론에서 발전된 개념으로, 개인이 스트레스 상황을 도전과 기회로 인식할 때 더 높은 수준의 집중력과 동기촉진을 경험할 수 있다고 설명합니다.30 이들의 연구는 개인이 스트레스 상황을 어떻게 인식하느냐에 따라 그 반응이 달라진다는 점을 밝혀냈습니다. 스트레스를 위협으로 인식하면 부정적인 결과로 이어질 수 있지만, 이를 도전으로 인식할 때는 긍정적인 동기와 향상된 성과를 경험할 수 있습니다. 예를 들어, 운동선수들이 중요한 경기에서 느끼는 스트레스를 도전으로 받아들일 때 더 높은 집중력과 더 나은 경기력을 발휘하게 됩니다.

올림픽에서 금메달을 획득한 많은 선수들은 경기 전 느끼는 스트레스가 오히려 경기력 향상에 도움이 된다고 말합니다. 예를 들어, 1백미터의 전설적인 인간탄환 우사인 볼트는 경기 전 느끼는 긴장감이 자신을 더 빠르게 달리게 만든다고 말한 바 있습니다. 이러한 스트레스는 그를 극한의 집중상태로 이끌어 최고의 성과를 낼 수 있도록 도와준 것입니다. 시험을 앞둔 학생들이나 중요한 발표를 준비하는 직장인들이 경험하는 적당한 긴장감 또한 최고의 결과를 내기 위해 필요한 에너지를 제공합니다. 이러한 스트레스는 우리가 더 열심히 준비하고, 더 많은 노력을 기울이게 만드는 강력한 동기가 됩니다.

문제해결능력과 창의성 강화

　스트레스는 우리의 사고를 단련시키는 도구일 수 있습니다. 평온한 상태에서는 놓칠 수 있는 문제들의 해법이, 극적인 상황에서는 빛을 발합니다. 마치 높은 산을 오를 때 비로소 정상에서 아름다운 풍경을 볼 수 있는 것과 같습니다. 어려운 상황에서 사람들은 더 창의적이고 혁신적인 해결책을 찾기 위해 노력하게 됩니다. 이는 새로운 아이디어와 발명의 기회로 이어질 수 있습니다. 스트레스는 우리의 두뇌를 자극하여 더 창의적인 사고를 하게 만들고, 어려운 문제를 해결하는 데 필요한 새로운 접근방식을 발견하게 합니다.

　하버드경영대학원의 심리학자 테리사 애머빌은 창의성이 외부 압력이나 스트레스에 따라 다르게 발휘될 수 있다고 설명합니다. 특히, 적절한 수준의 외부압력은 창의적 문제해결을 촉진할 수 있습니다. 이때의 압력은 사람들에게 도전과제를 주고, 새로운 방법을 탐색하도록 자극하는 역할을 합니다. 스트레스는 창의성에 이중적인 효과를 미칠 수 있습니다. 적당한 스트레스는 창의적 사고를 촉진할 수 있지만, 과도한 스트레스는 창의성을 저해할 수 있습니다. 애머빌은 창의적 문제해결을 위해서는 스트레스가 도전으로 인식될 때 긍정적인 역할을 할 수 있다고 강조합니다. 또한 애머빌은 창의성이 발휘되는 맥락이 매우 중요하다고 강조합니다. 스트레스가 창의성에 미치는 영향은 그 스트레스를 경험하는 맥락에 따라 달라질 수 있습니다. 예를 들어, 지원적이고 협력적인 환경에서는 스트레스가 창의적 사고를 촉진할 수 있지만, 비협력적이고 억압적인 환경에서는 창의성을 저해할 수 있습니다.[31]

성장과 개인 발전의 동력

스트레스는 개인의 성장과 발전을 촉진하는 강력한 자극이 될 수 있습니다. 적절한 수준의 스트레스는 우리를 한계 밖으로 밀어붙이며, 이를 극복함으로써 새로운 능력과 강점을 발견하게 합니다. 마치 몸을 단련하기 위해 무거운 역기를 들어 올리듯, 스트레스는 우리의 내면을 단련시킵니다. 이는 고난과 역경을 통해 인생의 새로운 면모를 발견하게 되는 과정과도 같습니다. 어려운 상황에 직면했을 때, 이를 극복하기 위해 노력하면서 개인은 자신의 능력을 확장하고, 더 큰 성취감을 경험할 수 있습니다. 이는 결과적으로 자기효능감을 높이고, 더 높은 목표를 설정하게 만듭니다. 스트레스는 사람들에게 새로운 도전을 받아들이고, 자신의 한계를 넘어서는 기회를 제공합니다. 이러한 과정에서 사람들은 자신이 미처 알지 못했던 잠재력을 발견하게 되고, 더 나은 자신으로 성장하게 됩니다.

해리 포터의 작가 조앤 롤링은 1990년대 초, 매우 어려운 시기를 겪고 있었습니다. 그녀는 갑작스럽게 어머니를 잃고 깊은 슬픔에 빠졌으며, 이후 결혼 생활에서도 많은 어려움을 겪었습니다. 결혼생활이 파탄에 이르며, 그녀는 이혼 후 어린 딸과 함께 거의 무일푼 상태로 스코틀랜드 에든버러로 돌아왔습니다. 당시 롤링은 정부의 복지지원에 의존하며 살아야 했고, 자신을 가장 낮은 단계로 떨어진 실패자라고 생각했습니다. 이런 상황에서도 롤링은 자신의 꿈을 포기하지 않았습니다. 그녀는 에든버러의 카페에서 시간을 보내며, 딸을 돌보는 틈틈이 해리 포터 시리즈의 첫 번째 책인 《해리 포터와 마법사의 돌(Harry Potter and the Philosopher's Stone)》을 쓰기 시작했습니다. 글을 쓰는 과정은 롤링에게 도전이자 위안이었으며, 그녀는 그 힘든 시기를 창작을 통해 극복하려고 했습니다. 하지만 원고를 완성한 후에도 어려움은 계속되었습니다. 그녀는 이 원고를 출판하기 위해 여러 출판사를 찾아갔지만, 12곳의 출판사에서 연달아 거절당했습니다. 이는 그녀에게 큰 스트레스와 좌절을 안겨주었지만, 롤링은 포기하지 않았습니다. 결국, 블룸즈버리라는 작은 출판사가 그녀의 원고를 받아들였고, 해리 포터 시리즈는 1997년에 처음 세상에 빛을 봅니다. 책이 출간된 후, 해리 포터 시리즈는 전 세계적인 성공을 거두었고, 롤링은 단숨에 유명 작가로 자리 잡았습니다. 그녀의 이야기는 고통과 스트레스 속에서도 희망을 잃지 않고, 꿈을 향해 끊임없이 노력하면 놀라운 성취를 이룰 수 있다는 것을 보여줍니다.

회복탄력성 강화

스트레스는 우리를 더 강하게 만드는 불가피한 시련일 수 있습니다. 한 번 꺾인 나무가 다시 자라 더 단단해지듯, 스트레스는 우리에게 회복탄력성을 키워줍니다. 반복되는 스트레스 상황에서 성공적으로 대처할 수 있다면, 이는 개인이나 공동체의 회복탄력성을 높여 향후 더 큰 위기에 직면했을 때 더 잘 대처할 수 있습니다. 회복탄력성은 스트레스에 적응하고, 어려움을 극복하며, 궁극적으로 더 강한 개인과 공동체를 만드는 힘이 됩니다. 스트레스는 사람들을 시험에 들게 하지만, 그 시험을 통과한 사람들은 더 강해지고, 어려운 상황에서도 쉽게 무너지지 않는 강인한 정신을 가지게 됩니다.

스트레스는 뇌에 각인을 남겨 우리가 다음번 이와 비슷한 상황에

처할 경우를 대비하도록 합니다. 사소한 짜증을 느낄 때마다 항상 이 과정이 촉발되는 것은 아니지만, 우리가 매우 어려운 일을 경험할 때면 우리의 몸과 뇌가 여기서 교훈을 배우게 됩니다. 심리학자들은 이 현상을 스트레스 접종 또는 스트레스 면역이라고 부릅니다. 마치 뇌에 주사하는 스트레스 백신 같은 것입니다.32

조선 후기의 실학자이자 개혁가인 정약용(1762–1836) 선생은 어린 시절부터 많은 어려움을 겪었지만, 이를 극복하고 큰 성장을 이룬 인물입니다. 그의 삶은 회복탄력성이 어떻게 개인의 삶을 풍요롭게 만들 수 있는지를 보여주는 훌륭한 사례입니다. 정약용은 9살 때 어머니를 잃는 큰 슬픔을 겪었습니다. 어린 나이에 어머니를 잃는 것은 정약용에게 매우 큰 고통과 스트레스였을 것입니다. 하지만 그는 이 슬픔을 극복하고, 학문에 몰두하기로 결심했습니다. 어머니를 잃은 후, 정약용은 스스로를 다잡고 독서에 매진하면서 학문적 기초를 다지기 시작했습니다. 정약용은 이 초기의 어려움을 극복하고, 오히려 그것을 동력으로 삼아 학문에 깊이 몰두하게 됩니다. 성인이 된 이후에도 정약용은 정치적 박해를 받아 오랜 유배생활을 하게 되었습니다. 이 시기에도 그는 좌절하지 않고 학문연구를 계속하며, 오히려 유배지에서 그의 대표적인 저서들인《목민심서》,《경세유표》등 수많은 걸작을 집필했습니다. 이는 그가 극한의 스트레스 속에서도 회복탄력성을 키워온 빛나는 결실이라 할 것입니다.

인간관계의 강화: 공감과 연대의 촉매제

스트레스는 우리를 고립시키고 힘들게 만드는 요인으로 생각될 수 있지만, 사실은 사람들 간의 관계를 더욱 강화하고, 공감과 연대의 감정을 깊게 만드는 촉매제가 될 수 있습니다. 스트레스를 겪는 상황에서 우리는 자연스럽게 다른 사람들의 도움을 필요로 하고, 그 과정에서 더 강한 유대감을 형성하게 됩니다. 스트레스는 우리가 어려운 상황에 직면했을 때, 혼자서 감당하기 어려운 도전으로 다가옵니다. 이럴 때 우리는 본능적으로 주변 사람들에게 의지하고, 도움을 요청하게 됩니다. 이러한 상호의존은 인간관계의 기본적인 특징이며, 스트레스가 이러한 관계를 더욱 공고히 하는 역할을 합니다. 스트레스를 겪고 있는 사람을 보면, 우리는 자연스럽게 그들의 감정을 이해하고, 돕고자 하는 마음이 생깁니다. 스트레스 상황에서 타인의 고통을 이해하고 공감하는 과정에서, 우리는 서로에게 더 가까워지고, 그 사람과의 관계가 더욱 깊어집니다. 친구가 중요한 시험을 앞두고 스트레스를 겪고 있다면, 우리는 그 친구를 더 자주 생각하고, 도움을 주고 싶어합니다. 이러한 행동은 단순한 친절을 넘어서, 공감에 기반한 인간관계를 형성하고 강화합니다. 또한 스트레스는 공동의 목표나 문제를 해결하기 위해 사람들을 하나로 묶는 강력한 도구가 될 수 있습니다. 공동체가 함께 겪는 스트레스 상황에서는 서로의 연대감이 강화됩니다. 이 과정에서 형성된 유대는 장기적으로 더 강한 공동체를 만듭니다. 역사적으로도, 어려운 시기에는 공동체가 더욱 단결하는 경향이 있었습니다. 예를 들어, 전쟁이나 재난과 같은 극심한 스트레스 상황에서는 이웃이나 동료들이 서로를 돕고 지지하면서 강한 연대감을 형성하게 됩니다. 이러한 연대는 개인의 스트레스를 줄여줄 뿐만 아니라, 공동체 전체의 힘을 더 강하게 만듭니다.

사회적 스트레스 상황을 접하면 우리는 옥시토신 호르몬을 생성합니다. 옥시토신은 우리가 누군가를 껴안을 때 분비되기 때문에 '포옹 호르몬'이라고도 불립니다. 옥시토신은 사람들 간의 유대감을 강화하는 역할을 합니다. 이는 부모와 자녀 간의 애착 형성, 연인 간의 친밀감 증진, 그리고 사회적 신뢰형성에 중요한 역할을 합니다. 옥시토신은 스트레스 반응을 조절하는 데도 중요한 역할을 합니다. 옥시토신이 분비되면, 신체는 스트레스 상황에서 더 큰 심리적 안정감을 느끼게 됩니다. 이는 스트레스 호르몬인 코르티솔의 분비를 억제하고, 사회적 유대감을 강화하여 스트레스를 완화하는 데 기여할 수 있습니다. 옥시토신은 사람들 간의 친사회적 행동을 촉진하는 데서도 중요한 역할을 합니다. 이는 협력, 동정심, 공감 등의 행동을 유도하며, 사회적 상호작용을 긍정적으로 이끌어 줍니다. 스트레스가 높은 상황에서 옥시토신이 분비되면, 사람들은 더 안정적이고 긍정적인 사회적 유대감을 형성할 수 있습니다.

스트레스는 우리의 삶에서 불가피하게 찾아오는 손님이지만, 그 손님을 어떻게 대하느냐에 따라 우리의 인생이 달라질 수 있습니다. 스트레스는 동기를 촉진하고, 문제해결능력을 강화하며, 우리를 성장하게 하고, 회복탄력성을 강화하며, 인간관계를 강화하는 데 도움을 줍니다. 여기서 다룬 5가지 스트레스의 긍정적 측면은 우리가 스트레스를 새로운 시각으로 바라보고, 그 속에 숨겨진 힘을 발견할 수 있도록 돕습니다. 이제 우리는 스트레스를 단순한 적이 아닌, 우리의 잠재력을 끌어내고, 인생을 풍요롭게 만드는 친구이자 동반자로 받아들일 수 있습니다.

7

고통의 이면

우리를 아프게 하는 것이 우리를 치유한다. 모든 상처 속에는 그것을 치유할 것이 있다.

- 카를 융

고통은 가장 어두운 삶의 요소 가운데 하나입니다. 고통은 인간의 삶에서 피할 수 없는 부분이며, 우리 모두가 어떤 형태로든 경험하게 됩니다. 고통이라는 단어는 단순히 신체적인 통증을 넘어, 깊은 심리적, 정서적 괴로움, 그리고 인간의 존재를 근본적으로 흔드는 고통을 포함하는 복잡한 개념입니다. 고통은 우리가 본능적으로 피하고 싶어하는 경험이지만, 이를 통해 우리는 삶에 대해 더 깊이 이해할 수 있을지 모릅니다.

심리적 고통은 불안, 슬픔, 스트레스와 같은 감정적 반응으로 나타나며, 시간이 지남에 따라 더욱 깊고 지속적인 고통으로 발전할 수 있습니다. 이러한 고통은 단순한 고통을 넘어, 인간의 존재와 삶의 의미에 대한 깊은 질문을 불러일으키고, 우리를 더 강하고 지혜롭게 만들어주는 중요한 경험으로 작용할 수 있습니다. 고통의 이면은 바로 이처럼 우리가 생의 한가운데서 경험하는 고통의 부정적인 측면 이면에 숨겨진 긍정적인 요소들에 주목하고자 합니다. 고통을 단순히 피해야 할 대상으로 보는 것이 아니라, 그것을 통해 얻을 수 있는 교훈과 성장을 탐구하는 것이 이 장의 목적입니다. 고통으로 시작하는 고통스러운 여정일 수 있지만 그 끝은 분명 다른 이면을 발견하고 고통을 더 이해할 수 있을 것입니다.

개인적 성장과 자기 이해의 촉진

고통은 개인이 자기 자신을 깊이 이해하고, 내면을 성찰할 수 있는 중요한 기회를 제공합니다. 고통스러운 경험은 종종 우리가 삶의 표면적인 것들을 벗어나 진정한 자아를 탐구하게 만듭니다. 어려움과 시련을 겪으면서 우리는 자신의 감정, 가치, 그리고 본질에 대해 더 깊은 이해를 얻게 되며 한층 성숙해집니다. 이러한 과정에서 우리는 더 나은 결정을 내릴 수 있게 되고, 인생의 방향성을 명확히 하며, 자기효능감과 자존감을 높일 수 있습니다.

실존철학자 프리드리히 니체는 '고통 없는 성장은 없다'라는 사상을 제시하며, 고통을 삶의 필연적인 부분으로 보았습니다. 그는 고통을 통해 인간이 자신의 본질과 존재를 이해할 수 있다고 주장하며, 이러한 경험이 인간의 성장과 자아 발견에 필수적이라고 보았습니다. 니체는 '나를 죽이지 못하는 고통은 나를 더 강하게 만든다'는 말을 통해, 고통이 우리를 더 강하게 만들고, 깊은 자기 이해를 가능하게 한다고 설명했습니다.

빅터 프랭클은 나치수용소에서의 경험을 토대로 로고테라피를 창안해냈습니다. 프랭클은 고통 속에서도 인간이 삶의 의미를 찾을 수 있다고 주장하며, 그 과정이 개인의 성장에 중요한 역할을 한다고 보았습니다. 그는 고통에 대한 태도가 삶의 의미뿐만 아니라 인간으로서의 존엄성과도 관련한 중요한 문제로 생각하였습니다.

> 사람이 자기 운명과 그에 따르는 시련을 받아들이는 과정, 다시 말해 자기 십자가를 짊어지고 나가는 과정은 그 사람으로 하여금 자기 삶에 보다 깊은 의미를 부여할 수 있는 폭넓은 기회 - 심지어 가장 어려운 상황에서도 - 를 제공한다. 그 삶이 용감하고, 품위 있고, 헌신적인 것이 될 수 있다. 아니면 이와는 반대로 자기보존을 위한 치열한 싸움에서 인간으로서의 존엄성을 잃고 동물과 같은 존재가 될 수도 있다.[33]

영화 《굿 윌 헌팅(Good Will Hunting), 1997》에서 주인공 윌 헌팅(맷 데이먼 분)은 과거의 트라우마와 내면의 고통을 극복하는 과정에서 자신의 잠재력을 발견하고, 자신을 더 깊이 이해하게 됩니다. 이 과정에서 그는 심리치료사와의 대화를 통해 내면의 상처를 마주하고, 자신의 고통을 이해하고 스스로를 발견하며 성장해 나갑니다. 고통에 잡아먹히지 않

영화 〈굿 월 헌팅〉, 1997

는 스스로의 투쟁을 아프고 아름답게 묘사한 이 작품은 고통이 개인의 성장을 이끄는 중요한 촉매제가 될 수 있음 잘 보여줍니다.

공감과 연민의 증대

고통은 타인의 감정과 상황을 이해하는 능력을 키워줍니다. 자신이 고통을 경험하면, 다른 사람의 고통을 더 잘 이해하게 되며, 이를 통해 공감능력이 향상됩니다. 고통은 단지 개인적 경험에 그치는 것이 아니라, 사회적 유대를 강화하고, 연대와 협력을 증진하는 데 기여할 수 있습니다. 연민은 타인의 고통을 자신의 것처럼 느끼게 하고, 이를 바탕으로 도우려는 행동으로 이어지기도 합니다.

쇼펜하우어는 삶의 근본적인 성질을 고통으로 보았습니다. 인간을 포함한 모든 생명체가 근본적으로 고통을 피하고자 하는 의지에 의해 움직인다고 주장했습니다. 이 의지는 끝없는 욕망과 결핍을 낳으며, 이러한 욕망이 충족될 수 없기에 고통이 발생한다고 보았습니다. 이러한 고통에 대한 깊은 이해를 바탕으로 쇼펜하우어는 연민을 인간의 가장 중요한 덕목으로 여겼습니다. 연민은 단순한 동정심을 넘어, 모든 고통받는 존재와 자신을 동일시하며 느끼는 공감과 연대의 감정입니다. 그는 연민을 타인의 고통을 자신이 느끼는 것처럼 인식하는 능력으로 보았습니다. 이 연민이야말로 도덕적 행동의 근본원리라고 주장했습니다. 이기적이지 않은 행동을 하려면 자신과 타자를 동일시해야 합니다. 그러면 타인은 '나 아닌 존재'가 아니라 , '또 다른 나'가 된다는 것입니다. 타인의 고통은 단지 '그의 고통'만이 아니라 '나의 고통'이기도 한 것입

니다.34

　심리학 연구에서는 고통을 겪은 사람들이 더 높은 수준의 공감능력을 발휘한다는 결과를 제시합니다. 한 연구에 따르면, 고통을 경험한 사람들은 자신과 유사한 고통을 겪고 있는 다른 사람들을 더 잘 이해하고, 도움을 주려는 경향이 높다고 합니다. 이러한 연구는 고통이 인간의 사회적 유대와 타인에 대한 이해를 증진시킨다는 것을 보여줍니다.35 예를 들어, 유방암을 극복한 여성이 암 환자 지원단체에서 자원봉사 활동을 하는 사례를 생각할 수 있습니다. 자신의 경험을 통해 다른 이들의 고통을 이해하고, 그들에게 심리적, 정서적 지원을 제공하며, 자신이 겪은 고통을 통해 공감과 연민을 실천하는 것입니다.

　영화 《쉰들러 리스트(Schindler's List), 1993》는 제2차 세계대전 중 나치 독일의 홀로코스트를 배경으로, 공감과 연민이 어떻게 인간의 도덕적 행동을 이끌어낼 수 있는지를 강렬하게 보여주는 작품입니다. 오스카 쉰들러(리암 니슨 분)는 처음에는 이기적이고 기회주의적인 사업가로 등장합니다. 그는 전쟁이라는 비극적 상황을 이용해 자신의 부를 축적하려고 합니다. 그의 목표는 단순히 돈을 버는 것이었으며, 유대인 노동자들을 값싼 노동력으로 이용할 생각만 하고 있었습니다. 그러나 영화가 진행되면서 쉰들러는 유대인들이 겪는 끔찍한 고통을 점차 목격하게 됩니다. 나치가 유대인을 잔인하게 학살하고, 비인간적인 대우를 하는 모습을 목격한 쉰들러는 점차 그들의 고통에 깊이 공감하게 됩니다. 특히, 유대인 소녀의 죽음을 목격한 장면은 쉰들러에게 강한 충격을 주었고, 그의 내면에 잠재되어 있던 연민이 깨어나는 계기가 됩니다. 쉰들러는 자신의 공장을 이익을 위한 도구가 아닌, 유대인들을 구하기 위한 피난처로 변모시킵니다. 그는 자신의 재산을 써가며, 나치로부터 유대인 노동자들을 구해내기 위해 뇌물을 주고, 그들을 안전하게 보호하려고 노력합니다. 쉰들러는 점점 더 많은 유대인들을 구하기 위해 위험을 감수하게 되고, 그의 공장 명단에 오른 유대인들은 결국 '쉰들러 리스트'로 불리게 됩니다. 이 리스트에 이름을 올린 유대인들은 나치의 학살에서 살아남게 됩니다. 쉰들러의 행동은 그가 유대인들의 고통을 자신의 것처럼 느끼고, 그들을 돕기 위해 모든 것을 희생한 결과입니다. 이 영화는 고통에 대한 공감과 연민이 어떻게 한 개인의 도덕적 행동을 이끌어낼 수 있는지를 보여줍니다. 고통은 이타적 감정인 연민을 일으켜 세우기도 합니다.

회복탄력성 강화

고통을 경험하고 이를 수용하고 극복하는 과정은 회복탄력성을 강화시킵니다. 회복탄력성은 스트레스나 역경에 직면했을 때, 다시 일어서고 극복할 수 있는 능력을 의미합니다. 고통을 통해 우리는 어려움을 이겨내는 법을 배우고, 미래에 닥칠 도전과 시련에 더 잘 대처할 수 있는 힘을 얻습니다. 이는 개인의 정신적 강인함을 키우고, 삶에서 더 큰 문제들을 견딜 수 있는 내적 자원을 개발하는 데 기여합니다. 고통이 오히려 우리를 더 강하게 만듭니다.

지구상에 가장 거대한 생물은 자이언트 세쿼이어 나무라고 합니다. 이 나무는 불을 견딜 수 있었기 때문에 거대해 질 수 있었습니다. 키는 약 100미터, 아파트 20층 정도의 높이의 거대한 나무입니다. 대부분의 자이언트 세콰이어엔 불에 탄 흔적이 있
습니다. 이 나무는 다 성장할 때까지 80
여 차례의 산불을 겪지만 7일간 계속된
불을 견뎠다는 기록이 있을 정도로 불에
강합니다. 이 나무는 1m 두께까지 자라
는 껍질을 가지고 있습니다. 재미있는
건 이 껍질이 딱딱하지 않다는 점입니
다. 오히려 푹신푹신 합니다. 바로 수분
을 머금기 위해서입니다. 불을 이기는
것은 물이지 딱딱함이 아닙니다. 이렇게

자이언트 세콰이어 나무

불을 견디는 이유는 씨앗을 위해서이기도 합니다. 자이언트 세콰이어
솔방울 역시 200도 이상에서만 벌어집니다. 그래서 세콰이어 국립공원
에서는 1년에 한 번씩 소방관들이 숲에 불을 지르기도 한답니다. 세콰이
어 씨앗의 발아를 촉진시키기 위해서입니다. 견딜 수만 있다면 산불은
행운일 수 있습니다. 위기를 기회로 바꾼 나무는 이렇게 울창한 숲을 이
루고 있습니다.[36]

심리학에서 회복탄력성은 역경을 극복하는 과정에서 개발될 수 있
는 능력으로, 다양한 연구들이 이 점을 뒷받침하고 있습니다. 한 연구에
따르면, 사람들은 예상보다 훨씬 강한 회복탄력성을 가지고 있으며, 심
각한 스트레스나 외상 후에도 대부분이 회복할 수 있다고 합니다. 이는
고통이 오히려 개인의 회복탄력성을 강화하고, 더 큰 역경에 대비할 수
있게 한다는 것을 보여줍니다.[37] 회복탄력성을 지닌 사람은 일상적인 역
경에 굴해서 생산성과 웰빙을 훼손하지 않습니다. 성인기에 들어서면

어느 시점에서든 거의 모든 사람이 커다란 좌절을 경험하며 삶을 뒤흔드는 혼란스럽고 충격적인 사건을 겪기 마련입니다. 어떤 사람에게는 실직이나 이혼이고 또 어떤 사람에게는 부모나 자녀의 죽음이 될 수도 있습니다. 이런 사건은 회복력을 강타하는 엄청난 위기입니다. 그러나 우리는 각자의 회복력 수준에 따라 무기력하게 포기하거나 아니면 활력을 되찾아 앞으로 나아갈 방법을 찾아냅니다.38 삶의 고통이 회복탄력성을 강화시켜주고, 반대로 회복탄력성이 다가올 다음 삶의 위기를 잘 이겨내게 합니다.

스피노자는 고대 그리스로부터 중세를 거쳐 내려오던 코나투스라는 개념을 사용합니다. 코나투스는 모든 존재가 자신의 본질을 유지하고 자신의 존재를 계속하려는 내재적인 힘을 의미합니다. 쉽게 말해, 모든 생명체는 본능적으로 살아남으려는 의지와 힘을 가지고 있으며, 이는 인간에게도 적용된다는 것입니다. 스피노자에 따르면, 인간은 자연스럽게 자신의 삶을 향상시키고자 하는 본성을 가지고 있습니다.39 이는 우리가 역경과 고통에 직면했을 때, 그 상황을 극복하고 다시 일어서려는 회복탄력성의 근본적인 철학적 토대가 됩니다.

영화 《행복을 찾아서(The Pursuit of Happyness), 2006》는 회복탄력성의 강력한 사례를 보여주는 감동적인 이야기입니다. 의료기기 판매원으로 일하지만, 경제적 어려움으로 인해 집을 잃고, 경제적 어려움을 이기지 못한 아내는 떠나갑니다. 크리스(윌 스미스 분)는 결국 아들과 함께 노숙생활을 시작하게 됩니다. 그들은 노숙자쉼터에서 잠을 자며, 생존을 위한 극한의 상황 속에서 살아갑니다. 크리스는 그 와중에도 열심히 공부하여 증권회사에서 무급 인턴십을 시작하며, 이 기회가 자신과 아들

의 미래를 바꿀 유일한 길임을 알고 최선을 다합니다. 크리스의 회복탄
력성은 극한의 역경에도 불구하고 포기하지 않는 태도에서 드러납니다.
그는 경제적 파산과 노숙생활 속에서도 자신과 아들의 미래를 위해 끊
임없이 노력하며, 목표를 향해 나아갑니다. 결국 크리스는 증권회사에서
정식 직원으로 채용되며, 자신의 꿈을 이루게 됩니다. 크리스 가드너의
이야기는 어떤 역경에도 포기하지 않고 꿈을 이루기 위해 끝까지 노력
하는 인간의 강인한 정신을 상징합니다. 고통과 역경이 사람의 강인함
을 꺾지 못합니다.

삶의 의미와 목적 발견

고통은 종종 우리가 삶의 의미와 목적을 찾는 데 중요한 계기가 됩
니다. 고통을 경험하면서 우리는 무엇이 진정으로 중요한지, 삶에서 어
떤 가치를 추구해야 하는지를 깊이 생각하게 됩니다. 이는 단순한 일상
적 삶의 틀에서 벗어나, 더 깊고 의미 있는 목표를 설정하게 하고, 그
목표를 달성하기 위해 노력하게 만듭니다. 고통은 삶의 본질에 대해 다
시 한번 생각하게 하며, 우리가 살아가는 이유를 재정립하는 데 도움을
줍니다.

랍비 해럴드 쿠슈너는 슬픔에 관한 고전이자 자신의 저서 《왜 착한
사람에게 나쁜 일이 일어날까》에서 역경에서 의미를 찾는 일이 얼마나
어려운지 이야기합니다. 그는 어린 아들 아론을 잃은 뒤 성장한 경험을
이렇게 설명합니다.

"내가 더 예민한 사람, 더 유능한 성직자, 더 공감할 줄 아는 상담가가 된 까닭은 무엇보다 아론의 삶과 죽음 때문이다. 아들을 되찾을 수만 있다면 내가 가진 모든 것을 바로 포기할 수 있다. 나에게 선택권이 있다면 이 경험 때문에 얻은 영적 성장과 깊이를 모두 포기하고 15년 전 평범한 랍비로, 무신경한 상담가로 돌아가 도울 수 있는 사람들만 돕는 사람으로 밝고 행복한 아버지로 돌아갈 것이다. 하지만 나에게는 선택권이 없다."⁴⁰

철학자 니체는 '운명애(Amor Fati)'를 말했습니다. 고통을 포함한 모든 삶의 경험을 긍정적으로 받아들이는 개념이라 할 수 있습니다. 이 개념은 우리가 경험하는 모든 것, 특히 고통을 포함한 역경을 운명으로 받아들이고, 그것을 사랑해야 한다는 것을 의미합니다. 니체는 우리가 고통을 피하려 하거나 부정하는 대신, 그것을 수용하고 사랑할 때, 삶의 진정한 의미를 발견할 수 있다고 주장했습니다. 니체의 철학은 고통을 부정적인 것으로만 보지 않고, 오히려 삶의 의미를 발견하고 자신을 초월하는 데 필수적인 요소로 보았습니다. 그는 고통을 통해 인간이 더 강해지고, 삶의 진정한 목적을 찾을 수 있다고 믿었습니다. 니체의 사상은 고통을 삶의 중요한 부분으로 수용하고, 그 고통을 통해 더 높은 목적을 추구하는 인간의 가능성을 강조하는 철학적 기반을 제공합니다.

엄청난 고통 속에서 삶의 의미를 찾고 도약한 예는 이지선 교수 이야기를 빼놓을 수 없습니다. 이지선 교수는 2000년 7월, 서울에서 끔찍한 교통사고를 당했습니다. 음주운전 차량과 충돌한 그녀는 그 사고로 인해 차량에 불이 붙었고, 그녀는 전신의 55%에 3도 화상을 입는 큰 부상을 당했습니다. 이 사고는 그녀의 인생을 완전히 바꿔놓았고, 그녀는 이후 30차례 넘는 수술과 지독한 재활과정을 겪어야 했습니다. 그리고는 코와 이마와 볼에서 새살이 돋아나는 기적을 경험하기도 합니다. 사고 이후 이지선 교수는 극심한 신체적 고통뿐만 아니라, 외모의 변화로 인한 심리적 충격과 사회적 편견에도 시달렸습니다. 그는 한때 자신을 잃어버리고, 삶의 의미와 목적을 찾지 못해 깊은 절망에 빠졌습니다. 그러나 그는 이 시련 속에서 포기하지 않고, 자신의 삶을 되찾기 위해 끊임없이 노력했습니다. 이지선 교수는 자신이 겪은 고통을 통해 새로운 삶의 의미를 찾게 되었습니다. 그녀는 고통을 단순히 피해야 할 것이 아니라, 자신을 더 강하게 만들고 다른 사람들에게 희망을 줄 수 있는 도구로 사용하기로 결심했습니다. 이 결심을 바탕으로, 학업을 다시 시작하여 2001년 이화여대를 졸업한 이 교수는 미국으로 떠나 보스턴대 재활상담학 석사, 컬럼비아대 사회복지학 석사 학위를 취득했습니다. 2016년에는 UCLA에서 사회복지학 박사 학위를 받았고 이듬해 한동대 상담심리 사회복지학부 교수를 거쳐 2023년 모교인 이화여자대학교 사회복지학과 교수로 강단에 서게 되었습니다. 이지선 교수는 자신의 경험을 바탕으로 강연과 저술 활동을 통해 많은 사람들에게 희망과 용기를 주고 있습니다. 그녀는 자신이 겪은 고통과 시련이 오히려 자신의 삶에 새로운 목적과 의미를 부여했다고 말합니다. 이제 이교수는 대학에서 학생들에게 삶의 의미와 목적을 찾는 과정을 가르치고 있습니다. 삶의 고통 속에서 삶의 의미와 목적을 발견하는 과정을 잘 보여줍니다. 그녀는 전신 화상의 시련을 극복하고, 자신만의 삶의 의미를 찾음으로써 다른 이들에게 큰 영감을 주고 있습니다.

고통은 우리 삶에 예상치 못한 순간에 찾아와 마음을 뒤흔들지만, 그 속에는 우리가 성장하고 진정한 자신을 발견할 수 있는 귀중한 기회가 숨어 있습니다. 고통은 단순한 시련이 아니라, 우리가 더 깊이 있는 의미를 찾아가게 하는 안내자입니다. 우리가 고통을 피하지 않고 정면으로 마주할 때, 그 고통은 우리를 더 강하게 만들고, 새로운 길을 열어줍니다. 고통의 이면에는 우리를 더 나은 사람으로 이끌어 줄 강력한 힘이 존재합니다. 그 힘을 통해 우리는 비로소 삶의 진정한 의미와 목적을 발견할 수 있습니다. 고통 속에서 우리는 살아있음을 느끼고, 그 속에서 피어난 용기와 희망이 우리를 앞으로 나아가게 합니다. 고통의 의미를 잘 아는 우리는 이제 휘어질지언정 부러지지 않을 것입니다.

8

🚪

실패의 미덕

성공은 최종적인 것이 아니며, 실패는 치명적인 것이 아니다. 중요한 것은 계속해나갈 용기이다.

— 윈스턴 처칠

우리는 누구나 살면서 실패를 경험합니다. 실패는 목표로 한 일을 이루지 못하거나 기대했던 결과를 얻지 못하는 상황을 의미합니다. 심리학적으로 실패는 개인이 설정한 목표나 기대치를 달성하지 못했을 때 경험하는 부정적인 정서상태를 의미합니다. 실패는 우리 삶의 어두운 골짜기로, 그것은 때때로 우리를 무너뜨리고 좌절하게 만듭니다. 실패를 겪을 때마다 우리는 마음 속 깊은 곳에서 희망이 꺼져가는 것을 느끼며, 자신이 무능하다고 느끼는 순간들을 마주하기도 합니다. 그러나 실패는 단순히 우리를 좌절시키기 위해 존재하는 것이 아닙니다. 그것은 우리가 더 깊이 이해하고, 더 높은 곳으로 올라갈 수 있도록 돕는 강력한 사다리가 될 수 있습니다. 이 장에서는 실패의 네 가지 주요 미덕을 통해,

실패가 어떻게 우리의 삶에 긍정적인 변화를 가져올 수 있는지 살펴보겠습니다.

성장과 학습의 기회

실패는 우리의 삶에서 피할 수 없는 경험이지만, 동시에 가장 중요한 학습의 기회이기도 합니다. 실패는 종종 우리가 목표에 도달하는 데 실패했다는 사실로 인해 비관적으로 느껴지지만, 실상 실패는 우리가 이전에 몰랐던 중요한 교훈을 배울 수 있는 기회를 제공합니다. 실패를 통해 우리는 무엇이 잘못되었는지를 분석하고, 이를 개선할 방법을 찾게 됩니다. 이는 마치 장인의 도구처럼, 우리의 삶을 더욱 정교하게 다듬을 수 있는 기회를 주는 것입니다.

심리학자 캐롤 드웩은 '성장 마인드셋'이라는 개념을 제시하며, 실패를 학습의 기회로 보는 것이 얼마나 중요한지 강조했습니다. 드웩 교수의 연구에 따르면, 실패를 학습과 성장의 발판으로 삼는 사람들은 고착 마인드셋에 갇히지 않고, 오히려 실패를 통해 더 나은 결정을 내릴 수 있는 능력을 발전시킨다고 합니다. 이 과정에서 우리는 우리의 한계를 뛰어넘고, 그동안 상상하지 못했던 가능성을 발견하게 됩니다.[41]

역사적 인물들 중에도 실패를 성장과 학습의 기회로 바꾼 사람들이 많습니다. 전구를 발명한 토마스 에디슨의 이야기는 유명합니다. 그는 전구를 만들기 위해 천 번 이상의 실패를 경험했다고 알려졌습니다. 그러나 에디슨은 자신이 실패하지 않았다고 주장했습니다. 그는 단지 전구를 만드는 데 실패하는 천 가지 방법을 발견했을 뿐이라고 했습니다.

이러한 실패는 그에게 더 나은 방법을 찾을 수 있는 기회를 제공했고, 결국 그는 인류 역사에 길이 남을 발명품을 세상에 내놓았습니다. 찰스 다윈은 의학과 신학 공부를 연달아 포기했습니다. 학업에 실패한 것입니다. 그 후 비글호에 올라타 긴 항해를 하던 중에 탐사연구가로서의 자기 사명을 발견합니다. 학업에 실패하지 않았다면 그는 향후 자신의 삶을 바꿀 탐사를 떠나지 못했을 것이고, 오늘날 인류의 진화에 대한 우리의 이해도 확장하지 못했을 것입니다.

프랑스의 한 철학 교사이자 교수는 실패가 가지는 성장과 학습의 의미를 다음과 같이 말합니다.

> 동물은 실패할 수 없다. 본능에 따라 행동하기 때문이다. 본능에 충실하면 실패할 일이 없다. 가령 새는 둥지를 지을 때마다 완벽하게 만든다. 본능적으로 자신이 무엇을 해야 하는지 알기 때문이다. 그러니 실패를 통해 배울 필요도 없다. 반면 우리는 실수하고 실패하면서 진짜 인간이 무엇인지 깨닫는다. 우리는 본성에 따르는 동물도 아니고 프로그래밍 된 완벽한 기계도 아니며 신도 아니다. 우리는 인간이기에, 그리고 자유롭기에 실패할 수 있다. 우리는 실수할 수 있고 스스로 교정할 수 있으며 진보할 수 있는 자유로운 존재다.[42]

이처럼 실패는 쓰디슨 패배감의 순간에도 새롭고 더 큰 배움과 성장의 길로 우리를 안내합니다.

회복탄력성 강화

실패는 회복탄력성, 즉 어려움을 극복하고 다시 일어설 수 있는 능력을 강화합니다. 회복탄력성은 단순히 타고나는 것이 아니라, 지속적인 학습과 경험을 통해 길러지는 능력입니다. 실패는 회복탄력성을 강화하는 중요한 촉매제 역할을 합니다. 우리가 실패를 경험할 때마다 그 상황에서 어떻게 벗어날 수 있는지 배우게 되고, 이 과정에서 우리는 더 강해집니다. 실패는 회복탄력성을 시험하는 기회를 제공하며, 이러한 반복된 시험을 통해 우리는 더 강해지고 미래의 도전에 더 잘 대비할 수 있게 됩니다. 실패는 심리적 회복탄력성을 기르는 데 필수적인 역할을 합니다. 만약 실패의 경험이 없다면, 우리는 어떻게 어려운 상황에서 자신을 회복할 수 있는지를 배우지 못할 것입니다. 반복적인 실패는 더 강한 회복력을 가지도록 우리를 단련시키며, 이는 삶에서 직면하는 다른 도전에도 적용됩니다. 물론 실패만 한다고 되는 것은 아닙니다. '작은 실패'를 할 때마다 그것을 극복하기 위해 노력하는 자세가 바탕이 되었을 때 그 실패가 의미 있는 것이기 때문입니다. 타인에게 책망을 듣거나 비난받은 적이 있고 이를 극복한 경험이 있는 사람은 감정을 회복하는 방법이나 대처법을 잘 알게 됩니다.43

미국 역사상 가장 위대한 대통령 중의 한 명으로 꼽히는 링컨 대통령의 이야기를 빼놓을 수 없습니다. 에이브러햄 링컨은 미국의 16대 대통령으로서 노예제폐지를 비롯해 뚜렷한 발자취를 남긴 인물입니다. 하지만 그의 정치적 생애는 낙선과 실패, 패배로 점철된 지난한 역정이었습니다. 1832년 주 의회 선거에서 처음 낙선한 후, 연방 하원의원 선거

(1843년), 연방 상원의원 선거(1855년, 1858년)에서도 패배를 맛보았습니다. 부통령 후보 지명(1856년)에서도 실패했지만, 그는 좌절 대신 배움을 선택했습니다. 실패 속에서도 회복탄력성을 키운 그는 마침내 1860년, 공화당의 첫 대통령으로 당선되어 분열된 미국을 통합하고, 노예제를 폐지하는 위대한 여정을 시작했습니다. 링컨의 삶은 반복되는 실패가 오히려 성공을 위한 디딤돌이 될 수 있음을 강력하게 증명합니다.

인류 역사상 가장 위대한 과학자 중 한 사람인 알베르트 아인슈타인은 현대 물리학의 아버지라 칭송받습니다. 일반상대성이론으로 천재 과학자로 불립니다. 하지만 아인슈타인의 젊은 시절 과학자로서의 여정은 실패와 실수로 가득했습니다. 고등학교를 자퇴했고 스위스 폴리테크닉대에 지원했지만 프랑스어와 화학 점수 때문에 고배를 마셨습니다. 과학과 수학 과목에서 높은 점수를 받았지만, 그 외의 과목에서는 점수가 저조하여 입학에 실패했습니다. 이후 그는 준비 학교에 들어가 다시 공부한 후에야 대학에 입학할 수 있었습니다. 아인슈타인이 대학을 졸업한 후, 그는 학계에서 자리를 찾는 데 어려움을 겪었습니다. 대학을 졸업한 그는 대학에서 학문적 직책을 구하려 했지만, 그의 독특한 사고방식과 비전통적인 접근방식은 당시 학계의 주류와 맞지 않아 여러 차례 거절당했습니다. 그는 결국 친구 아버지의 추천으로 특허사무실에서 어렵게 일자리를 구했습니다. 이곳에서 일하면서도 틈틈이 자신의 연구를 계속했습니다. 그는 자신의 독창적인 사고를 믿고 계속해서 연구에 몰두했습니다. 그의 이론이 처음에는 무시되고 비판받았으나, 아인슈타인은 회복탄력성을 발휘하여 자신의 연구를 끊임없이 발전시켰습니다. 결국, 그의 일반상대성이론은 전 세계적으로 인정받게 되었고, 아인슈타인은 노벨 물리학상을 수상하며 현대 물리학의 기초를 세운 위대한 과학자로 남았습니다. 그의 이야기는 실패가 성공으로 가는 길에서 피할 수 없는 징검다리임을 말해줍니다. 그리고 실패를 어떻게 받아들이느냐가 결국 우리의 삶을 결정짓는다는 중요한 의미를 일깨워줍니다. 아인슈타인의 회복탄력성은 그를 단순한 과학자가 아닌, 인간 정신의 위대함을 상징하는 인물로 만들었습니다.

창의성 촉진

실패는 창의성을 촉진하는 중요한 요소입니다. 성공만을 추구하는 과정에서는 종종 기존의 방식에 얽매이기 쉽지만, 실패는 우리가 새로운 방법을 시도하도록 압박합니다. 실패는 우리가 문제를 다르게 바라보게 하고, 창의적 해결책을 찾기 위해 더 많은 노력을 기울이게 만듭니다.

실패가 오히려 창의성을 폭발시킨 사례로 포스트잇의 사례를 꼽을 수 있습니다. 포스트잇은 원래 의도와는 다른 결과물이 어떻게 혁신적인 제품으로 탄생할 수 있는지를 잘 나타냅니다. 1970년대 초, 3M(쓰리엠)의 연구 과학자였던 스펜서 실버는 강력한 접착제를 개발하는 프로젝트에 참여하고 있었습니다. 실버는 매우 강력한 접착제를 만들기 위해 노력했지만, 그의 실험 결과는 번번이 실패로 돌아갔습니다. 그의 연구 개발팀은 우연히 사원의 실수로 접착제의 원료를 잘못 섞어버렸습니다. 그래서 원래 만들려고 한 강력접착제가 아닌, 쉽게 붙였다 뗄 수 있는 약한 접착제를 만들어냈습니다. 이 접착제는 강도가 약해 표면에 강하게 고정되지 않았고, 그 결과는 당시의 기준으로 보면 실패로 간주되었

습니다. 실버는 이 접착제의 사용 가능성을 찾기 위해 여러 방법을 시도
했지만, 뚜렷한 용도를 발견하지 못했습니다. 그러던 중, 그의 동료였던
아트 프라이가 실버의 접착제를 활용한 아이디어를 떠올리게 됩니다.
프라이는 교회 성가대에서 노래를 부를 때, 찬송가 책에 메모를 하기 위
해 종이를 끼워놓곤 했는데, 종이가 자꾸 빠져서 불편을 겪고 있었습니
다. 그러던 어느 날, 실버의 접착제를 사용하면 메모를 쉽게 붙였다 뗄
수 있고, 종이가 빠지지 않으면서도 책에 흔적을 남기지 않을 것이라는
아이디어가 떠올랐습니다. 이 아이디어는 곧바로 시험에 들어갔고, 메모
지에 약한 접착제를 적용한 시제품이 만들어졌습니다. 프라이와 실버는
이 새로운 제품을 상사에게 제안했지만, 초기에는 큰 관심을 받지 못했
습니다. 3M의 마케팅팀도 이 제품의 상용화에 회의적이었습니다. 그러
나 두 사람은 포기하지 않고, 제품을 더 다듬고 사용 사례를 확장하며
이를 꾸준히 홍보했습니다. 결국 3M은 이 제품의 잠재력을 인식하게 되
었고, 1977년에 한정된 지역에서 처음으로 출시되었습니다. 출시 초기
에는 큰 반응이 없었으나, 1980년대 들어 제품이 전국적으로 판매되면
서 큰 인기를 끌게 되었습니다. 포스트잇은 곧바로 전 세계적으로 확산
되었고, 이제는 사무실과 가정에서 필수적인 도구가 되었습니다. 포스트
잇의 탄생은 실패가 창의성을 자극하는 과정에서 얼마나 중요한 역할을
할 수 있는지를 극적으로 보여줍니다. 원래 목표였던 강력한 접착제 개
발이 실패로 끝났지만, 그 실패는 전혀 새로운 제품을 창출하는 기회로
전환되었습니다. 스펜서 실버와 아트 프라이의 창의적인 사고와 실패에
대한 열린 태도는 결국 세계적으로 사랑받는 혁신적인 제품을 만들어냈
습니다. 포스트잇의 사례는 실패가 창의적 혁신의 강력한 촉매제임을

다시 한 번 확인시켜주는 이야기입니다.

평생 몰입과 창의성을 연구해 온 심리학자 미하이 칙센트미하이는 그의 저서 《창의성의 즐거움》에서 작가 매들린 렝글의 말을 이렇게 인용합니다.

> 인간은 실패가 허락된 유일한 창조물입니다. 만일 개미가 실패를 하면 그건 죽음이죠. 하지만 우리는 실수와 실패를 통해서 배우도록 허락되었습니다. 인간은 넘어지면 자신을 일으켜 세우고 처음부터 다시 시작하면서 배울 수 있죠. 만일 마음 놓고 실패를 할 수 없다면 나는 또 다른 책을 시작하지 못할 것이고 새로운 일을 하지 못할 겁니다.[44]

자기인식과 자기성찰

실패는 자기인식과 자아성찰을 위한 중요한 계기를 줍니다. 우리는 실패를 통해 자신의 한계와 약점을 발견하게 되며, 이를 통해 자신을 더 깊이 이해할 수 있습니다. 자기인식은 성공의 중요한 요소이며, 실패는 이를 성취하기 위한 필수적인 경험입니다.

심리학자 다니엘 골먼은 자기인식이 감성지능의 중요한 요소라고 주장했습니다.[45] 실패를 경험할 때 우리는 자신의 감정을 더 깊이 이해할 수 있습니다. 자신의 감정, 생각, 행동을 이해하고, 이를 바탕으로 자신이 왜 실패했는지를 객관적으로 분석할 수 있는 능력입니다. 실패를 경험할 때, 자기인식이 높은 사람은 자신의 행동과 결정이 실패에 어떻게 영향을 미쳤는지 더 잘 이해할 수 있습니다. 이를 통해 실패를 단순한 좌절로 여기기보다는 자신을 더 깊이 이해하고 개선할 수 있는 기회로 삼습니다. 예를 들어, 목표로 한 일에 실패했을 때, 자기인식이 높은 사람은 자신의 약점이나 잘못된 판단을 인식하고, 이를 개선하기 위해 어떤 조치를 취해야 할지 명확히 알 수 있습니다. 이는 반복된 실패를 줄이고, 더 나은 성과를 이루는 데 중요한 역할을 합니다. 이런 맥락은 메타인지와도 연결됩니다. 메타인지는 자신의 사고과정을 인식하고 조절하는 능력으로, '생각에 대한 생각'을 의미합니다. 메타인지는 학습과정에서 자신의 이해도를 점검하고, 학습전략을 조정하는 데 중요한 역할을 합니다. 실패는 메타인지의 발달에 중요한 기여를 할 수 있습니다. 실패를 경험함으로써 우리는 자신의 사고과정이나 접근방식에 어떤 문제가 있었는지를 깨닫고, 이를 개선할 수 있는 방법을 찾게 됩니다.

전 스타벅스 CEO 하워드 슐츠는 스타벅스에서 일하면서 커피숍이 단순한 음료 판매점이 아닌, 사람들에게 특별한 경험을 제공하는 장소가 될 수 있다는 비전을 갖게 되었습니다. 이탈리아 여행 중, 현지 커피 문화에 깊은 감명을 받은 그는 '커피와 사람과의 개인적 관계'의 중요성을 깨달은 것입니다. 스타벅스 직원으로서 사표를 내고 그만의 커피브랜드 '일 지오르날'을 설립합니다. 슐츠는 이 브랜드를 창업하기에 앞서 242명의 투자자에게 상의했는데 217명이 반대하고 투자를 거부했을 정도입니다. 하지만 그는 스타벅스를 커피 이상의 브랜드로 만들고자 하는 열정을 인식했습니다. 자기인식이 강했던 슐츠는 자신의 비전을 실현하기 위해 1987년에 스타벅스를 인수하였고, 이를 세계적인 커피브랜드로 성장시켰습니다. 하지만, 빠른 확장 과정에서 스타벅스가 본래의 따뜻하고 친근한 분위기를 잃을 위험이 있다는 것을 자아성찰을 통해 깨달았습니다. 이 성찰을 바탕으로 그는 스타벅스의 가치를 유지하면서도 성장할 수 있는 전략을 마련했고, 이를 통해 스타벅스는 글로벌 브랜드로 자리 잡게 되었습니다. 슐츠의 이야기에서 자기인식과 자아성찰이 성공적인 리더십의 핵심 요소임을 확인할 수 있습니다. 실패가 앞을 가로막아도 자기인식과 성찰로 이어지면 실패는 아름다운 이야기로 기억됩니다.

실패는 우리의 삶에서 피할 수 없는 경험입니다. 그러나 실패는 단순한 좌절이 아니라, 우리가 성장하고 발전할 수 있는 기회를 제공합니다. 실패는 우리가 더 나은 결정을 내릴 수 있도록 도와주고, 회복탄력성을 강화하며, 창의성을 촉진하고, 자기인식과 자기성찰을 가능하게 이끕니다. 실패의 미덕을 인정하고, 그것을 통해 배우고 성장할 수 있는 능력을 기르는 것이야말로 진정한 성공의 열쇠입니다.

이제 우리는 삶에서 실패를 조금 덜 두려워할 수 있습니다. 실패를 통해 우리는 더 나은 사람이 될 수 있으며, 더 깊이 있는 성찰과 성장을 이룰 수 있습니다. 실패는 우리를 더 강하게 만들고, 우리의 인생을 더욱 풍요롭게 만들어 줍니다. 중요한 것은 실패를 어떻게 받아들이고, 그것을 통해 무엇을 배울 수 있는지를 깨닫는 것입니다. 이러한 깨달음 속에서 우리는 비로소 진정한 성취와 만족을 얻게 될 것입니다. 실패의 미덕을 인정하고, 그것을 삶의 일부로 받아들일 때, 우리는 더 큰 도전과 더 큰 성공을 향해 나아갈 수 있습니다. 실패를 긍정적으로 바라보는 시각이야말로 인생의 복잡한 여정에서 우리가 가진 가장 강력한 도구 중 하나일 것입니다.

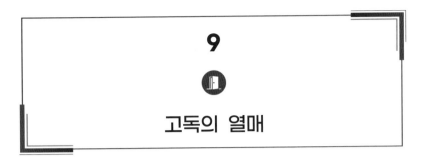

9

고독의 열매

고독은 자신과 만나는 길이다.

- 파울로 코엘료

　　고독(solitude)과 외로움(loneliness)은 일반적으로 부정적인 상태나 경험입니다. 하지만 그 안에 긍정적인 힘이 숨어있을지 모릅니다. 고독의 사전적 정의는 세상에 홀로 떨어져 있는 듯이 외롭고 쓸쓸한 상태입니다(표준국어대사전). 외로움은 홀로 되어 쓸쓸한 마음이나 느낌이라고 정의합니다(표준국어대사전). 고독과 외로움 모두 홀로 있음으로 인해 느끼는 쓸쓸함과 공허한 정서라는 점에서 공통된 특성이 있습니다. 심리학에서 고독은 자신과의 시간을 보내며 내면을 성찰하고 자기 자신과 연결되는 시간을 의미합니다. 고독은 자발적으로 선택된 상태일 수 있으며, 창의성, 명상, 자기 발견 등에 긍정적인 영향을 미칠 수 있는 상태로 이해됩니다. 심리적으로 고독은 종종 자신을 깊이 이해하고 성장하는 중요한 과정으로 여겨집니다. 외로움은 주관적으로 느끼는 감정으로, 다른 사람들과의 정서적 유대가 부족하거나 자신이 고립되어 있다고 느낄 때 경험합니다. 외로움은 주로 부정적인 감정으로, 자신이 원하지 않는 고립 상태에 놓여 있다고 느낄 때 나타납니다. 외로움은 사회적 연결의 부족에서 기인하며, 스트레스, 불안, 우울감을 동반할 수 있습니다. 고독과 외로움에 대한 우리나라의 사전적 정의로는 오히려 고독이 외로움보다 부정적이고 황량함이 더 큰 느낌입니다. 그래서 여기서는 고독과 외로움을 예민하게 구분하지 않고 둘 다 어느 정도 부정적인 상태를 의미한다고 가정하겠습니다. 어쩌면 그것이 좀 더 현실적일 수 있기 때문입니다.

인간은 자유롭고 독립적인 존재이기를 원함과 동시에 타인과 관계를 형성하고 연대를 나누며 공동체 삶을 살아가고자 하는 사회적 동물입니다.[46] 이렇듯 자유를 갈망하는 욕구를 가졌으면서도 사회적으로 혼자인 상태를 힘들어합니다. 자유에는 꽤 고통스러운 고독과 외로움이라는 책임이 따르는 것일지도 모릅니다. 현대에 이르러 외로움을 질병으로 보는 견해도 있습니다. 미국의 의무총감인 비벡 머시 박사는 외로움이 하루에 담배 15개비를 피는 것만큼 치명적이며, 매일 술을 6잔씩 마시는 것보다 위험하다고 주장하였습니다.[47] 외로움 문제를 해결하기 위해 정부차원의 노력도 커지고 있습니다. 영국은 2018년에 최초로 정부 산하에 외로움부를 신설하여 다양한 정책을 펴고 있습니다. 그 밖에도 일본, 캐나다, 스웨덴, 오스트레일리아를 비롯한 여러 나라에서 외로움부와 유사한 부서를 신설하거나 외로움 문제를 정부가 해결해 달라고 꾸준히 요구하고 있는 상황입니다.

그럼에도 우리는 고독과 외로움의 이면에 긍정적 측면이 있다고 믿습니다. 인간은 본질적으로 사회적 존재이지만, 역설적으로 가장 깊은 성장과 깨달음은 종종 고독과 외로움의 순간에 찾아옵니다. 고독은 단순히 혼자 있는 상태를 넘어, 자기 자신과 세계를 새롭게 인식하는 강력한 도구가 될 수 있습니다. 특히, 현대 사회에서는 사회적 상호작용과 정보의 홍수 속에서 자신만의 시간을 가지는 것이 점점 더 중요해지고 있습니다. 이 장에서는 고독, 혹은 외로움이 어떻게 우리의 삶에 긍정적인 변화를 이끌어낼 수 있는지를 네 가지 측면에서 살펴보고자 합니다.

자기성찰과 내적 성장

고독은 우리를 자신의 내면세계로 안내합니다. 고독은 우리가 일상에서 끊임없이 마주하는 외부 자극으로부터 벗어나 내면을 돌아볼 수 있는 시간을 제공합니다. 이 고요한 시간 속에서 우리는 자신과 마주하며, 자신의 감정과 생각을 깊이 들여다보게 됩니다. 그것이 바로 고독의 순간입니다.

심리학자 카를 융은 고독이 개인의 자기성찰과 내적 성장을 촉진하는 중요한 요소라고 보았습니다. 융의 심리학적 통찰에 따르면, 고독은 우리가 일상적으로 피하고 싶은 감정이나 생각, 무의식 속에 숨겨진 억압된 내용을 마주하게 하는 시간을 제공합니다. 이 과정에서 우리는 자신의 진정한 본질을 탐구하고, 억압된 감정이나 상처를 의식으로 끌어올려 치유할 수 있습니다. 융은 이러한 고독의 시간이 개성화 과정에서 특히 중요하다고 강조합니다. 개성화는 개인이 사회적 규범이나 타인의 기대에서 벗어나, 자신만의 고유한 정체성을 확립하고 진정한 자아를 발견해가는 과정입니다. 이 과정에서 고독은 필수적인 역할을 합니다. 외부의 소음과 방해에서 벗어난 고독한 상태에서 우리는 내면의 깊은 곳을 탐구할 수 있으며, 이를 통해 심리적 성숙과 자아의 통합을 이룰 수 있습니다.

철학적으로도 고독의 가치는 오래전부터 강조되어 왔습니다. 고대 그리스 철학자 아리스토텔레스는 인간을 사회적 동물로 정의했지만, 동시에 고독한 사색의 중요성을 역설했습니다. 그는 세 가지 생활형태인 향락적 생활, 정치적 생활, 관조적 생활 중에서 '관조적인 생활'이 가장 높은 형태의 삶이라고 주장했습니다. 고독 속에서 자신을 깊이 탐구하고 진리를 발견할 수 있다고 본 것입니다. 아리스토텔레스는 덕을 따르는 활동이 행복이며, 그 활동이 관조적이라고 했습니다. 즉, 쓴 맛에서조차도 즐거움을 느끼는 활동이라 하였습니다.[48]

실생활에서도 고독을 통해 내적 성장을 이룬 사례는 많습니다. 줄리아 캐머런은 자신의 베스트 셀러 《아티스트 웨이》에서 창조적 고독의 시간을 강조합니다.[49] 자신이 외부의 방해 없이 내면의 목소리에 귀 기울이며 창조적 에너지를 회복하는 시간을 의미합니다. 캐머런은 모닝페이지를 쓰라고 권유합니다. 매일 아침 일어나자마자 머릿속에 떠오르는 무엇이든 세 페이지를 써보라고 권유합니다. 모닝페이지는 그야말로 의식의 흐름에 따라 자유롭게 글을 쓰는 방법입니다. 매일 아침 고독한 상태에서 자신과 마주하는 시간을 갖는 것입니다. 외부의 방해나 목적 없이 오직 자신의 의식의 흐름에 맡겨 글을 쓰는 것은 내면의 목소리와 대화하는 좋은 방법입니다. 이런 고독은 단순히 혼자 있는 시간이 아니라 자기성찰과 내면의 성장을 기할 수 있는 깊은 성찰의 순간입니다.

창의성과 독창성 촉진

고독한 시간은 외부의 간섭이나 사회적 압력에서 벗어나 홀로 사고하고 새로운 아이디어를 탐구할 수 있는 기회입니다. 이 자유로운 사고 과정은 창의성을 발현시키고 독창적인 문제해결능력을 촉진합니다. 창의성은 종종 고독에서 발현됩니다. 우리는 혼자 있는 상태에서 자신의 생각과 상상력을 온전히 발휘할 수 있으며, 이는 독창적인 아이디어와 창의적인 해결책을 이끌어냅니다.

심리학자 미하이 칙센트미하이는 그의 몰입이론에서 창의성이 고독한 상태에서 최고조에 달할 수 있다고 주장합니다.[50] 몰입이란, 사람이 어떤 활동에 깊이 빠져들어 시간감각을 잃고, 그 과정에서 최상의 성과를 내는 심리적 상태를 말합니다. 이 몰입상태는 주로 고독한 환경에서 잘 발현됩니다. 창의성을 촉진하기 위해 필요한 고요함과 집중은 외부의 방해가 없는 고독한 상황에서 이루어지기 쉽습니다. 칙센트미하이는 사람들은 자신의 능력과 도전과제가 적절히 균형을 이룰 때 몰입상태에 이르게 되고, 창의적 사고가 극대화된다고 설명합니다. 고독한 상태에서 몰입이 잘 이루어지는 이유는, 혼자 있는 시간에 외부의 간섭 없이 자신이 몰두하는 작업에 온전히 집중할 수 있기 때문입니다. 실제로, 창의적인 인물들은 종종 혼자만의 시간을 통해 깊이 있는 작품을 만들어 내며, 이 과정에서 사회적 영향에서 벗어난 독창적인 아이디어를 발휘합니다.

아르투어 쇼펜하우어는 고독이 인간의 창의성을 발휘하는 데 필수적인 조건이라고 보았습니다. 그는 고독은 위대한 정신이 스스로와 함께 시간을 보내는 수단이라고 생각했습니다. 고독이야말로 인간이 진정으로 자신의 생각을 탐구하고 독창적인 아이디어를 발전시킬 수 있는 환경이라고 강조했습니다. 쇼펜하우어는 고독을 통해 외부세계의 영향에서 벗어나 내면의 깊은 곳을 탐구할 수 있으며, 이는 창의적인 사고를 가능하게 하는 중요한 요소라고 설명합니다. 그의 철학에 따르면, 사람들은 사회적 기대나 관습에 얽매이지 않고, 자신만의 독창적인 생각을 발전시킬 수 있을 때 진정한 창조적 성과를 이룰 수 있습니다. 고독은 이러한 사고를 자유롭게 하고, 새로운 아이디어를 탐색하며, 기존의 틀을 깨는 창의적 발상을 가능하게 합니다. 쇼펜하우어는 창의적인 사람들은 고독 속에서 자신의 생각을 깊이 있게 탐구할 수 있다고 생각했습니다. 이러한 고독한 시간이야말로 인간의 창의성을 극대화하는 중요한 기회라고 주장했습니다.

많은 예술가들이 고독 속에서 창작활동을 해왔습니다. 루트비히 판 베토벤(1770~1827)은 음악 역사상 가장 위대한 작곡가 중 한 명으로 손꼽힙니다. 그의 창작활동은 깊은 고독의 산물이기도 합니다. 베토벤의 삶에서 고독은 단순한 외로움의 상태가 아니라, 그의 음악적 천재성을 발휘하는 중요한 원천이었습니다. 베토벤은 젊은 시절부터 청각 문제로 고통받았으며, 결국 완전히 청각을 잃게 되었습니다. 청각 상실은 그를 사회적으로 고립시키고, 깊은 고독 속으로 밀어 넣었습니다. 그러나 이 고독한 시간이 오히려 그의 창작활동에 긍정적인 영향을 미쳤습니다. 외부세계의 소음이 사라진 절대고독 속에서, 베토벤은 자신의 내면에 더욱 집중할 수 있었고, 더욱 깊이 있는 음악을 창작하는 데 기여하는 환경이 되었습니다. 베토벤은 고독 속에서 자신의 음악적 아이디어를 발전시키고, 그것을 세심하게 다듬었습니다. 특히 그의 후기 작품들은 이러한 고독한 시기의 산물로, 인간의 감정과 철학적 깊이를 담고 있는 걸작들로 평가받고 있습니다. 예를 들어, 그의 9번 교향곡(합창)은 청각을 잃은 상태에서 작곡되었지만, 그 안에는 인간의 고통과 기쁨, 그리고 고독 속에서 찾아낸 희망이 담겨 있습니다. 베토벤은 고독을 두려워하기보다는 이를 창의성의 원천으로 활용했습니다. 그는 고독이야말로 자신의 음악적 영감을 촉발시키는 중요한 요소라고 여겼습니다. 그의 경험은 고독이 단순히 부정적인 것이 아니라, 오히려 창의적 작업을 심화시키고, 진정한 예술적 성취를 이루는 데 필수적인 역할을 할 수 있음을 보여줍니다.

정서적 회복과 정신적 휴식

고독은 사회적 상호작용에서 오는 스트레스와 피로를 해소하는 데 중요한 역할을 합니다. 혼자 있는 시간은 내면의 평화를 찾고 정서적 에너지를 회복하는 기회가 될 수 있습니다. 특히 복잡하고 바쁜 일상 속에서 고독은 우리의 정신건강을 유지하는 데 필수적입니다. 사교적인 성품이 우대받는 분위기의 압박 속에서 확보한 고독의 시간은 우리의 건강한 정서에 없어서는 안될 마음의 휴식처일 수 있습니다.

심리학자 로버트 코플란과 그의 동료들은 고독에 관해 심층적인 탐구를 하였습니다. 코플란과 동료들은 고독이 정서적 회복과 정신적 휴식에 미치는 긍정적인 영향을 설명합니다. 그들은 고독을 일종의 심리적 디톡스 과정으로 보았습니다. 고독한 시간은 사회적 상호작용에서 오는 스트레스와 정신적 피로를 해소하고, 내면의 평화를 회복하는 데 필수적인 역할을 합니다. 혼자 있는 동안 개인은 외부의 압력에서 벗어나, 자신의 감정과 생각을 정리하며 정서적 균형을 찾을 수 있습니다. 이 과정은 개인의 정신적 에너지를 재충전하고, 장기적으로 회복탄력성을 높이는 데 기여합니다. 코플란과 그의 동료들은 이처럼 고독이 단순한 외로움이 아닌, 정신적 건강을 유지하고 강화하는 중요한 도구라는 점을 강조합니다.

중국의 도가사상은 정서적 회복과 정신적 휴식에 있어 중요한 통찰을 제공합니다. 도가사상은 자연과의 조화를 강조하며, 인위적인 노력을 배제하고 자연스러운 상태에서 삶을 살아가는 무위(無爲)의 개념을 중심으로 합니다. 도가사상에 따르면 인간은 자연의 흐름에 따라 살아갈 때 내면의 평화를 찾을 수 있으며, 억지로 무언가를 이루려 하지 않고 자연 그대로의 상태를 받아들이라고 가르칩니다. 이것이 진정한 정신적 휴식을 가져다주는 것입니다. 노자와 장자는 이러한 삶의 방식을 통해 인간이 정서적 압박에서 벗어나고, 자연 속에서 자기 자신을 회복할 수 있다고 가르칩니다. 도가사상은 특히 혼자만의 고요한 시간을 통해 자신과 자연이 하나가 되는 경험을 강조합니다. 이 과정에서 우리는 내면의 평화를 회복하고 정신적으로 재충전할 수 있습니다. 이러한 도가사상의 가르침은 현대의 과도한 스트레스와 정보과부하로부터 벗어나, 정서적 균형을 찾는 데 매우 유익한 지침이 됩니다.

현대의 바쁜 사회에서 사람들은 종종 고독을 통해 정서적 회복과 정신적 휴식을 찾습니다. 예를 들어, 직장에서의 스트레스가 심할 때, 많은 사람들이 혼자 여행을 가거나 자연 속에서 혼자만의 시간을 보내며 마음의 안정을 찾습니다. 사회적 존재인 우리 인간은 생존을 위해 맺어야 하는 수많은 관계로부터 때로 벗어나 고독을 찾음으로써 더 건강한 삶을 영위할 수 있습니다.

인간관계의 재평가와 깊이 있는 관계 형성

고독은 우리가 인간관계를 다시 돌아보게 합니다. 나아가 진정으로 중요한 관계를 재평가할 수 있는 기회를 주기도 합니다. 고독을 통해 우리는 어떤 관계가 의미 있고, 어떤 관계가 표면적이며 불필요한지를 깨닫게 됩니다. 이로 인해 더 깊고 의미 있는 관계를 형성하려는 동기가 생기며, 기존의 관계를 더욱 발전시킬 수 있습니다.

사회심리학과 뇌과학 등을 접목해 인간이해의 새로운 방향을 제시한 사회신경과학의 창시자 존 카치오포는 수십년 간 외로움을 연구했습니다. 그의 연구는 외로움이 단순히 개인의 감정적 상태에 영향을 미치는 것에 그치지 않고, 인간관계의 질을 재평가하고 더 깊이 있는 관계를 형성하는 데 중요한 역할을 한다는 점을 강조합니다. 카치오포는 외로움이 우리로 하여금 자신의 인간관계를 다시 돌아보게 하고, 그 속에서 진정으로 의미 있는 관계를 찾고자 하는 동기를 촉진한다고 설명합니다. 즉, 외로움이야말로 사회적 유대감을 회복하는 데 필요한 자극제 역할을 한다는 것입니다.[51] 그의 연구에 따르면, 외로움을 경험한 사람들은 표면적인 관계에서 만족하지 않고, 더 깊고 진실된 유대감을 형성하려는 경향이 강해집니다. 이 과정에서 사람들은 자신의 관계를 재평가하고, 진정으로 중요한 사람들과의 관계를 더욱 강화하게 됩니다. 또한, 외로움은 우리가 어떤 관계가 우리에게 정말로 중요한지, 그리고 어떤 관계가 우리에게 긍정적인 영향을 미치는지를 더 명확히 인식하게 합니다. 외로움이 인간관계의 질을 높이는 촉매제가 될 수 있으며, 이를 통해 사람들은 더욱 깊이 있는 연결을 추구하게 된다는 것입니다. 이러한 연결은 우리의 정서적 안정과 행복에 긍정적인 영향을 줍니다. 외로움이 단순히 부정적인 경험이 아니라, 더 나은 인간관계를 형성하는 기회를 제공할 수 있다는 점을 보여줍니다.

영화 《꾸뻬씨의 행복여행》은 고독의 긍정성을 극적으로 보여주는 영화입니다. 주인공 헥터는 성공적인 정신과의사로, 겉으로는 안정된 삶을 살고 있지만, 내면적으로는 진정한 행복에 대한 의문을 품고 있습니다. 그가 스스로 행복의 의미를 찾기 위해 자발적으로 전 세계를 여행하며 고독을 경험합니다. 그의 홀로 여행과정은 그가 삶의 본질에 대해 깊이 성찰하게 만들고, 진정한 행복을 발견하게 합니다. 주인공 헥터는 여행 중에 고독한 시간을 보내며, 다양한 사람들을 만나고 다양한 문화와 삶의 방식을 경험합니다. 이 과정에서 그는 자신의 삶과 행복을 재평가하고, 더 깊이 있는 인간관계를 깨닫게 됩니다. 또한, 그는 고독 속에서 자신이 진정으로 원하는 것이 무엇인지를 깨닫고, 이를 통해 진정한 사랑과 삶의 의미를 깨닫게 됩니다. 이 영화는 고독의 네 번째 긍정적 측면을 설명하기에 충분합니다.

심각한 고독이나 외로움은 물론 우리의 신체와 정신건강에 해롭습니다. 그러나 고독의 긍정적인 측면은 단순히 외로움을 극복하는 것에 그치지 않고, 우리 삶에 깊이 있는 변화를 가져올 수 있는 강력한 도구가 될 수 있습니다. 고독 속에서 우리는 자기성찰과 내적 성장을 이루고, 창의성과 독창성을 극대화할 수 있으며, 정서적 회복과 정신적 휴식을 경험할 수 있습니다. 더 나아가, 고독은 인간관계를 재평가하고, 진정으로 의미 있는 관계를 형성하는 기회를 제공합니다. 이 모든 과정에서 고독은 우리를 더 강하고, 더 창의적이며, 더 깊이 연결된 인간으로 성장시킵니다. 고독을 두려워하기보다는 삶의 중요한 부분으로 받아들일 때, 우리는 더 풍요롭고 의미 있는 삶을 영위할 수 있습니다.

10

수치심의 재발견

수치심은 철문이지만, 동시에 문턱이기도 하다.

– 브레네 브라운

수치심(shame)은 때로 우리를 깊은 어둠 속으로 밀어넣습니다. 때로는 절망의 늪에 빠지게 하지만, 이 감정은 우리 삶에서 깊은 변화를 이끌어낼 수 있는 강력한 힘을 지니고 있습니다. 수치심은 자신이 부끄러움을 느끼거나, 자신의 행위나 상태에 대해 자존감이 낮아지는 감정으로 정의됩니다. 심리학에서 수치심은 인간이 자신의 결함이나 실패를 인식할 때 경험하는 감정으로, 개인의 자기 가치 평가에 직접적으로 영향을 미칩니다. 철학에서는 수치심이 윤리적 또는 존재론적 관점에서 논의됩니다. 수치심은 종종 자기인식의 중요한 부분으로, 개인이 자신의 행동이나 존재를 타인의 시각에서 인식하게 되는 순간 경험하는 감정으로 간주됩니다. 우리에게 매우 부정적일 수 있는 수치심을 적절히 인식하고 다루면, 이는 우리를 성장시키고, 더 나은 인간이 되도록 돕는 중요한 촉매제로 작용할 수 있습니다. 이 장에서는 수치심의 긍정적 측면을 살펴보려고 합니다.

자기성찰과 개인적 성장

수치심은 불편한 감정이지만, 이 감정을 통해 우리는 자신의 행동, 생각, 가치관을 돌아보게 됩니다. 우리가 자신을 되돌아보고, 무엇이 잘못되었는지 생각하게 만드는 감정입니다. 이는 마치 거울을 보는 것과 같아서, 우리의 모습을 객관적으로 관찰할 기회를 줍니다. 이러한 자기성찰 과정은 개인의 성장과 발전에 필수적인 요소입니다. 우리가 수치심을 경험할 때, 자신의 약점이나 잘못을 인식하게 되며, 이를 고치고 성장하는 과정에서 진정한 성숙을 이뤄냅니다.

수취심과 취약성의 연구로 세계적 명성을 얻은 브레네 브라운은 취약성이 수치심의 기반이라고 말합니다. 2010년 TED에서 강연한 그의 강의 동영상은 무려 6천 6백만 조회수를 넘길 정도로 큰 영향력을 발휘했습니다. 브라운에 따르면 수치심은 우리가 자신의 약점이나 결함을 드러냈을 때, 그로 인해 다른 사람들로부터 부정적으로 평가받을까 두려워 느끼는 감정입니다. 이 감정은 우리가 어떤 부분에서 부족하거나 잘못되었다고 생각할 때, 그리고 그 사실이 다른 사람들에게 알려지는 것을 걱정할 때 주로 발생한다고 말합니다. 취약성은 이런 약점이나 결함을 솔직하게 드러내는 상태를 의미합니다. 즉, 자신이 불완전하거나 부족한 부분을 숨기지 않고 인정하고, 때로는 그것을 다른 사람들과 공유하는 것을 의미합니다.

'난 이러이러해서 못났어'라는 것인데, 우리들 모두는 그런 것에 대해 잘 알죠. '난 충분히 ~하지 않아', '난 충분히 날씬하지 않아, 충분히 돈이 많지도, 예쁘지도, 똑똑하지도, 괜찮은 지위에 있지도 않아' 그런 것들 말입니다. 바로 이런 것들이 수치심을 뒷받침하는 취약성이죠.52

브라운은 자신의 연구를 통해 취약성을 드러낼 때 자주 수치심을 느끼게 되지만 역설적으로, 취약성을 드러내는 것이 수치심을 극복하는 방법이 되기도 한다고 말합니다. 다른 사람들과 진정한 관계를 맺고, 자신을 있는 그대로 받아들이는 과정에서 수치심을 덜 느끼게 될 수 있습니다. 취약성을 용기있게 드러내고 포용하는 것이야말로 수치심을 자연스럽게 이겨내는 것일지도 모릅니다. 영어 단어 'courage(용기)'는 심장을 의미하는 라틴어 'cor'에서 왔는데, 원래 의미는 자신이 누구인지를 자신의 온 마음을 통해 솔직히 이야기한다는 것이었습니다. 간단히 말해서, 자신이 불완전하다는 말을 할 용기라는 겁니다. 취약성을 솔직히 드러낼 줄 아는 것이 용기이고, 이런 용기가 수치심을 극복하는 방법이 되는 것입니다.

한 직장인이 중요한 프레젠테이션에서 실수를 저질러 수치심을 느꼈다고 가정해봅시다. 이 경험은 처음에는 고통스럽지만, 그는 이를 통해 자신의 준비과정, 발표기술, 스트레스 관리능력 등을 돌아보게 됩니다. 그는 자신이 왜 그런 실수를 했는지, 어떤 부분이 부족했는지 깊이 성찰합니다. 이러한 과정에서 그는 자신의 강점과 약점을 더 명확히 인식하게 되고, 개선이 필요한 영역을 파악합니다. 이러한 성찰은 그가 다음 기회에 더 나은 성과를 낼 수 있도록 동기를 촉진하고 구체적인 개선 방향을 제시합니다.

영화 《굿 윌 헌팅》에서 주인공 윌(맷 데이먼 분)은 자신의 과거와 현재 상황에 대한 수치심을 통해 깊은 자기성찰의 여정을 겪습니다. 그의 수치심은 처음에는 그를 괴롭히고 고립시킵니다. 하지만 결국 자신의 진정한 가치와 잠재력을 발견하는 계기가 됩니다. 윌은 심리학자 숀(로빈 윌리엄스 분)과의 상담 세션을 통해 자신의 트라우마와 수치심을 직면하게 됩니다. 이 과정에서 자신의 과거 경험이 현재의 행동과 관계패턴에 어떤 영향을 미치는지 깊이 이해하게 됩니다. 이러한 자기성찰을 통해 윌은 자신의 재능을 받아들이고, 사랑하는 사람들과 진정한 관계를 맺을 수 있는 용기를 얻게 됩니다.

도덕적 나침반 역할

수치심은 우리 사회의 도덕적, 윤리적 기준을 내면화하는 데 중요한 역할을 합니다. 이는 마치 내부의 도덕적 나침반과 같아서, 우리가 사회적 규범을 벗어나거나 윤리적으로 문제가 있는 행동을 할 때 경고 신호를 보냅니다. 이를 통해 우리는 사회에서 조화롭게 살아갈 수 있습니다. 수치심은 우리가 옳은 일을 하도록 유도하며, 사회의 규범과 가치를 유지하는 데 기여합니다.

미국의 심리학자 탕니와 디어링은 수치심과 죄책감이 개인의 정서와 행동에 어떻게 영향을 미치는지를 심도 있게 탐구했습니다.[53] 연구를 통해, 수치심이 단순히 부정적인 감정에 그치지 않고, 개인의 삶에 깊이 영향을 미치는 복합적인 감정이라는 것을 밝혔습니다. 이 연구에서 두 학자는 수치심이 자기 자신에 대한 부정적인 평가와 강하게 연관되어 있음을 강조합니다. 그들은 수치심이 '나 자신'에 대한 감정인 반면, 죄책감은 '내 행동'에 대한 부정적인 평가와 관련이 있다고 설명합니다. 그들의 연구에 따르면, 수치심은 자기 자신을 전반적으로 부정적으로 바라보게 할 수 있습니다. 즉, '나는 나쁜 사람이다'라는 생각으로 이어지며, 이는 도덕적 기준에서 자신이 벗어났다고 느낄 때 강하게 나타납니다. 수치심은 개인이 자신의 도덕적 기준을 위반했을 때 느끼는 감정으로, 때때로 방어적 반응을 유발하거나, '회피 행동'으로 이어질 수 있습니다. 수치심은 도덕적 나침반이 가리키는 방향에서 벗어났을 때 우리가 느끼는 감정으로, 이를 통해 자신의 도덕적 기준을 다시 설정하거나 강화하게 만듭니다.

아리스토텔레스는 수치심을 '부끄러움을 느끼는 감정'으로 정의합니다. 특히 부도덕한 행동이나 사회적으로 수용될 수 없는 행동을 할 때 느끼는 감정으로 설명합니다. 아리스토텔레스는 수치심이 나쁜 행동을 피하려는 동기로 작용할 수 있다고 봅니다. 따라서 젊은 사람들이나 덕을 완전히 갖추지 않은 사람들이 수치심을 느끼는 것은 유익할 수 있다고 말합니다. 이들은 아직 덕을 완전히 체득하지 못했기 때문에, 수치심이 일종의 억제력이 되어 그들이 비도덕적인 행동을 피하도록 돕습니다.[54]

예를 들어, 한 학생이 시험에서 부정행위를 하려다 수치심을 느껴 그만두었다고 가정해봅시다. 이 경험은 그 학생에게 정직의 가치를 더욱 깊이 인식시키고, 앞으로의 삶에서 윤리적 결정을 내리는 데 중요한 기준점이 됩니다. 이 학생은 부정행위를 하려는 순간 느낀 불편함과 수치심을 통해 자신의 내면에 있는 도덕적 기준을 재확인하게 됩니다. 이후 그는 학업에서 뿐만 아니라 일상생활의 다양한 상황에서도 이 경험을 떠올리며 정직하고 윤리적인 선택을 하게 됩니다. 이처럼 수치심은 우리의 행동을 윤리적 기준에 맞추도록 유도하는 내적 메커니즘으로 작용합니다.

빅토르 위고의 소설 《레 미제라블》에서 주인공 장 발장은 처음에는 도둑질로 인한 수치심을 느끼지 못했지만, 미리엘 주교의 자비로운 행동을 통해 깊은 도덕적 각성을 경험합니다. 주교가 그를 용서하고 더 나은 사람이 되라고 격려했을 때, 장 발장은 깊은 수치심과 함께 도덕적 변화의 계기를 맞게 됩니다. 이후 그의 삶은 수치심과 죄책감을 바탕으로 한 도덕적 나침반에 의해 인도되며, 그는 타인을 돕고 정의를 추구하는 삶을 살아갑니다. 그의 도덕적 성장은 수치심이 어떻게 개인의 윤리적 기준을 형성하고 행동을 인도할 수 있는지를 보여주는 뚜렷한 예시가 될 겁니다.

공감과 연대감 강화

자신의 수치심을 인식하고 다루는 경험은 타인의 취약점과 고통에 대해 더 깊이 이해하고 공감할 수 있게 해줍니다. 이는 마치 자신이 겪은 아픔을 통해 타인의 아픔을 더 잘 이해하게 되는 것과 같습니다. 수치심을 경험하고 이를 극복하는 과정에서 우리는 인간의 취약성과 불완전함에 대해 더 깊이 이해하게 됩니다. 나아가 타인에 대한 더 큰 연민과 이해로 이어집니다. 결과적으로 더 깊고 진정성 있는 인간관계를 형성하는 데 도움이 됩니다. 수치심은 우리가 인간으로서 서로의 아픔과 취약성을 나누고, 그로 인해 더욱 강한 연대감을 형성하도록 돕습니다.

브레네 브라운의 연구는 취약성과 공감의 관계를 탐구합니다. 브라운은 자신의 취약성을 인정하고 수용하는 것이 타인과의 진정한 연결을 가능하게 한다고 주장합니다. 우리의 깊은 마음속을 남에게 보여주고, 우리의 취약성을 다 보여주라고 권합니다. 또한 우리의 모든 마음을 다해 사랑을 하라고 합니다. 브라운은 수치심을 극복하고 취약성을 받아들이는 능력을 수치심 회복력이라고 부릅니다. 이 회복력을 키우는 것이 공감과 연대를 강화하는 핵심입니다. 취약성을 받아들이는 것이 진정한 연결의 기반이 됩니다. 자신의 불완전함을 인정하고 공유하는 것이 타인과의 깊은 연결을 가능하게 합니다.[55]

두 친구가 완전한 공감을 하지 못하고 관계에서 진전을 이루지 못하는 경우를 떠올릴 수 있습니다. 한 친구가 공개하고 싶지 않은 자신의 취약성을 솔직하게 친구에게 말하는 것은 용기가 필요합니다. 그러나 자신의 취약성을 드러내고 포용함으로써 친구도 자신의 취약성이나 감추고 싶었던 경험을 친구와 공유하고 두 친구는 서로 공감과 연대를 깊게 형성할 수 있습니다. 자신이 느낀 수치심은 다른 사람의 수치심에 공감하고 보듬어 안아주는 온기가 됩니다.

영화 《쉰들러 리스트》에서 오스카 쉰들러는 이기적이고 기회주의적인 사업가로 묘사됩니다. 그러나 유대인의 고통을 목격하면서 점차 수치심을 느끼기 시작합니다. 그의 수치심은 유대인들의 상황에 더 주의를 기울이게 하고, 유태인의 고통에 대한 이해가 깊어집니다. 급기야 유대인들을 구하기 위해 나서게 됩니다. 영화 후반부에서는 더 많은 사람을 구하지 못한 것에 대한 깊은 수치심과 죄책감을 표현하기도 합니다. 이 영화는 수치심이 도덕적 각성을 촉발하고, 깊은 공감으로 발전하며, 이 공감이 적극적인 연대행동으로 이어진다는 걸 보여줍니다. 연대는 다시 더 깊은 수치심과 책임감으로 순환합니다. 이 영화는 수치심의 변화과정을 통해 인간과 사회의 변화과정을 보여줍니다.

동기촉진과 행동 변화

수치심은 때로 우리를 변화와 성장으로 이끄는 강력한 동기가 될 수 있습니다. 우리가 자신의 행동이나 상태에 만족하지 못할 때 느끼는 수치심은 그 상황을 개선하고자 하는 욕구를 불러일으킵니다. 이는 마치 불편한 자리에서 일어나 더 나은 자리를 찾아가는 것과 같습니다. 수치심은 우리에게 현재 상태와 이상적인 상태 사이의 간극을 인식시키며, 이 간극을 좁히기 위한 행동을 취하도록 촉진합니다. 이러한 불일치를 인식함으로써, 우리는 자기 개선과 성장을 위한 구체적인 목표를 설정하고 행동을 변화시킬 수 있는 동기를 얻게 됩니다.

수치심은 우리가 자신에게서 도망치고 싶었던 그림자, 즉 억압된 자아의 어두운 측면을 마주하게 하는 감정입니다. 카를 융의 그림자 이론에 따르면, 이 그림자는 우리가 받아들이기 어려운 성격의 부분을 의미합니다. 그림자는 수치심을 통해 의식 속으로 드러납니다. 수치심은 이러한 그림자를 인식하고 통합하는 중요한 순간에 작용하며, 이 과정을 통해 우리는 자기성찰을 하고 더 나은 행동으로 나아갈 동기를 얻게 됩니다. 융은 그림자를 통합하는 것이 자아의 완성에 필수적이라고 보았으며, 수치심은 이 통합 과정에서 행동 변화를 촉진하는 강력한 동기가 될 수 있습니다.

또한, 앨버트 반두라의 자기효능감 이론은 수치심이 어떻게 동기촉진으로 이어질 수 있는지를 설명합니다. 반두라는 개인이 자신의 능력에 대해 가지는 믿음이 행동 변화와 성취에 중요한 역할을 한다고 보았습니다. 반두라의 이론에 따르면, 높은 자기효능감을 가진 사람들은 도전에 직면했을 때, 이를 극복할 수 있다는 믿음을 가지고 행동하게 됩니다. 수치심이 발생했을 때, 이러한 자기효능감은 개인이 수치심을 긍정적인 동기로 전환시켜, 문제를 해결하고 자기 개선을 이루려는 강력한 동기로 작용합니다. 수치심을 느낀 후, 자기효능감이 높은 사람들은 '나는 이 상황을 극복할 수 있다'는 믿음을 바탕으로 더 열심히 노력하고, 자신의 능력을 향상시키는 방향으로 나아가게 됩니다. 쉽게 말해서 자기효능감이 높은 사람이 수치심을 경험하게 되면, 그 감정을 동기의 원천으로 삼아 자신을 개선하고 성장하려고 노력한다는 것입니다.

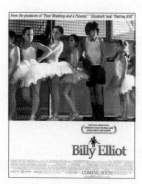

영화 〈빌리 엘리어트〉, 2000

영화《빌리 엘리어트(Billy Elliot), 2000》는 수치심이 어떻게 동기를 촉진하고 개인의 위대한 성장으로 이어지는지 깊이 있게 다룬 영화입니다. 이 영화는 어린 소년 빌리(제이미 벨 분)가 자신의 우연한 호기심과 열정인 발레리노의 꿈을 추구하는 과정에서 겪는 내적 갈등과 외부의 도전에 대한 이야기입니다. 이 영화는 1980년대 영국의 광산 파업시기를 배경으로 펼쳐집니다. 철의 여인이라 불리는 마거릿 대처 총리가 석탄산업 합리화 정책을 강행하는 것에 노조는 장기파업으로 대항하던 시기를 배경으로 합니다. 주인공 소년 빌리는 발레에 대한 열정으로 인해 전통적인 남성성이 강조되던 사회적 환경에서 수치심을 느낍니다. 특히, 빌리의 아버지와 형은 전통적인 남성성을 강조하며, 발레를 여성적이고 부끄러운 활동으로 여깁니다. 빌리는 자신이 꿈꾸는 발레리노를 계속 추구할 것인지, 아니면 가족과 사회의 기대에 맞추기 위해 자신의 열정을 포기할 것인지에 대해 고민하게 됩니다. 빌리는 이 감정을 극복하고 자신의 꿈을 향해 나아가는 강한 동기를 얻습니다. 빌리는 수치심을 동기의 원천으로 전환하여, 자신의 능력을 계발하고 왕립 발레학교에 입학하기 위해 끝까지 노력합니다. 특히, 발레 선생님인 윌킨슨 선생님(줄리 월터스 분)의 지지와 격려는 빌리가 자신의 꿈을 계속 추구할 수 있도록 하는 중요한 동기가 됩니다. 빌리는 자신의 꿈을 향한 열정이 강해질수록, 수치심을 극복하고 점점 더 용기를 얻게 됩니다. 수치심은 그에게 더 열심히 연습하고, 자신의 능력을 증명하고자 하는 강한 동기로 작용합니다. 결국, 빌리는 자신의 열정에 충실하며, 발레학교에 입학하기 위해 용기 있게 도전합니다. 빌리의 이러한 변화는 그가 수치심을 동기의 원천으로 삼아, 자신의 삶을 긍정적인 방향으로 변화시키는 과정을 잘 보여줍니다. 이 영화는 수치심을 두려워하지 않고, 오히려 그것을 통해 자신을 더 깊이 이해하고 성장할 수 있는 계기로 삼는 것이 얼마나 중요한지를 감동적으로 전달합니다. 수치심에 무릎 꿇으면 꿈이 좌절되지만 그것을 동기로 바꿀 때 위대한 꿈의 여정이 시작됩니다.

수치심은 흔히 부정적인 감정으로 인식되는 것은 사실입니다. 우리가 살펴본 바와 같이 적절히 이해되고 다루어질 때 개인의 성장과 사회적 조화에 중요한 역할을 할 수 있습니다. 자기성찰의 촉진, 도덕적 나침반으로서의 기능, 공감과 연대 강화, 동기촉진과 행동 변화 등 수치심의 긍정적 측면들은 우리의 삶을 더욱 풍요롭고 의미 있게 만들 수 있습니다. 중요한 것은 수치심을 억누르거나 무시하는 것이 아니라, 이를 인식하고 건설적으로 다루는 방법을 배우는 것입니다. 심리학적 연구, 철학적 통찰, 그리고 다양한 실생활 및 예술작품 등 사례들은 수치심이 우리의 인격 발달과 대인관계 형성에 중요한 역할을 할 수 있음을 보여줍니다. 수치심을 건강하게 다루는 능력을 기르는 것은 개인의 심리적 웰빙뿐만 아니라 사회 전체의 조화로운 발전에도 기여할 수 있습니다. 이는 우리가 자신과 타인에 대해 더 깊은 이해와 연민을 가지고 살아갈 수 있게 해주며, 궁극적으로 더 풍요롭고 의미 있는 삶으로 이어질 수 있습니다.

더 인간적인
긍정심리학을 향하여

(그들의 삶은)
"과학이라고 하기에는 너무나 인간적이고,
숫자라고 하기에는 너무나 아름답고,
정신과진단을 내리기엔 너무나 슬프고,
기록으로 남기기에는 그 자체로 영원불멸하다"

- 조지 베일런트, 그란트스터디 보고 서문
  〈성공적 삶의 심리학〉

1

의미 있는 삶: 행복을 넘어서

우리는 흔히 행복을 인생의 궁극적 목표로 삼습니다. 행복해지고 싶어 하는 소망은 전 세계 모든 사람들에게 공통적이며, 심리학 또한 이를 지지해 왔습니다. 그러나 행복은 일시적이며 외부 상황에 영향을 받기 쉽습니다. 하지만 행복이 일시적인 감정이라면, 의미는 지속가능하며 고난 속에서도 심리적 회복을 촉진합니다. 심리학자 에밀리 에스파하니 스미스는 '의미를 추구하는 삶을 살고자 하는 사람들은 궁극적으로 더 충만하고 행복한 삶을 산다'고 주장하였습니다.[1] 이 말은 우리 시대의 가장 중요한 통찰 중 하나일 것입니다. 끊임없이 행복을 추구하면서도 왜 우리는 점점 더 불행해지는 걸까요? 이제 행복을 넘어선 지점에서 삶의 의미를 찾아보려 합니다.

행복을 넘어, 삶의 의미를 찾아서

매일 아침 스마트폰을 켜면 SNS에는 반짝이는 순간들로 가득합니다. 화려한 여행 사진, 맛있어 보이는 음식, 행복해 보이는 웃는 얼굴들... 하지만 스크롤하다 보면 왠지 모를 공허함이 찾아옵니다. 나만 이렇게 행복하지 않은 걸까? 나는 무언가를 잘못하고 있는 걸까?

현대 사회는 끊임없이 우리에게 행복하라고 요구합니다. 서점에 가면 행복의 비결을 알려주겠다는 책들이 가득하고, TV에서는 유명 강사들이 성공하고 행복하기 위한 비결을 알려줍니다. 마치 행복이 우리가 달성해야 할 하나의 과제처럼 여겨지는 시대입니다.

심리학자 아이리스 모스와 그의 동료들의 획기적인 연구는 이러한 현상의 위험성을 경고합니다. 그들의 연구에 따르면, 행복을 지나치게 중요하게 여기는 사람들은 오히려 더 낮은 웰빙과 높은 우울증상을 보였습니다.[2] 후속연구는 이를 더 깊이 탐구하여, 행복에 대한 과도한 집착이 실제로 우울증의 발병과 연관될 수 있다는 점을 밝혀냈습니다.[3] 한 연구 참가자는 이렇게 고백했습니다. "행복해지려고 노력하면 할수록, 오히려 더 불행해지는 것 같았어요. 마치 무언가를 놓치고 있다는 느낌이 계속 들었죠."

한 걸음 나아가 진정한 행복이 어디에서 오는지를 생각하게 합니다. 즉, 행복은 우리가 의미 있는 일에 몰두하거나 다른 이들을 위해 헌신할 때 자연스럽게 찾아오는 삶의 선물과도 같은 것입니다. 행복은 추구해서 얻어지는 것이 아니라 의미 있는 삶을 추구하는 과정에서 나타나는 부산물과도 같습니다.

이러한 역설은 우리의 일상에서도 쉽게 발견됩니다. 휴가 때 찍은 사진이 충분히 '인스타급'이 아니라고 걱정하거나, 주말을 '행복하게' 보내지 못했다는 죄책감에 시달리는 경험... 이런 것들이 바로 행복을 쫓는 현대인의 단면이 아닐까요?

제2차 세계대전 당시 아우슈비츠 수용소에서 생존한 정신과의사 빅터 프랭클은 인간의 행복과 의미에 대해 깊은 통찰을 남겼습니다. 극한의 상황에서 그가 발견한 것은 의외로 단순한 진리였습니다. '행복은 쫓아서 얻을 수 있는 것이 아닙니다. 그것은 마치 나비와 같아서, 잡으려고 하면 할수록 멀어질 뿐입니다. 오히려 의미 있는 일에 몰두할 때, 행복은 자연스럽게 우리 곁에 찾아옵니다.'

많은 사람들이 프랭클의 이야기를 듣고 의아해합니다. '그렇다면 행복은 포기해야 하나요?' 그러나 이는 행복을 포기하라는 말이 아닙니다. 오히려 더 깊은 행복으로 가는 길을 보여주는 것이죠. 마치 밤하늘의 별을 바라볼 때, 직접 보려고 하면 잘 보이지 않다가 살짝 옆으로 시선을 돌리면 더 선명하게 보이는 것처럼 말입니다.

의미와 행복의 관계

2013년, 심리학자 로이 바우마이스터와 그의 동료들은 획기적인 연구를 발표했습니다. 〈행복한 삶과 의미 있는 삶의 차이점〉이라는 신선한 제목의 이 연구는 행복과 의미가 어떻게 다른지 체계적으로 분석했습니다.4 연구결과는 흥미로웠습니다. 행복은 주로 현재의 욕구 충족, 받는 사람, 그리고 즐거움과 관련이 있었습니다. 반면 의미는 과거, 현재, 미

래를 아우르는 시간적 연결성, 주는 사람, 관계의 깊이, 그리고 자기초
월적 가치와 더 깊은 관련이 있었습니다.

이 연구에서 특히 주목할 만한 것은 '의미 있는 불행'이라는 개념입
니다. 이들은 어려운 일에 심각하게 관여하고, 걱정과 스트레스, 불안이
많았습니다. 과거와 미래에 대해서도 많이 생각하는 경향이 있습니다.
또한 이들은 행복도는 다소 낮지만 사회에 긍정적인 기여를 합니다. 이
른바 '주는 사람'의 성향을 나타냅니다. 이러한 삶이 이상적인 모델로 보
이긴 어렵지만, 개인의 즐거움을 희생하면서 사회에 건설적으로 참여하
는 사람들이 실질적인 기여를 할 수 있습니다. 긍정심리학은 바로 이런
사람들이 불행하더라도 그들을 이해하고 격려하는 것을 목표로 삼을 만
하다고 제안합니다. 자신을 태워 어둠을 밝히는 촛불은 행복하지 않을
수 있지만 충분히 의미 있는 몸짓일 것입니다.

빅터 프랭클은 《죽음의 수용소에서》를 통해 나치수용소에서의 극
한 경험을 바탕으로 의미의 중요성을 강조했습니다.[5] 그는 '삶의 의미를
발견한 사람은 어떤 상황도 견딜 수 있다'고 말했습니다. 수용소의 끔찍
한 상황 속에서도 의미를 발견한 사람들이 생존가능성이 더 높았다는
것입니다.

이러한 연구들이 보여주는 중요한 통찰은 의미 있는 삶이 반드시
행복한 삶과 일치하지는 않는다는 것입니다. 때로는 깊은 의미를 발견
하는 과정에서 고통과 불편함이 수반될 수 있습니다. 그러나 그 고통이
더 큰 목적과 연결될 때, 우리는 그것을 감내할 수 있는 힘을 얻습니다.
바우마이스터의 연구는 이를 수치로도 입증했습니다. 부정적인 사건들
은 행복도를 크게 낮추었지만, 삶의 의미와는 오히려 정적 상관관계를

보였습니다. 인생의 고난과 역경이 행복을 감소시키는 것은 사실이지만, 그것이 오히려 더 깊은 의미를 발견하는 계기가 될 수 있다는 것입니다.

철학자 존 스튜어트 밀은 '만족하는 돼지보다 불만족하는 인간이 되는 것이 낫고, 만족하는 바보보다 불만족하는 소크라테스가 되는 것이 낫다'고 했습니다.[6] 이는 단순한 행복이나 만족감을 넘어서는 의미 있는 삶의 가치를 꿰뚫어 보는 통찰입니다. 우리는 때로 불행하더라도 의미 있는 삶을 선택할 수 있고, 또 그래야만 할 때가 있습니다.

결국 의미는 단순히 즐겁고 행복한 순간들의 총합이 아닙니다. 그 것은 우리의 경험들이 어떻게 서로 연결되어 있는지, 그리고 그것들이 어떤 더 큰 목적과 가치를 향해 나아가고 있는지에 대한 이해입니다. 때 로는 고통스럽고 불행한 순간들조차도 이러한 의미의 그물망 속에서 중 요한 자리를 차지할 수 있는 것입니다.

행복과 자살률의 이상한 관계

세계행복보고서(World Happiness Report)에서 매년 최상위권을 차지 하는 북유럽 국가들에는 이상한 역설이 존재합니다. 시카고대학의 심리 학자 오이시와 일리노이 대학의 에드 디너는 132개국 14만명이 참여한 갤럽조사 데이터를 분석한 연구에서 놀라운 사실을 발견했습니다.[7] 삶 에 만족하는지, 삶에 중요한 목적이나 의미가 있다고 느끼는지 질문했 습니다. 오이시와 디너는 나라별로 데이터를 분석하고, 행복 수준과 의 미를 재산, 자살률, 다른 사회적 요인 같은 변수와 상호관계를 분석했습 니다. 부유한 국가의 시민들이 더 행복하다고 보고한 반면, 가난한 국가의 시민들이 오히려 더 의미 있는 삶을 살고 있다고 응답한 것입니다.

특히 덴마크, 핀란드, 스웨덴과 같은 부유한 북유럽 국가들에서 나타나는 높은 자살률은 이러한 행복과 의미의 괴리를 더욱 극적으로 보여줍니다. 부유한 국가의 자살률이 가난한 국가의 자살률보다 훨씬 높았습니다. 예를 들어, GDP 3만 4천 달러인 일본의 자살률이 4백 달러인 시에라리온보다 2배 이상 높았습니다. 어떻게 세계에서 가장 행복한 나라들에서 이토록 많은 사람들이 스스로 목숨을 끊는 것일까요?

이 충격적인 현상은 이전에도 데일리와 그의 동료들의 연구에서 체계적으로 분석되었습니다.[8] 이들은 미국의 여러 주들을 대상으로 한 연구에서, 전반적인 행복도가 높은 지역일수록 오히려 자살률이 높아지는 경향이 있음을 발견했습니다. 연구진은 이를 '상대적 불행 효과'로 설명합니다. 주변 사람들이 매우 행복해 보이는 사회에서 불행한 개인은 더 큰 고립감과 소외감을 경험할 수 있다는 것입니다. 하지만 오이시와 디너의 연구는 다르게 설명합니다. 행복지수와 불행지수만으로는 자살을 예측할 수 없었다고 합니다. 자살의 원인이 된 변수는 의미, 더 엄밀히 말하면 의미의 부족이었습니다. 일본처럼 의미지수가 제일 낮은 국가의 자살률이 높았습니다.[9]

헬리웰의 연구는 이 현상에 대한 더 깊은 통찰을 제공합니다.[10] 그는 높은 삶의 만족도가 반드시 낮은 자살률로 이어지지는 않는다는 점을 지적하며, 사회적 연결감과 삶의 의미가 자살예방에 더 중요한 요소일 수 있다고 주장했습니다. 특히 그의 연구는 단순한 행복감이나 생활만족도보다는 공동체의식과 사회적 신뢰가 자살예방에 더 중요한 역할을 한다는 것을 보여줍니다.

더 깊이 들여다보면, 이는 단순한 통계적 기이함이 아닌 '행복'과 '의미' 사이의 근본적인 괴리를 보여주는 현상일 수 있습니다. 모두가 행복해야 한다는 사회적 압박이 오히려 개인의 진정한 행복과 삶의 의미 찾기를 방해할 수 있다는 것입니다.

이러한 현상들이 시사하는 바는 명확합니다. 행복지수나 물질적 풍요만으로는 인간의 실존적 고통을 해결할 수 없다는 것입니다. 오히려 우리에게 필요한 것은 각자의 삶에서 진정한 의미를 발견하고, 의미 있는 사회적 관계를 형성하며, 공동체 속에서 자신의 존재 가치를 찾는 것일지도 모릅니다.

지금까지 우리는 행복과 의미의 관계, 그리고 그 차이점을 살펴보았습니다. 바우마이스터의 연구가 보여주듯, 행복과 의미는 분명 겹치는 부분이 있지만 본질적으로 다른 속성을 지닙니다. 행복이 현재의 만족과 즐거움에 초점을 맞춘다면, 의미는 과거, 현재, 미래를 아우르며 더 큰 맥락 속에서 우리 삶의 가치를 찾습니다. 특히 북유럽 국가들의 사례는 물질적 풍요와 높은 행복도가 반드시 의미 있는 삶으로 이어지지는 않는다는 것을 보여줍니다.

이제 우리에게 필요한 것은 단순히 '어떻게 하면 더 행복해질 수 있을까'가 아니라, '어떻게 하면 더 의미 있는 삶을 살 수 있을까'라는 질문일 것입니다. 이는 개인적 차원을 넘어 사회적으로도 중요한 과제입니다. 다음 장에서는 이러한 의미 있는 삶의 사회적 측면, 특히 행복의 사회적 책임에 대해 살펴보도록 하겠습니다.

2

🚪

행복의 사회적 책임
: 불행은 개인의 책임이 아니에요

　우리는 지난 수십 년간 '개인의 행복'이라는 좁은 틀에 갇혀있었습니다. 오늘날 많은 사람들은 행복을 개인적인 목표로 생각합니다. 자기계발 산업, 긍정심리학의 일부, 미디어에서 강조하는 행복은 대부분 개인의 노력과 성취에 집중합니다. 행복한 삶을 온전히 자신의 손으로 획득할 수 있다는 환상을 심어줍니다. '행복은 스스로 찾는 것'이라는 메시지는 어느덧 자연스런 지혜로 여깁니다. 개인이 불행할 경우 그것이 개인의 선택이나 마음가짐의 문제로 치부되기도 합니다. 하지만 이러한 행복의 개인주의적 접근이 과연 우리의 삶을 더욱 행복하게 만드는가에 대해서는 다시 한번 의문을 품게 됩니다. 이번 장에서는 '행복의 사회적 책임'이라는 도전적인 주제를 탐구해보고자 합니다. 우리가 함께 행복해야 하는 이유를 찾는 이 여정은, 어쩌면 행복의 본질에 대한 가장 근본적인 탐구가 될지도 모릅니다.

개인 행복신화의 허상: 행복은 타인의 불행을 좌시하지 않는 것

현대 사회는 '행복은 개인의 선택'이라는 환상을 만들어냈습니다. 마틴 셀리그만의 긍정심리학은 본래 인간의 강점과 미덕을 과학적으로 연구하고자 했으나, 상업화 과정에서 심각하게 왜곡되었습니다. '긍정적으로 생각하면 무엇이든 가능하다'는 식의 단순한 자기계발 담론으로 변질된 것이죠. 이러한 왜곡은 단순한 오해의 차원을 넘어, 사회 전반에 걸쳐 깊은 그림자를 드리우고 있습니다. '당신의 행복은 당신의 선택입니다'라는 달콤한 슬로건 뒤에는, 사회구조적 모순을 개인의 책임으로 전가하는 냉혹한 현실이 숨어 있습니다. 현대의 행복산업과 자기계발 산업은 이러한 왜곡을 더욱 증폭시켰습니다. '당신이 불행한 것은 긍정적으로 생각하지 않아서입니다'라는 메시지는 새로운 형태의 억압과 폭력입니다.

긍정심리학을 오남용하는 사람들의 잘못된 행동지침이 있습니다. 그들은 흔히 '행복해지려면 행복한 사람 곁으로 가라'고 조언합니다. 이 조언은 일견 타당해 보이나 고통 속에 있는 사람들을 소외시키고 고립감을 심화시킬 수 있는 위험이 있습니다. 논리적으로도 타당하지 않습니다. 내가 행복해지기 위해 나보다 더 행복한 사람 옆으로 가려고 한다면, 나보다 더 행복한 그 사람은 더 행복해지기 위해 그보다 조금 불행한 내가 아니라 그보다 더 행복한 누군가의 옆으로 달려갈 것이기 때문입니다. 자신보다 불행한 친구를 저버리고 더 행복한 사람의 곁으로 가는 것은 진정한 친구가 아닙니다. 동서고금의 수많은 가르침이 말해 주듯 '참된 친구는 어려울 때 함께 하는 친구'인 것입니다. 때로는 함께 우는 것이 함께 웃는 것보다 더 깊은 치유와 행복을 가져다 줄 수 있습니다. 행복은 타인의 행복에 관심을 갖는 것이고, 타인의 불행을 좌시하지 않는 것입니다. 긍정심리학의 창시자 중 한 명인 크리스토퍼 피터슨에게 긍정심리학이 무엇인지 한마디로 설명해달라고 하면, 그는 이렇게 대답했다고 합니다. "타인"[11] 타인을 향한 따뜻한 시선과 관심이야말로 긍정심리학의 본류인 것입니다.

이러한 개인화된 행복담론은 구조적 불평등, 사회적 소외, 경제적 양극화와 같은 근본적인 문제들을 은폐합니다. 예를 들어, 청년실업이나 노인빈곤과 같은 구조적 문제를 개인의 '긍정 마인드' 부족이나 도전정신 결여로 치부하거나, 과도한 노동시간과 일—생활 불균형으로 인한 불행을 시간관리 능력 부족의 탓으로 돌리는 식입니다. 이는 사회적 책임을 회피하고 구조적 모순의 해결을 개인에게 전가하는 것에 다름 아닙니다. 이러한 위험성은 긍정심리학의 초기 창시자 중의 한 명인 크리스토퍼 피터슨이 강력한 우려와 더불어 경고하기도 했습니다.[12]

더욱 교묘하게는, 그럴듯한 대중화를 꾀하여 불행을 선택이나 의지의 문제로 절하시켜버리는 위험을 감행한다. 같은 맥락에서 사회과학자들도 부당하게 피해자를 비난하는 행동의 위험성을 가진 것처럼, 반대 측면에서 긍정심리학은 부당하게 승자들을 축하할 위험이 있음을 알아야 한다.

행복의 관계적 본질

인간의 행복이 본질적으로 관계적이라는 사실은 현대 심리학의 가장 중요한 발견 중 하나입니다. 우리는 홀로 존재하는 섬이 아니라, 끊임없이 서로 영향을 주고받는 관계의 그물망 속에 살아가고 있습니다.

아들러는 《인간이해》에서 '공동체의식'을 인간 정신건강의 핵심 지표로 제시했습니다.[13] 그는 진정한 행복이 타인과의 협력과 사회적 기여 속에서 실현된다고 보았습니다. 흥미로운 점은 아들러가 이 공동체의식을 단순한 사회성이나 대인관계 능력이 아닌, 인류 전체와 자신을 연결하는 우주적 연대감으로 이해했다는 것입니다. 아들러에 따르면, 많은 심리적 문제들은 이 공동체의식의 결여에서 비롯됩니다. 현대인들이 겪는 불안과 우울의 상당 부분이 삶의 과제를 개인의 성취나 경쟁의 문제로 왜곡하면서 발생한다는 것이죠. 그는 《삶의 의미》에서 인간의 기본적인 삶의 과제인 직업, 사랑, 사회적 관계가 모두 공동체 감각을 기반으로 할 때에만 건강하게 해결될 수 있다고 주장했습니다.

특히 주목할 만한 것은 아들러가 공동체감각을 치료의 핵심요소로 보았다는 점입니다. 그는 내담자들이 자신의 문제를 해결하는 과정에서 타인과의 협력과 사회적 관심을 발전시키도록 도왔습니다. 이는 현대의 긍정심리학이나 마음챙김 기반 치료에서도 중요하게 다뤄지는 접근방식이 되었습니다. 이는 '주는 것이 받는 것보다 더 행복하다'라는 오래된 지혜를 통해서도 알 수 있습니다.

2020년 코로나19 팬데믹은 인류에게 특별한 경험을 안겼습니다. 처음으로 전 세계가 동시에 사회적 거리두기라는 실험을 하게 된 것입니다. 이 시기는 역설적으로 관계가 우리의 행복에 얼마나 중요한지를 가장 분명하게 보여주었습니다. 처음에는 일부 사람들은 집에서 혼자 있으니 편하다고 했습니다. 출퇴근 시간을 아낄 수 있고, 불필요한 만남을 피할 수 있다는 점이 장점으로 여겨졌죠. 하지만 시간이 지날수록 상황은 달라졌습니다. 화상통화로 아무리 자주 연락해도, 실제로 만나서 함께 밥을 먹고 이야기를 나누는 것을 대체할 수는 없었습니다. 특히 충격적이었던 것은 어린이집의 아이들이 마스크를 착용한 채 교육이 이루어져 표정을 읽지 못한다는 현상이었습니다. 요양시설에서는 면회 제한으로 인한 고립이 입소자들의 신체적, 정신적 건강에 큰 영향을 미쳤습니다. 화상면회나 유리창 너머로의 만남으로는 가족들과의 직접적인 접촉을 완전히 대체할 수 없었습니다.

팬데믹은 '인간은 사회적 동물'이라는 말이 단순한 수사가 아니라, 우리 존재의 본질을 드러내는 진실이었음을 확인한 시간이었습니다. 우리의 행복도 불행도 그 핵심에는 '관계'가 있습니다.

관계의 질이 삶의 질이다: 하버드 그랜트 스터디가 말하는 것

하버드 대학의 '그랜트 스터디(Grant Study)'는 인류 역사상 가장 길게 진행된 행복연구입니다. 1938년에 시작되어 85년 이상 지속된 이 연구는 하버드 대학생 268명의 삶을 추적했습니다. 존 F. 케네디 전 미국 대통령도 이 연구의 참여자 중 한 명이었습니다. 연구진들은 참가자들의 건강기록부터 뇌스캔 사진, 심리검사, 결혼생활, 직업적 성취에 이르기까지 방대한 자료를 수집하고 분석했습니다.

로버트 월딩거 교수는 이 연구의 네 번째 책임자로서, 수십 년간의 연구결과를 한 문장으로 요약합니다.[14] '좋은 관계가 우리를 더 행복하고 건강하게 만듭니다.' 부와 명예, 높은 사회적 지위가 아닌, 관계의 질이 행복한 삶의 가장 강력한 예측변수였다는 것입니다.

　특히 주목할 만한 것은, 이 연구가 보여준 세 가지 핵심적 교훈입니다. 첫째, 사회적 관계가 많을수록 더 행복하고 건강했습니다. 고독은 말 그대로 '죽음의 독'이었습니다. 외로운 사람들은 그렇지 않은 사람들보다 더 일찍 건강이 나빠지고 기억력도 더 빨리 감퇴했습니다. 둘째, 관계의 질이 결정적이었습니다. 갈등이 많은 관계는 오히려 건강에 해로웠습니다. 80세에 도달한 참가자들 중 50대 때 가장 만족스러운 관계를 유지했던 사람들이 가장 건강한 노년을 보냈습니다. 행복한 결혼생활을 한 참가자들은 80대에도 육체적 고통이 덜했습니다. 셋째, 좋은 관계는 뇌도 보호했습니다. 80대에도 자신이 어려울 때 의지할 수 있는 사람이 있다고 느낀 참가자들은 기억력을 더 오래 유지했습니다. 반면 외로움을 느낀 사람들은 더 일찍 기억력이 감퇴했습니다.

　이러한 연구결과는 우리가 흔히 생각하는 성공의 의미를 다시 생각하게 합니다. 실제로 연구 참가자들 중 성공적인 직업적 성취를 이룬 사람들도 많았지만, 말년에 가장 후회한 것은 '일에 너무 많은 시간을 보내고 사랑하는 사람들과 충분한 시간을 보내지 못한 것'이었습니다.

TV 드라마
〈우리들의 블루스〉, 2022

　TV 프로그램 《우리들의 블루스, 2022》의 한 장면이 이를 잘 보여줍니다. 제주 해녀들이 물질을 하다 어려움에 처한 동료를 발견하면 즉시 자신의 작업을 멈추고 그를 돕습니다. '바다에서는 혼자가 아니다'라는 그들의 말처럼, 우리도 인생이라는 바다에서 서로를 돕고 의지하며 살아가야 합니다. 85년에 걸친 하버드의 연구가 말하는 것도 결국 이와 같은 긍정적 관계의 진실입니다.

사회구조와 행복의 상관관계

행복이 순전히 개인의 문제가 아니라는 것은 다양한 실증적 연구를 통해 입증되고 있습니다. 사회의 구조적 특성이 개인의 행복에 미치는 영향은 생각보다 훨씬 더 크고 근본적입니다.

리처드 윌킨슨과 케이트 피킷은 그들의 저서 《평등이 답이다》에서 23개 선진국의 데이터를 분석한 결과, 소득불평등이 심한 사회일수록 정신질환, 약물중독, 자살률이 높고 평균수명은 짧다는 사실을 발견했습니다.15 특히 주목할 만한 점은 한 사회의 절대적인 부의 수준보다 구성원 간의 상대적 격차가 행복에 더 큰 영향을 미친다는 것입니다. 불평등은 사회적 지위 불안과 스트레스를 높이고, 이는 다시 사회적 신뢰와 연대를 약화시키는 악순환을 만든다는 것이 이들의 핵심주장입니다. 예를 들어, 1인당 GDP가 비슷한 스웨덴과 영국을 비교했을 때, 소득불평등이 더 낮은 스웨덴이 거의 모든 사회적 건강지표에서 더 나은 결과를 보였습니다.

실제로 2008년 금융위기 이후 그리스에서 발생한 행복의 붕괴 현상은 단순한 경제적 어려움을 넘어, 사회적 신뢰의 붕괴가 가져온 비극이었습니다. 영화 《기생충, 2019》이 예리하게 포착했듯이, 경제적 불평등은 단순한 빈부격차를 넘어 인간의 존엄성과 행복추구의 기회 자체를 위협합니다.

UN의 지속가능발전해법네트워크(SDSN)가 2012년부터 해마다 발간하는 《세계행복보고서 2024(World Happiness Report)》에서 북유럽 국가들이 지속적으로 높은 순위를 기록하는 것은 단순히 경제적 풍요 때문만이 아닙니다. 이들 사회의 특징은 높은 수준의 사회적 신뢰, 낮은 부패 수준, 그리고 효과적인 공공서비스의 제공입니다. 2024년 세계행복보고서에 따르면, 핀란드가 7년 연속 세계에서 가장 행복한 나라로 선정되었습니다. 다른 북유럽 국가들도 상위권을 유지하고 있습니다. 이들 국가의 공통점은 강력한 사회 지원과 선택의 자유 지표가 최상위, 부정부패지수가 136위로 매우 낮았기 때문입니다.[16]

OECD의 더 나은 삶의 지수(Better Life Index)는 공공서비스의 질과 접근성이 시민들의 삶의 만족도와 밀접한 관련이 있음을 보여줍니다. 교육, 의료, 문화에 대한 접근성, 정치적 참여의 기회 등 사회적 기반이 개인의 행복추구에 결정적 영향을 미친다는 것입니다. 실제로 OECD 국가들의 데이터를 보면, 공공서비스에 대한 접근성이 높고 사회안전망이 잘 갖춰진 국가일수록 시민들의 삶의 만족도가 높게 나타납니다. 이는 행복이 단순히 개인의 노력이나 선택의 문제가 아니라, 사회적 조건과 긴밀하게 연결되어 있음을 보여줍니다.

하버드 대학의 그랜트 스터디는 85년에 걸친 종단연구를 통해 인간의 불행에 가장 큰 영향을 미치는 요인이 고립이라는 사실을 밝혀냈습니다. 앞서 지적했듯이, 연구 책임자인 로버트 월딩거 교수는 '외로움은 독'이라고 단언하며, 사회적 관계의 부재가 건강과 행복에 미치는 치명적 영향을 강조했습니다.[17] 실제로 나홀로 행복은 찾기 어렵습니다.

긴밀한 관계이든 조금 친한 관계이든 타인과의 관계를 통한 연결이 행복으로 가는 길입니다.

공동체적 행복을 향한 전환

이제 우리는 새로운 방향을 모색해야 합니다. '나 혼자만의 행복'이라는 생각에서 벗어나, 함께 만드는 행복으로 나아가야 할 때입니다. 현대 사회에서 행복은 개인적 성취나 물질적 만족으로만 달성할 수 없는 영역이 되었습니다. 개인의 행복을 추구하는 것만큼 중요한 것은 다른 사람과 연결되고, 공동체와 함께 성장하는 경험입니다.

행복을 개인적으로만 추구하는 경우, 시간이 지나면서 공허함을 느끼게 되는 경우가 많습니다. 사람들은 타인과의 관계 속에서 삶의 의미를 발견하고, 서로에게 도움을 줄 때 더 큰 충족감을 느낍니다. 예를 들어, 가족, 친구, 동료와 함께하며 서로를 지지하고 응원할 때, 그 관계 속에서 얻는 행복은 단순한 성취감보다 훨씬 깊고 오래갑니다. 결국, 타인을 배려하고 함께 나아갈 때 얻는 행복이 더 풍부하고 지속적인 행복이라는 것을 깨닫게 됩니다.

행복은 혼자서 얻는 것이 아닙니다. 여러 연구에 따르면, 좋은 인간관계를 맺는 것이 건강과 장수에도 긍정적인 영향을 미친다고 합니다. 주변 사람들과의 깊이 있는 관계는 우리의 스트레스를 줄여주고, 감정적 지지를 통해 어려운 시기를 이겨낼 힘을 줍니다. 이는 곧 연대와 협력 속에서 함께 만드는 행복이 개인의 행복보다 더 가치 있고 지속적이라는 것을 의미합니다.

물론 제도가 개인의 행복에 큰 역할을 할 수 있습니다. 좋은 복지 정책이나 사회적 안전망이 있는 곳에서는 사람들의 기본적인 안정감이 높아져 행복감을 느낄 확률이 높아집니다. 그러나 단순히 제도의 지원만으로는 부족합니다. 북유럽처럼 복지제도가 잘 갖춰진 나라에서도 사람들이 여전히 외로움을 느끼고, 행복을 채우기 어려워하는 경우가 많습니다. 제도의 역할은 필요하지만, 진정한 행복은 사람 간의 연결과 의미 있는 관계 속에서 나오는 것입니다.

진정한 공동체적 행복은 우리가 다른 사람과의 유대 속에서 스스로를 발견하고 성장하는 과정에서 얻어집니다. 사회적 관계를 맺고, 그 속에서 서로에게 긍정적인 영향을 미치는 선순환 구조를 만드는 것은 더 큰 행복을 향한 첫걸음이 될 수 있습니다. 철학자 마르틴 부버가 이야기한 것처럼, 타인을 단순히 수단으로 보지 않고 진정한 만남을 통해 함께 성장하는 경험이 중요합니다.

이제 우리는 행복을 개인만의 문제가 아니라, 함께 만드는 목표로 전환할 때입니다. 개인적 성취가 아니라 서로의 행복을 돕고 함께 발전하는 길을 선택할 때, 우리는 더 깊고 의미 있는 행복을 경험할 수 있을 것입니다.

요즘 현대인의 소외와 고립을 극복할 수 있는 다양한 공동체와 모임이 활발합니다. 걷기, 등산, 자전거, 여행, 요리, 수공예 등 취미를 공유하는 사람들이 활동하는 커뮤니티가 늘고 있습니다. 스마트폰 앱에서는 정기적이지 않아도 일시적일지라도 공연, 전시, 연극 등 다양한 낯선 사람들과의 교류를 추구하기도 합니다. 특히 독서클럽의 경우, 책을 매개로 한 지적 교류와 사회적 연결을 원하는 사람들이 증가하면서 더욱 주목받고 있습니다. 독서는 자체로 교양과 치유의 효과를 줄 뿐 아니라 다른 사람의 생각을 이해하는 중요한 방법입니다. 내가 아는 어떤 독서 클럽은 매주 한 번씩 한 권의 책을 읽고 토론하는 벅찬 일정을 소화한 다고 합니다. 그러면서도 구성원들은 서로의 삶을 조금씩 이해하고, 전시회와 영화관람, 역사답사와 기행 등도 곁들여서 재미를 더해줍니다.

우리는 오랫동안 나 혼자라도 행복할 수 있다는 환상을 좇아왔습니다. 하지만 인간은 본질적으로 함께 있는 존재입니다. 진정한 행복은 '나만의 행복'이 아닌 '우리의 행복'을 향해 걸어갈 때 비로소 마주할 수 있을 것입니다. 제도적 해결을 넘어, 우리에게는 더 깊은 차원의 공동체성 회복이 필요합니다. 마치 반딧불이들이 서로의 빛에 화답하며 더 큰 빛을 만들어내듯, 우리의 행복도 서로를 비추고 화답할 때 더욱 빛날 수 있을 것입니다. 이것이야말로 행복에 대한 진정한 사회적 책임의 시작일 것입니다.

3

🚪

웰빙과 번영: 정신건강에 대한 새로운 시각

　　우리는 오랫동안 정신건강을 너무나 단순하게 생각해 왔습니다. 마치 온도계처럼 특정 기준점을 중심으로 이쪽은 병들었고 저쪽은 건강하다는 이분법적 구분이 지배적이었습니다. 이러한 전통적 관점은 정신건강을 단순히 '정신질환의 부재' 상태로만 정의했습니다. 즉 우울증이나 불안장애로부터 자유롭다면 스스로를 '정상'이라고 정의하고, 더 이상 관심을 기울이지 않는 경우가 많습니다. 그러나 인간의 정신세계는 이처럼 단순한 선 하나로 구분하기에는 너무나 복잡하고 다면적입니다. 진정으로 정신적 또는 심리적으로 건강한 삶이란 단지 병리적 증상이 없는 상태가 아니라, 자신만의 의미와 목적을 찾아가며 번영할 수 있는 여정을 의미합니다.

전통적 정신건강 모델의 한계와 문제점

전통적인 정신건강 모델은 정신질환이 없는 상태를 정신적으로 건강하다고 정의하였습니다. 그렇기 때문에 전통적인 정신건강 모델은 질병모델이라고도 하였습니다. 정신건강을 질병의 유무라는 단일 차원에서만 바라보는 전통적 모델은 오랫동안 우리의 이해와 실천을 제한해왔습니다. 이러한 전통적 관점이 가진 주요 문제점들을 살펴보면 다음과 같습니다.

첫째, 이 모델은 정신건강을 지나치게 단순화합니다. 마치 수직선 위의 정수처럼 기준점 0을 중심으로 왼쪽은 음수(−)에 해당하는 정신질환 상태이고, 오른쪽은 양수(+)에 해당하는 건강상태라는 이분법적 구분은 인간정신의 복잡성을 제대로 반영하지 못합니다. 실제로 많은 연구들은 정신건강이 단순한 연속선상에 있지 않다는 것을 보여주고 있습니다.[18]

둘째, 이 모델은 삶의 질적인 측면을 완전히 간과합니다. 정신질환의 증상이 없다고 해서 반드시 만족스럽고 의미 있는 삶을 살고 있다고 할 수는 없습니다. 반대로 어떤 정신적 어려움이 있더라도 충분히 가치 있고 행복한 삶을 살아갈 수 있다는 점을 설명하지 못합니다.

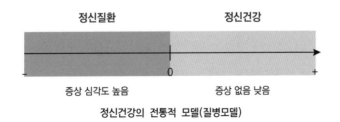

정신건강의 전통적 모델(질병모델)

셋째, 이러한 이분법적 관점은 심각한 낙인효과를 초래합니다. '정상'과 '비정상'이라는 구분은 정신건강의 어려움을 겪는 사람들을 사회에서 고립시키는 결과를 가져왔고, 이는 결국 치료와 회복을 더욱 어렵게 만들었습니다.[19]

넷째, 예방과 성장의 관점이 결여되어 있습니다. 질병모델에 기반한 접근은 문제가 발생한 후의 치료에만 초점을 맞추며, 정신건강 증진을 위한 예방적 개입이나 적극적인 성장 지원을 간과하게 됩니다.[20] 이 보고서에서 세계보건기구(WHO)는 정신건강을 단순히 정신질환의 부재가 아닌, 정서적, 심리적, 사회적 웰빙을 포함하는 포괄적인 상태로 정의합니다.

다섯째, 회복과 성장의 다양한 경로를 인정하지 않습니다. 현재 상태를 고정된 것으로 보는 경향이 있어, 개인의 변화 가능성과 회복과정의 다양성을 충분히 고려하지 못합니다.[21]

새로운 지평을 여는 정신건강 2요인 모델

이러한 한계를 극복하기 위해 우리는 정신건강을 바라보는 새로운 시각이 필요합니다. 정신건강의 2요인 모델은 '정신질환/장애'의 수준과 '웰빙'의 수준이라는 두 개의 독립적인 차원을 도입함으로써, 정신건강의 더욱 현실적이고 포괄적인 모습을 보여줍니다.[22] 우리나라에서도 정신건강 2요인 모형의 경험적 타당성이 입증되었습니다.[23] 이 모형은 필자의 2012년 연구에서도 4개의 모형을 확인하였습니다.

이 모델에서 정신건강 상태는 두 차원이 만나는 좌표평면 위의 한

지점으로 표현됩니다. 수평축은 정신질환이나 장애의 정도를, 수직축은 웰빙의 수준을 나타냅니다. 이 두 축이 만나 만들어내는 네 개의 영역은 각각 독특한 심리적 특성을 보여줍니다.

정신건강의 네 가지 상태

1. 번영 상태(Flourishing)

이는 정신건강의 가장 이상적인 상태라고 할 수 있습니다. 낮은 수준의 정신질환과 높은 수준의 웰빙이 만나는 영역입니다. 사람들은 자신의 잠재력을 충분히 발휘하며 살아갑니다. 자아실현을 향한 여정이 활발히 이루어지며, 깊은 삶의 의미와 만족을 경험합니다.

실제로 많은 성공한 전문가들, 창의적인 예술가들, 헌신적인 교육자들이 이 영역에서 활동하고 있습니다. 이들은 자신의 일에서 깊은 의미를 찾고, 타인과 건강한 관계를 맺으며, 지속적인 성장을 추구합니다. 영화 《꾸뻬씨의 행복여행, 2014》에서 정신과의사 헥터는 영화 초반에 심리적 쇠약상태에서 출발합니다. 그는 정체성과 삶의 목적을 다시 찾기 위해 기약없는 여행을 떠납니다. 여정을 통해 개인적 통찰, 감정적 경험, 관계의 중요성, 삶의 의미를 배우고 자신의 인생을 깊이 고민하게 됩니다. 결국 그는 심리적 웰빙을 경험하게 되며, 번영상태에 가까워지는 과정을 보여줍니다.

2. 분투 상태(Struggling)

이 영역은 정신질환이나 장애의 수준은 높지만, 동시에 높은 웰빙

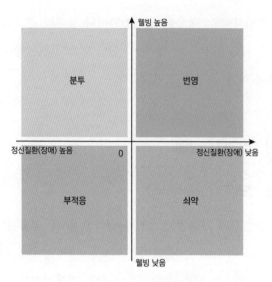

정신건강의 2요인 모델(번영모델)

을 경험하는 상태입니다. 예를 들어, 불안장애가 있으면서도 자신의 일
에서 큰 성취를 이루는 연구자나, 우울증과 싸우면서도 뛰어난 예술작
품을 만들어내는 예술가들이 여기에 해당합니다. 높은 웰빙을 유지하려
하지만 내적·외적 갈등과 스트레스 속에서 어려움을 겪는 상태입니다.
이는 긍정적인 삶의 태도를 유지하려는 노력에도 불구하고 갈등과 문제
로 인해 지속적으로 어려움을 경험하는 상태입니다.

이들의 삶은 지속적인 도전의 연속이지만, 그 속에서도 의미와 목
적을 찾아냅니다. 자신의 어려움을 창조적으로 승화시키거나, 같은 어
려움을 겪는 이들을 돕는 일에 헌신함으로써 깊은 만족감을 얻습니다.
필자의 연구에서도 분투유형은 정신장애 수준이 높음에도 불구하고 직
장에서의 의사결정참여도가 높고 직무만족도도 높은 것으로 나타났습
니다.

영화 《굿 윌 헌팅, 1997》에서 주인공 윌은 어릴 적 깊은 상처가 성인이 되어서도 발전을 가로막고 잡아당기지만, 심리상담을 통해 과거의 상처를 극복하고 자신의 재능을 발휘해 나가는 과정을 보여줍니다. 윌은 자신의 과거 – 현재의 아픔과 자신의 성장 사이에서 투쟁하고 있는 것입니다.

3. 쇠약 상태(Languishing)

이는 정신질환의 수준은 낮지만 웰빙 수준도 낮은 상태입니다. 겉으로는 특별한 정신질환이 없어 보이지만, 삶의 의미나 만족도가 현저히 낮은 상태라고 할 수 있습니다. 현대 사회에서 흔히 볼 수 있는 '조용한 절망'이나 '시들한' 상태입니다.

높은 연봉에도 불구하고 일의 의미를 찾지 못하는 회사원, 겉으로는 성공적인 삶을 살고 있지만 깊은 공허함을 느끼는 전문직 종사자들이 이 유형에 해당할 수 있습니다. 이들은 일터로 가는 것이 너무 싫고 의욕이 없습니다. 필자의 연구에서도 이 유형은 정신장애가 없음에도 불구하고 직업적 수행과 만족도가 매우 저조함을 보여주었습니다. 장기적인 업무와 번아웃에 시달리는 직장인들은 쇠약상태에 놓일 수 있습니다. 이들은 일의 의미와 목적을 잃고 단순히 생계를 위해 회사를 다닐 뿐입니다.

영화 《세일즈맨의 죽음, 1985》에서 주인공 윌리 로먼(더스틴 호르만 분)은 자신의 꿈과 현실 사이에서 끊임없이 갈등하며, 과거의 영광에 집착하지만 현재의 삶은 점점 더 무너져갑니다. 그는 직업적 성공을 꿈꾸지만, 현실은 그를 외면하고 있으며, 자신이 실패했다고 느끼며 무력감을 경험합니다. 그는 사회적으로 소외된 느낌을 받고, 자신이 주변에서 필요하지 않다고 느끼며 고립됩니다. 가족과의 관계에서도 진정한 연결을 맺지 못하고, 혼자서 무거운 책임을 짊어지고 버티려고 합니다. 결국 그는 자살을 택하는 비극을 맞게 됩니다. 주인공 윌리의 상태는 전형적인 심리적 쇠약상태라고 할 수 있습니다.

4. 부적응 상태(Mental Illness)

이는 전통적인 의미의 정신건강 위기 상태로, 정신질환의 수준도 높고 웰빙도 낮은 상태입니다. 심각한 우울 증상으로 일상생활이 어려운 경우, 불안장애와 사회적 고립이 동반되는 경우 등이 여기에 속합니다. 부적응 상태는 개인의 심리적, 정서적, 사회적 기능이 심각하게 손상된 상태로, 일상생활에서의 장애와 고통을 초래합니다. 이 상태는 정서적 균형이 깨진 상태로, 개인의 내적 갈등과 외부 스트레스를 처리하는 데 큰 어려움을 겪는 특징을 보입니다. 자아인식과 자기효능감의 결핍, 감정조절의 어려움, 현실 왜곡 등으로 나타날 수 있으며, 대인관계에서도 고립감과 갈등을 경험하는 경향이 높습니다.

영화 《블랙 스완, 2010》에서 주인공 니나(나탈리 포트만 분)는 완벽한 무대 연기를 위해 끊임없이 자신을 몰아붙이며, 스스로에 대한 엄격한 통제와 강박적인 완벽주의에 시달립니다. 이런 행동은 정신적 안정성을 해치고 불안과 스트레스를 가중시킵니다. 영화 속에서 니나는 점점 현실과 환상을 구별하지 못하는 상태로 빠져듭니다. 자신의 욕망과 두려움이 극도로 혼재된 상황에서, 그녀는 환각을 경험하고 자신을 해치는 행동까지 하게 됩니다. 이는 정신질환과 관련된 증상이 명확하게 드러나는 부적응 상태를 나타냅니다.

그러나 중요한 것은 이 상태가 결코 고정된 것이 아니라는 점입니다. 적절한 치료와 지원이 제공된다면, 많은 사람들이 '분투' 상태를 거쳐 궁극적으로는 '번영'상태로 나아갈 수 있습니다.

정신건강 2요인 모델의 함의

이 모델은 정신건강 전문가들에게 새로운 치료적 관점을 제공합니다. 단순히 증상의 제거나 감소만을 목표로 하는 것이 아니라, 웰빙의 증진도 동시에 고려해야 한다는 것입니다. 예를 들어, 우울증 환자의 치료 목표는 우울증상의 감소뿐만 아니라 의미 있는 활동의 증진, 긍정적 관계의 형성, 성장경험의 제공 등을 포함해야 합니다.

이 모델은 예방적 개입의 중요성을 강조합니다. 특히 '쇠약' 상태는 명확한 정신질환이 아니기 때문에 치료의 우선순위에서 종종 제외되거나 무시될 수 있습니다. 전통적 질병모델에서는 아무런 문제가 되지 않는 '정상' 상태였습니다. 그러나 연구에 따르면, 쇠약 상태에 있는 사람들은 심리적·사회적 웰빙이 낮아질수록 향후 우울증과 같은 정신질환으로 발전할 위험이 큽니다. 따라서 쇠약은 웰빙을 증진시키기 위한 예방적 개입의 중요성을 강조하며, 정신건강 관리의 중요한 초점으로 떠오르고 있습니다. 따라서 쇠약 상태에 있는 사람들을 조기에 발견하고 지원함으로써, 더 심각한 정신건강 문제로의 발전을 예방할 수 있습니다.

분투 상태에도 주목해야 합니다. 전통적 질병모델에서 분투 유형은 정신적 문제가 있는 유형이었습니다. 직업현장에서도 정신병력이 있으면 취업이 제한되거나 기피하는 대상이 되었습니다. 그러나 정신건강의 모델에서 '분투' 유형의 발견은 이들을 새롭게 바라볼 수 있는 지혜를 줍니다. 분투 상태는 정신질환과 웰빙이 양립할 수 있으며, 높은 목적 의식이나 긍정적 웰빙을 가진 사람들도 정신적 어려움과 내적 갈등을 경험할 수 있음을 보여줍니다. 이는 개인이 심리적 갈등을 통해 성장할 수 있는 가능성을 열어주며, 회복력 강화와 심리적 지원의 중요성을 나타냅니다. 분투 상태는 그 명칭(struggling)이 말해주듯이 여러 어려움에도 불구하고 행복과 번영을 향해 투쟁하는 모습입니다. 영화《행복을 찾아서, 2006》는 실화에 바탕한 영화입니다. 주인공 크리스 가드너(윌 스미스 분)가 팔기 어려운 의료기를 들고 달리는 모습, 무료숙박시설에 입실하기 위해 노심초사하던 모습, 한 팔로는 아이를 다른 팔로는 의료기를 들고 걷는 모습, 주식 중개인 인턴에서 60대 1 경쟁률을 뚫고 정직원이 되기 위해 사력을 다하는 모습이 떠올라 안쓰럽지만 결국 해내고 맙니다.

이 모델은 정신건강에 대한 사회적 인식의 변화를 촉구합니다. 정신질환이 있는 사람도 의미 있고 만족스러운 삶을 살 수 있다는 점, 그리고 겉으로 성공해 보이는 사람도 심리적 도움이 필요할 수 있다는 점을 인정하는 것이 중요합니다. 특히 분투유형이 보여주듯이, 정신장애가 있더라도 높은 웰빙 수준을 통해 직업적으로나 사회적으로 충분히 날개를 펼칠 수 있다는 점에 주목해야 합니다.

정신건강의 2요인 모델은 우리에게 정신건강을 바라보는 새로운 시각과 통찰을 제공합니다. 이는 단순한 이론적 모델이 아니라, 실제 임상 현장과 일상생활에서 매우 실용적인 의미를 던집니다. 더 나아가 이 모델은 정신건강에 대한 우리의 이해를 더욱 인간적이고 포용적인 방향으로 이끌어줍니다. 우리 모두는 이 네 가지 상태 사이를 움직이며 살아갑니다. 중요한 것은 어느 상태에 있든 변화와 성장의 가능성이 항상 열려 있다는 점입니다. 이제 우리에게 필요한 것은 이러한 새로운 관점을 바탕으로, 더욱 효과적인 정신건강 증진방안을 모색하고 실천하는 것입니다.

특히 직장에서는 정신장애의 유무만으로 개인의 능력과 가능성을 판단하는 것이 아니라, 그들의 웰빙 수준과 잠재력에도 주목해야 합니다. 이를 통해 우리는 더 건강하고 생산적인 조직문화를 만들어갈 수 있을 것입니다.

4

영웅의 여정
: 고난이 빚어내는 심리적 연금술

인류의 역사는 이야기의 역사입니다. 그중에서도 영웅 이야기는 가장 오래되고 보편적인 서사입니다. 영웅 서사는 전 세계 수많은 문화에서 공통적으로 등장하며, 고난을 이겨내고 자신과 세상을 변혁시키는 인물들의 이야기는 세대를 초월해 사람들의 가슴을 울려왔습니다. 기원전 메소포타미아의 길가메시 서사시부터 현대의 스타워즈에 이르기까지, 영웅의 이야기는 시대와 문화를 초월하여 우리의 마음을 사로잡아 왔습니다. 왜 우리는 이토록 영웅 이야기에 매혹되는 걸까요?

수천 년의 시간과 수천 킬로미터의 거리를 두고 태어난 이야기들이 놀랍도록 비슷한 구조를 가지고 있다는 사실은 우리에게 깊은 통찰을 줍니다. 고대 그리스의 헤라클레스, 중세 영국의 아서왕, 조선의 홍길동, 현대의 루크 스카이워커에 이르기까지, 이들은 모두 시련을 통해 성장하는 여정을 겪습니다. 신화학자 조지프 캠벨은 이를 '천의 얼굴을 가진 영웅'이라 불렀습니다. 서로 다른 얼굴을 하고 있지만, 그 내면에는 동일한 인간정신의 원형이 숨쉬고 있다는 것이지요.

심리학자 카를 융은 이러한 영웅 서사를 '심리적 연금술'의 과정으로 해석했습니다. 중세의 연금술사들이 납을 금으로 변화시키고자 했던 것처럼, 우리의 정신도 고난이라는 용광로 속에서 새로운 존재로 태어난다는 것입니다. 심리적 연금술의 관점에서 고난은 단순한 고통을 넘어, 우리를 더 강하고 온전한 존재로 변모시키는 촉매가 될 수 있습니다. 연금술사가 가치 없는 납덩어리를 귀한 금으로 변화시키듯, 고난은 우리의 내적 성장을 이끄는 심리적 재료로 작용합니다. 이는 현대 긍정심리학이 말하는 '역경 후 성장'과도 맥을 같이 합니다. 우리의 상처와 고난은 어떻게 황금과 같은 지혜로 변화될 수 있을까요?

흥미로운 점은, 이러한 변화의 과정이 멀리 있는 이야기만이 아니라는 사실입니다. 코로나19 팬데믹 시기, 수많은 의료진들은 자신의 안위를 뒤로 하고 환자들을 돌보았습니다. 선천적 장애를 안고 태어났지만, 끝없는 도전으로 패럴림픽의 금메달을 목에 건 운동선수도 있습니다. 육아와 직장생활이라는 두 개의 산을 매일 오르는 부모들의 이야기도 빼놓을 수 없습니다.

그렇습니다. 영웅은 결코 멀리 있지 않습니다. 당신의 하루하루가 바로 영웅의 여정입니다. 매일 아침 알람 소리는 우리를 모험으로 부르는 소명이며, 일터에서 만나는 동료는 우리의 조력자이고, 크고 작은 도전들은 우리를 성장시키는 시련입니다.

이 장에서는 시대를 초월한 영웅들의 이야기를 통해, 우리 각자가 걸어가는 여정의 의미를 새롭게 발견하고자 합니다. 더불어 긍정심리학의 관점에서 고난이 어떻게 우리를 성장시키는지, 그 과정에서 어떤 심리적 연금술이 일어나는지 살펴보려 합니다. 당신의 인생이라는 위대한 서사 속에서, 우리는 어떤 의미를 발견할 수 있을까요?

이제 영웅의 여정이 시작됩니다.

영웅의 여정과 심리적 성장

신화학자 조지프 캠벨은 전 세계의 영웅 이야기들을 연구하면서 놀라운 사실을 발견했습니다. 시대와 문화를 초월하여, 모든 영웅 이야기에는 공통된 패턴이 있다는 것입니다. 그는 이를 '영웅의 여정(Hero's Journey)'이라고 이름 붙였습니다. 이 보편적인 여정은 우리의 심리적 성장과정과 놀랍도록 닮아있습니다.[24]

영웅의 여정은 '일상 세계'에서 시작됩니다. 평범한 삶을 살던 주인공에게 어느 날 '모험에의 소명'이 찾아옵니다. 처음에는 이 부름을 거부하기도 합니다. 누구나 변화 앞에서 두려움을 느끼는 것은 자연스러운 일이니까요. 하지만 결국 주인공은 용기를 내어 첫 발걸음을 내딛습니다. 마치 우리가 새로운 일에 도전하거나, 오랜 관계를 정리하거나, 낯선 땅으로 유학을 떠나기로 결심하는 것처럼 말입니다.

여정이 시작되면 영웅은 조력자를 만납니다. 《스타워즈》시리즈의 오비완 케노비와 같은 현명한 스승일 수도 있고, 《반지의 제왕》의 샘와이즈처럼 충실한 동반자일 수도 있습니다. 우리의 삶에서도 마찬가지입니다. 인생의 갈림길에서 만나는 멘토, 힘들 때 손을 내밀어주는 친구, 때로는 잠깐 스쳐지나가는 낯선 이의 한마디가 우리를 지탱하는 힘이 되어줍니다. 그리고 시련이 찾아옵니다. 카를 융은 이 시기를 '그림자와

(참고) 캠벨의 영웅의 여정 12단계

막 구분	단계	설명
제1막 : 출발	1. 일상 세계	평범한 일상 속 주인공
	2. 모험에의 소명	예기치 않은 도전이나 소명
	3. 소명의 거부	두려움과 망설임의 순간
	4. 정신적 스승과의 만남	조언자나 멘토의 등장
	5. 첫 관문의 통과	일상을 벗어나는 결정적 순간
제2막 : 입문	6. 시험, 협력자, 적대자	다양한 도전과 만남
	7. 동굴 가장 깊은 곳으로의 접근	최대 위기와의 조우
	8. 시련	결정적 순간, 죽음과 같은 경험
	9. 보상	승리와 깨달음의 순간
제3막 : 귀환	10. 귀환의 길	변화된 자신과 함께하는 여정
	11. 부활	최후의 시험과 완전한 변화
	12. 영약을 가지고 귀환	공동체와의 지혜 나눔

자료: 조지프 캠벨(2000)의 《천의 얼굴을 가진 영웅》의 영웅의 여정 개념을 크리스토퍼 보글러(2013)의 《신화, 영웅 그리고 시나리오 쓰기》에서 재구성한 12단계를 참고하여 작성.

의 조우'라고 불렀습니다. 영웅은 자신의 한계, 두려움, 그리고 내면의 그림자와 마주하게 됩니다. 루크 스카이워커가 데스 스타에서 자신의 아버지와 맞섰던 것처럼, 혹은 프로도가 절대반지의 유혹과 싸웠던 것처럼 말입니다. 현실에서도 우리는 번아웃, 실패, 상실, 배신과 같은 시련을 겪습니다. 이때 우리는 스스로의 한계를 마주하고, 때로는 좌절하고, 포기하고 싶어집니다.

하지만 바로 이 지점에서 긍정심리학 2.0이 주목하는 '역경 후 성장'이 일어납니다. 빅터 프랭클은 '진정한 행복은 역경을 통해 발견된다'고 말했습니다.[25] 시련은 우리를 부수는 것이 아니라, 오히려 새로운 존재로 다시 빚어내는 용광로가 됩니다. 이것이 바로 심리적 연금술의 과정입니다.

카를 융의 관점에서 이는 '개성화 과정'이라고 할 수 있습니다. 우리가 가진 다양한 내면의 요소들 - 페르소나(사회적 가면), 그림자(억압된 자아), 아니마/아니무스(내면의 이성성) - 이 통합되어 진정한 자기(Self)를 발견하는 여정입니다. 영웅은 시련을 통해 자신의 그림자와 화해하고, 약점을 받아들이며, 한계를 초월합니다.

시련을 극복한 영웅은 '귀환'의 단계를 맞이합니다. 이는 단순한 복귀가 아닙니다. 영웅은 자신이 얻은 지혜와 성장을 공동체와 나누게 됩니다. 마치 상처 입은 치유자처럼, 자신의 고통스러운 경험을 통해 다른 이들을 돕는 힘을 얻게 되는 것입니다. 여기서 주목할 점은 이 여정이 단 한 번으로 끝나지 않는다는 사실입니다. 우리의 인생에서 영웅의 여정은 계속해서 반복됩니다. 매번 새로운 시련이 찾아오고, 매번 우리는 조금 더 성장합니다. 때로는 후퇴하는 것처럼 보일 때도 있지만, 그것역시 여정의 일부입니다.

이것이 바로 우리가 영웅 이야기에 매료되는 이유일 것입니다. 그안에서 우리는 자신의 모습을 발견하고, 앞으로의 여정에 대한 용기를얻습니다. 당신의 현재 여정은 어느 지점에 있나요? 어쩌면 지금 이 순간, 새로운 모험이 당신을 부르고 있는지도 모릅니다.

시대를 초월한 영웅들의 여정

고대의 영웅 서사: 신화 속 영웅들의 발자취

인류 최초의 문학작품으로 꼽히는 《길가메시 서사시》에서부터 영웅의 이야기는 시작됩니다.26 그리스 신화의 영웅들은 오늘날까지도 우리에게 깊은 통찰을 전해주고 있습니다. 그중에서도 헤라클레스와 오디세우스의 이야기는 현대인의 여정과 놀랍도록 닮아있습니다.

헤라클레스는 12가지 과업을 통해 신성을 회복한 영웅입니다. 헤라클레스는 초인적인 힘과 용기를 상징하지만, 그가 이룬 위업은 단순한 힘의 과시가 아닙니다. 그의 이야기는 우리에게 불가능해 보이는 과제와 마주했을 때의 지혜를 가르쳐줍니다. 그는 괴물을 물리치고, 황금 사과를 가져오고, 지하세계를 다녀오는 등 초인적인 과업을 수행했습니다. 하지만 그의 진정한 승리는 육체적 힘이 아닌 지혜와 인내를 통해 이루어졌습니다. 현대인들도 때로는 불가능한 업무, 넘을 수 없는 장벽과 마주합니다. 헤라클레스의 이야기는 우리에게 한 번에 한 과제씩, 꾸준히 도전하면 언젠가는 목표에 도달할 수 있다는 희망을 전해줍니다. 헤라클레스의 고난은 그의 내적 성장을 위한 과정으로, 인간이 직면하는 다양한 심리적 갈등과 맞닿아 있습니다. 그의 여정은 고난이 단순한 처벌이 아닌, 정화와 성장의 기회가 될 수 있음을 보여줍니다.

오디세우스의 이야기는 '귀향'이라는 주제를 다룹니다. 트로이 전쟁의 영웅이었던 그는 10년이라는 긴 시간 동안 고향으로 돌아가는 여정을 겪습니다. 이는 현대인들의 자아 찾기 여정과 맞닿아 있습니다. 그가 마주한 키클롭스는 우리의 맹목적인 분노를, 세이렌의 유혹은 우리를 타락시키는 욕망을, 마법사 키르케는 우리를 나태하게 만드는 안락함을 상징합니다. 결국 오디세우스는 모든 시련을 지혜로 극복하고 고향에 도착합니다. 이는 우리의 본질을 찾아가는 여정이기도 합니다.

중세와 근대의 영웅 서사: 동서양 이야기의 만남

중세에 이르러 영웅 서사는 새로운 변화를 맞이합니다. 서양에서는 아서왕 전설이, 동양에서는 홍길동전과 같은 이야기가 등장합니다.

아서왕 전설에서 아서왕은 왕국을 수호하고 이상적인 가치와 신념을 지키기 위해 고난에 맞섭니다. 그와 원탁의 기사들은 기사도의 정신을 따르며 이상적 공동체를 꿈꾸지만, 현실의 배신과 내적 갈등으로 인해 무너지는 과정을 겪습니다. 멀린은 단순한 조력자 이상의 의미를 지닙니다. 그는 미래의 왕이 될 아서를 발견하고 교육하는 스승이자, 그의 내면에 잠든 지혜를 일깨우는 안내자입니다. 현대의 관점에서 멀린은 우리 각자의 내면에 있는 지혜를 상징합니다. 때로는 직관의 형태로, 때로는 양심의 소리로 우리를 인도하는 그 무언가를 말이지요.

근대에 이르러 홍길동은 한국형 영웅의 전형을 보여줍니다. 홍길동은 사회적 불평등에 맞서 싸우며 자신의 정체성을 확립해 나갑니다. 그의 여정은 외부의 억압적 구조를 극복하는 동시에, 개인으로서 자신의 가치와 신념을 새롭게 다지는 과정으로 해석할 수 있습니다. 이러한 고난은 우리 문화 특유의 집단적 가치와 개인적 고뇌를 모두 아우르는 중요한 의미를 지닙니다. 그의 이야기는 단순한 의적 이야기가 아닙니다. 신분의 한계를 뛰어넘어 자아실현을 이루고자 했던 그의 여정은, 현대인들이 마주하는 유리천장이나 사회적 편견과의 싸움과 다르지 않습니다. 특히 그가 추구한 것이 개인의 영달이 아닌 사회정의의 실현이었다는 점은, 현대사회에서 진정한 성공의 의미가 무엇인지 다시 생각하게 만듭니다.

현대의 영웅 서사: 스크린과 책 속의 영웅들

현대의 영웅들은 더욱 복잡하고 입체적인 모습을 보여줍니다. 스타 워즈의 루크 스카이워커, 반지의 제왕의 프로도, 해리 포터는 각각 독특한 방식으로 영웅의 여정을 보여줍니다.

《스타워즈》에서 루크 스카이워커의 여정은 외부의 적과 싸우면서 내면의 어둠과 화해하는 과정을 보여줍니다. 그는 혼란 속에서 자신의 진정한 역할과 정체성을 발견하며, 궁극적으로 자신의 선택과 책임으로 새로운 운명을 개척합니다. 그는 자신이 그토록 증오하던 다스베이더가 자신의 아버지임을 알게 되고, 결국 그를 용서하고 구원합니다. 이는 카를 융이 말한 그림자와의 화해 과정을 완벽하게 보여주는 예시입니다. 우리도 살면서 자신의 내면에 있는 어두운 면모를 발견하고 때로는 충격을 받습니다. 하지만 루크처럼 그것을 인정하고 받아들일 때, 비로소 진정한 성장이 가능해집니다.

《반지의 제왕》에서 프로도는 작고 약한 호빗으로서, 자신의 한계와 무력감을 끊임없이 느끼지만, 반지를 파괴하기 위한 희생을 감내하며 성장합니다. 프로도의 여정은 외부의 적과 싸우는 것 이상으로 내면의 유혹과 두려움을 극복하는 과정입니다. 프로도의 여정은 한마디로 '작은 영웅'의 위대함을 보여줍니다. 그는 강력한 마법사도, 용맹한 전사도 아닌 평범한 호빗이었습니다. 하지만 그가 보여준 의지와 용기, 그리고 무엇보다 중요한 것은 유혹을 이겨내는 도덕적 힘이었습니다. 현대 사회에서 우리도 종종 '나 같은 사람이 무엇을 할 수 있을까'라는 의문에 빠집니다. 프로도는 우리에게 작은 존재라도 큰 변화를 만들어낼 수 있다는 희망을 전해줍니다.

《해리 포터 시리즈》에서 해리 포터는 상처를 가진 영웅입니다. 그의 이마의 번개 모양 흉터는 단순한 상처가 아닌, 그의 정체성이자 힘의 원천이 됩니다. 해리는 가족의 죽음, 배신, 끊임없는 위협 속에서 자신만의 길을 만들어가며 진정한 친구들과 협력하여 어둠에 맞섭니다. 해리의 여정은 청소년기의 자아정체성 혼란, 사회적 책임감, 내적 갈등 등을 상징적으로 보여주며, 많은 사람들에게 공감을 불러일으킵니다. 이는 현대 긍정심리학이 말하는 '역경 후 성장'의 좋은 예시입니다. 우리가 가진 상처와 트라우마도 적절히 승화된다면, 오히려 우리를 더 강하고 공감능력 있는 사람으로 만들어줄 수 있습니다.

이처럼 시대를 초월한 영웅들의 이야기는 우리에게 중요한 통찰을 제공합니다. 그들의 여정이 주는 보편적 메시지는 다음과 같습니다:

첫째, 모든 위대한 여정은 첫 걸음부터 시작됩니다.

둘째, 시련은 피할 것이 아닌, 성장을 위한 필수 과정입니다.

셋째, 우리는 결코 혼자가 아니며, 예상치 못한 곳에서 도움을 받을 수 있습니다.

넷째, 진정한 승리는 외부의 적이 아닌, 내면의 그림자와의 화해에서 옵니다.

다섯째, 영웅의 최종 목적지는 개인의 영광이 아닌, 공동체와의 화해와 통합입니다.

이러한 통찰은 현대를 살아가는 우리에게 여전히 유효합니다. 우리 각자의 삶이 바로 영웅 서사의 현대적 재해석이기 때문입니다. 우리의 가장 위대한 창조행위는 바로 우리 자신의 삶입니다. 모든 영웅서사는 우리에게 나지막하면서도 강력하게 외치고 있습니다.

현대인의 영웅 여정

오늘날의 현대인은 과거의 영웅들처럼 왕국을 지키거나 신화를 만들어 내기 위해 검을 들고 싸우지 않습니다. 대신, 그들은 일상 속에서 복잡하고 다양한 도전에 직면하며, 내면과 외부의 적들과 싸우며 자신만의 여정을 만들어 나갑니다. 현대 사회는 기술의 발전과 복잡한 사회 구조로 인해 이전과는 다른 방식의 고난을 던져주지만, 여전히 인간의 본질적 성장과 내적 변화를 요구합니다. 여기서는 현대인이 경험하는 영웅 여정과 그 심리적 의의에 대해 살펴보고자 합니다.

일상 속 영웅적 여정

신화 속 영웅들은 신들의 계시나 예언을 통해 소명을 받았지만, 현대인들의 소명은 훨씬 더 일상적인 모습으로 다가옵니다. 현대인의 영웅 여정은 일상적인 삶 속에서 벌어집니다. 수많은 사람들은 자기 자신을 찾아가는 과정을 통해 내적 갈등을 극복하거나, 사회적 부조리와 맞서 싸우며 영웅적인 성장을 이룹니다. 직장에서의 실패와 좌절을 딛고 일어서는 사람, 가족의 어려움을 해결하기 위해 헌신하는 부모, 자신의 신념을 지키며 사회적 변화를 위해 노력하는 활동가들은 모두 현대적 영웅이라 할 수 있습니다. 그들의 여정은 조용하고 때로는 보이지 않지만, 그 안에는 깊은 고난과 성찰이 존재합니다. 20대의 청년이 안정적인 직장을 뒤로 하고 창업의 길을 선택하는 순간, 30대의 직장인이 전혀 새로운 분야로의 이직을 결심하는 순간, 40대의 부모가 아이의 진로를 위해 큰 결단을 내리는 순간, 50대의 중년이 다시 공부의 길에 들어서는 순간, 이런 순간들이 바로 우리 시대의 모험으로의 부름일지 모릅니다.

물론 이러한 부름에는 두려움이 따릅니다. 고대 영웅들도 그랬듯이, 우리도 처음에는 이 부름을 거부하고 싶어집니다. '지금이 적기일까?', '내가 할 수 있을까?', '실패하면 어쩌지?' 이런 망설임은 자연스러운 것입니다. 오히려 이런 두려움을 느끼고 고민하는 과정이 우리를 더 강하게 만들어줍니다.

심리학적으로 볼 때, 현대인의 영웅 여정은 내면적 탐구와 정체성 확립의 과정으로 이해할 수 있습니다. 사회적 기대와 개인의 욕망, 관계의 복잡성 속에서 자신만의 길을 찾기 위해 우리는 끊임없이 선택과 도전에 직면합니다. 이는 캠벨의 '첫 번째 관문 통과'와 유사하게 새로운 세계로 들어가는 과정이며, 현대인의 여정은 더 이상 물리적 전투가 아닌 심리적 투쟁을 통해 내적 변화를 이루는 과정입니다.

우리가 만나는 조력자들

현대인의 여정에도 다양한 조력자들이 존재합니다. 때로는 믿음직한 멘토의 모습으로, 때로는 든든한 동료의 모습으로, 때로는 응원해주는 가족의 모습으로 나타납니다. 심지어는 SNS 속 낯선 이의 따뜻한 댓글 한 줄이 우리에게 큰 힘이 되기도 합니다. 바쁜 일상을 쪼개어 만나는 독서클럽의 동료들의 새로운 깨달음이 새로운 여정 출발의 불꽃이 되기도 합니다.

특히 주목할 만한 것은 예상치 못한 조력자의 존재입니다. 우리 시대의 조력자들은 매우 다양한 형태로 존재합니다. 직장에서 만나는 멘토와 동료들은 업무의 길잡이가 되어주고, 온라인 커뮤니티의 조언자들은 경험과 지혜를 나누어줍니다. 힘들 때 기댈 수 있는 가족과 친구들은 무조건적인 지지를 보내주며, 때로는 독서클럽 같은 취미생활을 통해서도 위로와 힘을 얻습니다. 단골 미용실의 원장님의 응원이 힘이 되기도 합니다. 전문적인 도움이 필요할 때는 상담사나 코치의 조언이 새로운 관점을 제시해주기도 합니다.

현대인이 마주하는 시험들

현대인들은 고대 영웅들과는 다른 형태의 시험을 맞이합니다. 칼이나 창으로 싸우는 대신, 우리는 매일 다른 종류의 도전들과 마주합니다.

현대인의 가장 큰 적 중 하나는 번아웃입니다. 끝없는 업무, 과도한 경쟁, 불확실한 미래는 우리의 정신과 육체를 고갈시킵니다. 이는 신화 속 영웅이 지하세계에서 겪는 시련과 다르지 않습니다. 여기서 중요한 것은 도피가 아닌 맞섬입니다. 자신의 한계를 인정하고, 적절한 휴식을 취하며, 때로는 도움을 요청할 줄 아는 용기가 필요합니다.

디지털 시대의 역설 중 하나는 연결은 더 많아졌지만, 진정한 관계는 더 어려워졌다는 점입니다. SNS 속 수많은 친구들 사이에서 우리는 오히려 더 큰 고독을 느끼기도 합니다. 가족 관계, 직장 동료와의 관계, 친구 관계 등 다양한 관계의 위기를 겪습니다. 이러한 시련을 통해 우리는 진정한 관계의 의미를 배우게 됩니다.

창업에 실패하거나, 승진에서 밀리거나, 중요한 시험에 떨어지는 등의 좌절은 현대인이 자주 겪는 시련입니다. 하지만 긍정심리학이 말하듯, 이러한 실패는 오히려 성장의 기회가 될 수 있습니다. 실패의 원인을 분석하고, 새로운 접근법을 시도하며, 때로는 전혀 다른 길을 선택하는 용기를 배우게 됩니다.

현대적 영웅의 귀환

현대인의 영웅 여정에서 귀환은 어떤 모습일까요? 그것은 단순히 원래의 자리로 돌아오는 것이 아닙니다. 시련을 통해 얻은 지혜를 나누고, 다른 이들의 여정을 돕는 것을 의미합니다.

우리 주변에는 이미 많은 귀환한 영웅들이 있습니다. 자신의 실패 경험을 솔직하게 나누며 후배들을 돕는 기업가들, 힘겨운 암 투병 경험을 바탕으로 환우회를 이끄는 완치자들, 육아의 어려움을 겪고 그 경험을 살려 온라인 육아 커뮤니티를 만든 부모들, 심각한 번아웃을 극복하고 이제는 직장 동료들의 든든한 멘토가 된 선배들까지. 이들은 모두 자신의 고난을 의미 있는 지혜로 승화시킨 사람들입니다.

현대인의 여정에서 중요한 요소는 사회적 연결과 관계입니다. 혼자서 모든 것을 이겨내기보다는, 우리는 서로에게 의지하고 협력하며 성장할 수 있습니다. 친구, 가족, 동료들과의 관계는 현대인의 여정 속에서 지원과 도전의 원천이 되며, 영웅이 여정을 완수할 수 있도록 돕는 중요한 요소로 작용합니다.

우리 시대가 필요로 하는 영웅성

현대사회는 새로운 형태의 영웅성을 요구합니다. 화려한 승리보다는 꾸준한 성장의 과정을, 개인의 영광보다는 공동체와의 조화를 이루는 모습을 통해 진정한 영웅성이 드러납니다. 또한 완벽한 성공보다는 의미 있는 실패의 경험을 통해 배우는 자세, 거창한 변화보다는 작지만 꾸준한 실천을 중시하는 태도야말로 우리 시대가 필요로 하는 진정한 영웅의 모습일 것입니다.

우리 모두는 이미 각자의 영웅 여정 중에 있습니다. 아침에 일어나 회사에 가는 길, 육아와 일을 병행하는 순간, 새로운 도전을 결심하는 시간까지. 이 모든 순간이 우리를 조금씩 성장시키는 영웅 여정의 한 장면들입니다.

당신의 영웅 서사

우리가 사랑하는 모든 영웅 서사는 결국 한 가지 중요한 메시지를 전달합니다. 그것은 고난을 마주하고, 이를 통해 변화하고 성장할 수 있다는 믿음입니다. 고대 신화에서부터 현대소설과 영화까지, 영웅들은 각기 다른 방식으로 시련과 싸우고, 이를 극복하며 새로운 자신으로 거듭나며, 자신과 세상을 변화시킵니다. 이들의 이야기는 단순히 오락적 흥미를 넘어, 우리 각자가 삶에서 직면하는 고난과 변화의 여정을 비추는 거울입니다.

여러분은 언제 마지막으로 자신을 영웅이라고 생각해보셨나요? 아마도 대부분은 그런 적이 없다고 답하실 것 같습니다. 우리는 일상의 고단함 속에서 자신이 걸어온 길의 의미를 잊어버리기 쉽습니다. 하지만 잠시 멈춰 서서 뒤돌아보면, 우리는 놀라운 사실을 발견하게 됩니다.

당신이 겪은 모든 시련은 사실 성장으로 가는 과정이었습니다. 긍정심리학 2.0의 관점에서 볼 때, 고난은 단순히 우리를 괴롭히는 것이 아니라 새로운 의미와 강점을 발견하게 하는 기회가 될 수 있습니다. 실패했던 순간들, 좌절했던 시간들, 포기하고 싶었던 고비들. 그것들은 모두 우리를 더 단단하게 만드는 연금술의 용광로입니다.

카를 융의 표현을 빌리자면, 우리의 상처는 점차 지혜로 변화됩니다. 이혼의 아픔을 겪은 후에야 진정한 관계의 의미를 깨닫게 되고, 사업의 실패를 겪은 후에야 성공이란 무엇인지 이해하게 됩니다. 심각한 질병을 겪고 나서야 건강의 소중함을, 소중한 이를 잃고 나서야 사랑의 가치를 깨닫게 됩니다. 이것이 바로 심리적 연금술의 진정한 의미입니다.

특히 주목할 만한 것은 실패의 의미입니다. 영웅 이야기에서 주인공은 항상 첫 시도에서 성공하지 못합니다. 루크 스카이워커는 첫 대결에서 다스베이더에게 패배했고, 프로도는 여러 번 절망했으며, 헤라클레스도 수없이 많은 시행착오를 겪었습니다. 우리의 삶도 마찬가지입니다. 실패는 이야기의 끝이 아닌, 새로운 장의 시작일 뿐입니다.

완벽한 영웅 이야기란 없습니다. 우리가 알고 있는 모든 영웅들은 자신만의 약점과 한계를 가지고 있었습니다. 영웅들은 항상 자신만의 그림자를 품고 있었습니다. 그들이 위대한 것은 완벽해서가 아니라, 불완전함에도 불구하고 계속해서 앞으로 나아갔기 때문입니다. 우리의 불완전함은 부끄러운 것이 아닌, 우리를 더욱 인간적이고 진실되게 만드는 요소입니다.

영웅의 여정은 결코 끝나지 않습니다. 한 여정이 끝나면 새로운 여정이 시작됩니다. 40대의 직장인이 퇴직 후 새로운 삶을 시작하고, 50대의 부모가 자녀의 독립 후 제2의 인생을 설계하며, 60대의 중년이 봉사 활동을 통해 새로운 의미를 발견합니다.

우리는 각자의 속도로, 각자의 방식으로 성장합니다. 때로는 한 걸음 앞으로 가기 위해 두 걸음 뒤로 물러나야 할 때도 있습니다. 중요한 것은 방향입니다. 우리가 조금씩이라도 앞으로 나아가고 있다면, 그것이 바로 영웅의 여정입니다. 긍정심리학 2.0이 말하는 의미 있는 삶은 바로 이런 여정 속에서 발견됩니다. 완벽한 행복이나 끝없는 성공이 아닌, 의미 있는 도전과 성장의 과정 속에서 우리는 진정한 만족을 발견하게 됩니다.

당신은 누군가의 영웅입니다.

우리 자신의 이야기는 누군가에게 희망이 됩니다. 자신이 겪은 시련과 그것을 극복한 방법, 실패와 회복의 과정, 좌절과 도전의 순간들. 이 모든 것이 누군가에게는 등대가 되어줄 수 있습니다.

어쩌면 지금 이 순간에도, 당신은 누군가의 영웅일지 모릅니다. 힘들어하는 후배에게 따뜻한 조언을 건네는 선배이자, 자녀에게 삶의 모범을 보여주는 부모로서, 또 친구에게 위로와 용기를 주는 든든한 동반자로서 말입니다. 특히 우리 시대에는 더 나은 사회를 만들기 위해 노력하는 새로운 영웅들이 있습니다. 기후변화에 맞서 환경운동을 이끄는 활동가들, 소외된 이웃을 위해 봉사하는 시민들, 부패와 불의에 맞서 싸우는 내부고발자들, 사회적 참사의 원인규명과 재발방지를 위해 싸우는 유가족과 시민들. 이들은 때로 고독하고 힘겨운 싸움을 하고 있지만, 그들의 작은 몸짓 하나하나가 세상을 조금씩 변화시키고 있습니다.

우리 모두의 삶은 각자의 영웅 서사입니다. 칠흑같은 어둠 속에서도 빛을 찾는 이 여정을 통해, 우리는 스스로를 더 깊이 이해하고, 더 강한 존재로 거듭날 수 있습니다. 그리고 그 여정에서 우리는 자신의 진정한 가치를 발견하고, 더불어 세상을 변화시키는 작은 영웅이 될 수 있습니다. 우리는 모두 누군가의 조력자이자 영웅입니다. 그리고 우리의 이야기는 계속됩니다.

당신의 다음 장은 어떤 이야기가 될까요? 아마도 지금 이 순간에도, 새로운 모험이 당신을 기다리고 있을 것입니다.

5

더 인간적인 긍정심리학을 향하여

지금까지의 여정이 말하는 것

당신은 이 책을 통해 긴 여정을 함께 해주셨습니다. 우리는 행복이라 불리는 밝은 태양 아래 드리워진 그림자를 마주했고, 고통이라 불리는 어둠 속에서 반짝이는 보석들을 발견했으며, 영웅의 여정이 들려주는 심오한 이야기에 귀 기울였습니다.

지금 우리는 매우 특별한 지점에 서 있습니다. 뒤를 돌아보면 우리가 걸어온 길이 보이고, 앞을 바라보면 우리가 걸어갈 길이 펼쳐져 있습니다. 이제 우리의 여정이 향하는 곳이 어디인지, 그리고 그 여정이 심리학의 미래에 어떤 의미를 지니는지 이야기를 나눌 때입니다.

심리학은 인간의 마음을 이해하고자 하는 학문입니다. 한 세기가 넘는 시간 동안 심리학자들은 인간 마음의 비밀을 밝히기 위해 노력해왔습니다. 그 과정에서 많은 것들을 발견했지만, 동시에 더 많은 미스터리를 마주하게 되었습니다. 그리고 20세기 말, 긍정심리학이라는 새로운 물결이 시작되었습니다.

긍정심리학은 인간의 행복과 성장을 탐구하는 여정이었습니다. 그동안 심리학이 주로 병리와 고통에 초점을 맞추었다면, 긍정심리학은 인간의 강점과 미덕, 행복과 성장에 주목했습니다. 그리고 이것은 분명 의미 있는 전환이었습니다.

하지만 우리는 이제 알고 있습니다. 진정한 이해는 모든 것을 있는 그대로 바라볼 때 시작된다는 것을. 행복만을 보려 하거나, 혹은 고통만을 보려 한다면 우리는 결코 인간을 온전히 이해할 수 없습니다. 마치 동전의 양면처럼, 우리의 삶은 이 모든 것들로 이루어져 있기 때문입니다. 그리고 그것이 바로 우리가 함께 걸어온 길이 보여주는 것입니다. 우리는 이제 새로운 이해에 도달했습니다. 더 성숙하고, 더 통합적이며, 그래서 더 인간적인 이해 말입니다.

긍정심리학 2.0: 어둠을 품은 심리학

우리가 2부와 3부에서 함께 살펴본 긍정성의 그림자와 부정성의 선물들은 현대 긍정심리학의 진화과정을 보여줍니다. 이것이 바로 긍정심리학 2.0의 본질입니다. 초기 긍정심리학이 인간의 긍정적 경험과 강점에 주목했다면, 긍정심리학 2.0은 인간 경험의 총체성을 이해하고자 합니다.

행복의 함정, 낙관주의의 그림자, 자존감의 위험성을 이야기할 때, 우리는 단순히 긍정성의 한계를 지적하고자 한 것이 아닙니다. 우울의 긍정성, 불안의 힘, 고통의 선물을 말할 때도 마찬가지입니다. 이는 인간의 삶에 대한 더 깊은 이해를 추구하는 과정이었습니다.

긍정심리학 2.0은 단순한 비판이나 반발이 아닙니다. 그것은 인간 경험에 대한 더 깊은 이해를 추구하는 움직임입니다. 삶의 어두운 면을 부정하거나 회피하지 않고, 오히려 그것을 통합적으로 이해하고자 하는 시도입니다. 이는 실존주의 심리학의 오랜 통찰과도 맥을 같이 합니다. 빅터 프랭클이 보여주었듯이, 고통 속에서도 의미를 발견할 수 있을 때 우리는 진정한 성장을 경험할 수 있습니다.

폴 웡을 비롯한 여러 학자들이 제시한 긍정심리학 2.0의 관점은 긍정적인 것과 부정적인 것이라는 이분법을 넘어섭니다. 그들은 인간의 번영이 고통과 역경을 피하는 것이 아니라, 오히려 그것을 수용하고 초월하는 과정에서 이루어진다고 주장합니다. 이는 동양의 지혜와도 통하는 부분이 있습니다. 음과 양이 서로를 보완하듯, 삶의 밝은 면과 어두운 면도 서로를 완성합니다.

긍정심리학 2.0이 우리에게 가르쳐준 가장 중요한 통찰은 다음과 같습니다. 첫째, 고통과 역경은 피해야 할 대상이 아니라 삶의 필수적인 부분이라는 것입니다. 둘째, 부정적 감정은 제거해야 할 것이 아니라 이해하고 받아들여야 할 우리의 일부라는 것입니다. 셋째, 진정한 성장은 이 모든 것을 끌어안을 때 시작된다는 것입니다. 넷째, 웰빙이란 단순히 좋은 감정의 존재나 나쁜 감정의 부재가 아니라, 삶의 모든 경험을 의미 있게 통합하는 과정이라는 것입니다.

이러한 관점은 심리학의 실천에도 중요한 함의를 갖습니다. 치료자들은 내담자의 고통을 단순히 제거해야 할 증상으로 보는 것이 아니라, 그들의 성장 가능성을 담고 있는 경험으로 바라보게 됩니다. 교육자들은 학생들에게 단순한 행복만을 강조하는 것이 아니라, 삶의 다양한 경험을 수용하고 그로부터 배우는 법을 가르치게 됩니다.

긍정심리학 3.0: 우리가 함께 피우는 꽃

4부의 앞부분에서 우리가 이야기한 '의미 있는 삶', '함께 만드는 행복', '웰빙과 번영'은 개인을 넘어선 더 큰 그림을 보여주고 있었습니다. 이것이 바로 긍정심리학 3.0이 지향하는 방향입니다.

긍정심리학 3.0은 한 걸음 더 나아갑니다. 우리는 이제 개인의 행복이 진공 속에 존재하지 않는다는 것을 알고 있습니다. 한 사람의 웰빙은 그를 둘러싼 관계, 문화, 사회 구조, 그리고 자연환경과 깊이 연결되어 있습니다. 마치 하나의 꽃이 흙과 물과 햇빛, 그리고 다른 생명체들과의 관계 속에서만 피어날 수 있는 것처럼 말입니다.

이러한 시스템적 관점은 긍정심리학 3.0의 핵심을 이룹니다. 개인은 더 이상 고립된 존재가 아니라, 더 큰 시스템의 일부로 이해됩니다. 가족, 조직, 지역사회, 문화, 생태계... 이 모든 층위들이 서로 영향을 주고받으며 하나의 커다란 그물망을 형성합니다. 진정한 웰빙은 이 모든 수준에서의 건강한 관계와 균형을 필요로 합니다.

문화적 맥락의 중요성도 긍정심리학 3.0의 핵심 통찰입니다. 행복의 의미와 경험은 문화에 따라 다르며, 이는 결코 무시할 수 없는 차이입니다. 서구의 개인주의적 행복관과 동양의 관계적 행복관은 모두 나름의 지혜를 담고 있습니다. 진정한 이해는 이러한 다양성을 인정하고 포용할 때 가능합니다.

더 나아가, 긍정심리학 3.0은 사회적 정의와 지속가능성의 문제를 심리학의 중심으로 가져옵니다. 우리는 더 이상 개인의 행복만을 이야기할 수 없습니다. 구조적 불평등, 기후위기, 세대 간 정의의 문제는 모든 사람의 웰빙에 직접적인 영향을 미칩니다. 이는 심리학자들에게 새로운 도전과 책임을 부여합니다.

이러한 변화는 실천적 차원에서도 중요한 의미를 가집니다. 개입은 더 이상 개인 수준에만 머무르지 않습니다. 우리는 이제 다양한 수준에서의 변화를 동시에 고려해야 합니다. 이는 심리학자들이 다른 분야의 전문가들과 협력해야 할 필요성을 제기합니다.

긍정심리학 3.0은 결국 '함께 번영하는 삶'을 추구합니다. 이는 단순한 이상이 아니라, 우리 시대의 절실한 과제입니다. 개인의 진정한 행복은 결코 홀로 성취될 수 없기 때문입니다. 우리는 함께 피어나는 꽃밭을 가꾸어야 합니다.

변증법적 긍정심리학: 빛과 어둠의 만남

영웅의 여정이 우리에게 보여준 것처럼, 진정한 성장은 대립되는 것들의 통합에서 시작됩니다. 빛이 있으면 반드시 그림자가 있듯이, 인간의 경험도 이원론적으로 나눌 수 없는 하나의 전체입니다. 변증법적 긍정심리학은 바로 이러한 통찰에서 출발합니다. 변증법적 긍정심리학은 긍정과 부정의 상호작용을 통해 인간의 삶을 통합적으로 이해하고, 조화와 성장을 추구하는 심리학적 접근입니다.

이것은 단순히 긍정심리학의 또 다른 발전 단계가 아닙니다. 오히려 그것은 지금까지의 모든 발견과 통찰을 하나의 춤처럼 통합하려는 시도입니다. 긍정심리학 1.0이 보여준 인간의 강점과 미덕에 대한 관심, 2.0이 드러낸 고통과 역경의 가치, 3.0이 제시한 시스템적 관점과 문화적 맥락... 이 모든 것들이 하나의 전체로 어우러지는 자리, 그것이 바로 변증법적 긍정심리학입니다.

이 관점에서 보면, 삶의 모든 양극은 서로를 필요로 합니다. 행복과 불행, 성장과 퇴보, 강점과 약점은 더 이상 대립적인 것이 아닙니다. 그것들은 마치 음과 양처럼, 낮과 밤처럼 서로를 완성하는 하나의 전체입니다. 우리의 약점이 때로는 가장 큰 강점이 되기도 하고, 실패라고 생각했던 경험이 가장 큰 성장의 계기가 되기도 합니다.

변증법적 긍정심리학이 제안하는 것은 단순한 절충이나 중용이 아닙니다. 그것은 더 높은 차원에서의 통합을 추구합니다. 마치 봄과 여름이 만나 가을을 이루고, 밤하늘의 어둠이 별빛을 더욱 빛나게 하듯, 대립되는 것들의 만남은 새로운 차원의 실재를 창조할 수 있습니다. 이것이 바로 초월의 의미입니다.

이러한 관점은 실천적 차원에서도 중요한 함의를 가집니다. 우리는 더 이상 긍정적인 것을 강화하고 부정적인 것을 제거하는 데 집중하지 않습니다. 대신, 모든 경험이 가진 고유한 의미와 가치를 인정하면서, 그것들이 어떻게 더 큰 전체 속에서 조화를 이룰 수 있는지를 탐색합니다.

변증법적 긍정심리학은 개인과 집단의 이분법도 넘어섭니다. 개인의 성장은 공동체의 발전과 분리될 수 없으며, 공동체의 건강은 개인의 안녕과 떼어놓을 수 없습니다. 이는 마치 물결과 바다의 관계와도 같습니다. 각각의 물결은 고유하지만, 그것들이 모여 바다를 이루며, 바다가 있어야 물결도 존재할 수 있는 것처럼 말입니다.

더 나아가, 변증법적 긍정심리학은 동양과 서양의 지혜를 통합하는 새로운 가능성도 제시합니다. 서양심리학의 과학적 방법론과 동양의 통찰적 지혜가 만날 때, 우리는 인간 경험에 대한 더 풍부하고 깊이 있는 이해에 도달할 수 있습니다.

음양(陰陽)

우리 모두의 여정

이제 우리는 행복이 고통의 반대편에 있는 것이 아니라, 오히려 고통을 포함한 모든 경험을 통합적으로 이해할 때 찾을 수 있음을 깨닫고 있습니다. 그리고 그 길은 혼자가 아니라 함께 걸을 때 더욱 깊은 의미를 가진다는 것도 말입니다.

우리는 긴 여정을 함께했습니다. 긍정성의 그림자를 마주하고, 부정성의 빛나는 가치를 발견했으며, 행복이란 결국 이 모든 것을 포용하는 춤이라는 것을 깨달았습니다. 때로는 불편했을지도 모릅니다. 긍정심리학을 기대하고 왔는데, 왜 이렇게 부정적인 이야기를 많이 하는지 의아했을 수도 있습니다. 하지만 진정한 긍정이란 부정까지도 끌어안을 수 있는 넉넉함입니다.

더 인간적인 긍정심리학을 향한 우리의 여정에서 우리가 깨달은 가장 중요한 세 가지 통찰을 나누고 싶습니다.

첫째, 우리는 삶의 어두운 측면을 피하거나 부정하지 않고 받아들이고 통합해야 합니다. 우울, 불안, 분노, 슬픔과 같은 부정적 감정들도 우리 삶의 중요한 부분이며, 이러한 감정들을 통해 우리는 더 깊은 성장을 이룰 수 있습니다. 완벽한 행복을 추구하는 것이 아니라, 불완전함 속에서도 의미를 발견하는 것이 진정한 웰빙의 시작입니다.

둘째, 행복은 더 이상 개인의 과제가 아닙니다. 그것은 우리 모두의 책임이며, 함께 만들어가야 할 사회적 과제입니다. 한 사람의 불행을 모른 체하는 사회에서 진정한 행복은 불가능합니다. 우리는 타인의 고통에 귀 기울이고, 그들의 아픔에 공감하며, 함께 성장하는 법을 배워야 합니다. 불행한 이웃을 지나치지 않는 것, 그것이 바로 더 인간적인 긍정심리학의 출발점입니다.

셋째, 우리는 단순한 쾌락이나 일시적인 만족을 넘어, 의미 중심의 행복을 추구해야 합니다. 즐거움은 순간적이지만, 의미는 영속적입니다. 의미 있는 삶은 때로 고통스럽고 힘들 수 있지만, 그것이야말로 진정한 충만함을 가져다주는 길입니다.

이 책은 더 인간적인 긍정심리학을 향한 여정의 이정표에 불과합니다. 지금까지 우리가 함께 걸어온 길은 긍정심리학의 새로운 방향을 제시합니다. 더 포용적이고, 더 통합적이며, 더 지혜로운 길입니다. 앞으로 걸어갈 이 여정에서 빛과 어둠은 모두 소중한 동반자가 될 것입니다. 그 모든 경험이 우리를 더 깊은 이해와 성장으로 이끌어줄 것입니다.

우리는 아픔과 기쁨으로 뜨개질한 옷을 입고 저마다의 인생을 걸어갑니다. 환희와 비탄, 빛과 그림자를 동시에 승인하는 것이야말로 우리가 삶의 정면에서 직시하는 용기이고 지혜입니다.27 이제 우리는 함께, 더 인간적인 긍정심리학을 향해 한 걸음 더 나아갈 준비가 되었습니다.

에필로그
: 새옹지마의 지혜

중국 북쪽 변방의 한 마을에 재주가 뛰어난 노인이 살았습니다. 어느 날, 그가 키우던 말 한 마리가 멀리 달아나 오랑캐의 땅으로 들어가 버렸습니다. 이웃들이 찾아와 위로하자 노인은 빙그레 웃으며 말했습니다.

"이것이 어찌 불행이라 단정할 수 있겠소? 오히려 복이 될 수도 있지 않겠소?"

수개월 후, 그 말이 돌아왔는데 준마 한 마리를 데리고 왔습니다. 이웃들은 이것이 얼마나 좋은 일인지 축하해주었습니다. 노인은 또다시 담담히 말했습니다.

"이것이 어찌 다행이라 단정할 수 있겠소? 오히려 화가 될 수도 있지 않겠소?"

얼마 지나지 않아 노인의 아들이 그 준마를 타다가 떨어져 다리가 부러졌습니다. 이웃들이 이 불행한 일에 깊은 위로를 건네자, 노인은 여전히 평온한 얼굴로 말했습니다.

"이것이 어찌 불행이라 단정할 수 있겠소? 오히려 복이 될 수도 있지 않겠소?"

그로부터 1년 후, 북방의 오랑캐들이 쳐들어와 마을의 젊은이들을 모두 전쟁터로 끌고 갔습니다. 하지만 노인의 아들은 다리를 다쳤기에 전쟁터에 가지 않을 수 있었고, 목숨을 건질 수 있었습니다.

이 오래된 동양의 지혜는 우리에게 무엇을 말하고 있을까요? 삶에서 마주치는 모든 일에는 두 가지 얼굴이 있습니다. 우리가 좋다고 여기는 것이 나쁜 결과를 가져올 수도 있고, 나쁘다고 여기는 것이 좋은 결과로 이어질 수도 있습니다. 행복해 보이는 순간에 불행이 잉태되기도 하고, 불행해 보이는 순간에 행복이 싹틀 수도 있습니다.

현대의 긍정심리학이 처음 탄생했을 때, 우리는 긍정적인 것만을 연구하고 추구하면 된다고 생각했습니다. 하지만 이제 우리는 긍정성에도 그림자가 있고, 부정성 속에도 빛이 있다는 것을 압니다. 행복만을 좇다 보면 오히려 불행해질 수 있고, 불행을 회피하려다 보면 더 큰 불행을 마주할 수 있다는 것도 알게 되었습니다. 진정한 행복은 이 모든 것을 포용하고 받아들이는 데서 시작됩니다.

변방 노인의 초연한 미소 속에는 깊은 지혜가 담겨 있습니다. 그것은 판단을 유보하는 지혜이자, 삶의 모든 순간을 있는 그대로 받아들이는 지혜입니다. 그의 담담한 눈빛은 마치 우리에게 말하는 듯합니다.

"행복하다고 해서 너무 기뻐하지 말고, 불행하다고 해서 너무 슬퍼하지 마라. 모든 것은 흐르고 있으며, 모든 순간은 다음 순간의 씨앗이 된다."

이제 우리는 '더 인간적인 긍정심리학'을 이야기합니다. 그것은 단순히 긍정적인 것만을 추구하는 심리학이 아니라, 인간 경험의 모든 측면을 포용하는 심리학입니다. 행복과 불행, 긍정과 부정, 빛과 어둠이 서로를 비추는 거울이 되어주는 심리학. 변방 노인의 미소처럼 담담하게, 그러나 깊은 지혜로 인간의 삶을 이해하고자 하는 심리학입니다.

이 책을 덮는 순간이 진정한 여정의 출발점이 될 것입니다. 다만 우리는 책을 펼치기 전보다 조금 더 지혜로워졌습니다. 행복만을 찾아 헤매지 않아도 되고, 불행을 두려워하지 않아도 됨을 알게 되었으니까요. 노인의 이야기처럼, 우리도 삶의 모든 순간을 받아들이는 법을 배워갈 수 있을 것입니다. 당신의 인생 여정에 펼쳐질 수많은 빛과 어둠의 파노라마를 당당히 맞이할 준비를 하세요. 그것이 바로 진정한 행복으로 가는 길일 테니까요.

당신의 빛과 어둠을 응원합니다!

📑 주

PART 01

1 Aristoteles (2007). 니코마코스 윤리학 (손명현 역). 동서문화사. (원전은 기원전 4세기에 출판).

2 Seligman, M. E. P. (2011). 플로리시 (우문식, 윤상운 역). 물푸레. (원전은 2010년에 출판).

3 Peterson, C. & Seligman, M. E. P. (2009). (긍정심리학의 입장에서 본) 성격 강점과 덕목의 분류 (문용린, 김인자, 원현주, 백수현, 안선영 역). 한국심리상담 연구소. (원전은 2004년에 출판).

4 Fredrickson, B. (2009). 긍정의 발견 (최소영 역). 북이십일. (원전은 2009년에 출판).

5 Csikszentmihalyi, M. (2007). 몰입의 즐거움 (이희재 역). 해냄. (원전은 1997년 에 출판).

6 Dweck, C. S. (2011). 성공의 새로운 심리학 (정명진 역). 부글북스. (원전은 2006년에 출판).

7 Buckingham, M. & Clifton, D. O. (2002). 위대한 나의 발견 강점 혁명 (박정숙 역). 청림출판. (원전은 2001년에 출판).

8 Ben-Shahar, T. (2007). (하버드대 행복학 강의) 해피어 (노혜숙 역). 위즈덤하 우스. (원전은 2007년에 출판).

9 Werner, E. E., & Smith, R. S. (2019). Overcoming the Odds: High Risk Children from Birth to Adulthood. Cornell University Press.

10 Ehrenreich, B. (2011). 긍정의 배신 (전미영 역). 부키. (원전은 2009년에 출판).

11 Twenge, J. M., Joiner, T. E., Rogers, M. L., & Martin, G. N. (2018). Increases in Depressive Symptoms, Suicide-Related Outcomes, and Suicide Rates among Us Adolescents after 2010 and Links to Increased New Media Screen Time. Clinical Psychological Science, 6(1), 3-17.

12 Diener, E., Suh, E. M., Lucas, R. E., & Smith, H. L. (1999). Subjective Well-being: Three Decades of Progress. Psychological Bulletin, 125(2), 276-302.

13 Henrich, J., Heine, S. J., & Norenzayan, A. (2010). The Weirdest People in the World? Behavioral and brain sciences, 33(2-3), 61-83.

14 Diener, E., Emmons, R. A., Larsen, R. J., & Griffin, S. (1985). The

Satisfaction with Life Scale. Journal of Personality Assessment, 49(1), 71−75.

15 Kashdan, T., & Biswas−Diener, R. (2018). 다크사이드 (강예진 역). 한빛비즈. (원전은 2014년에 출판).

16 David, S. (2017). 감정이라는 무기 (이경식 역). 북하우스. (원전은 2016년에 출판).

17 Smail, D. (2018). The Origins of Unhappiness: A New Understanding of Personal Distress. Routledge.

18 Illouz, E. (2008). Saving the modern soul: Therapy, emotions, and the culture of self−help. Univ of California Press.

19 World Health Organization. (2001). The World Health Report 2001: Mental Health, New Understanding, New Hope (R. S. Murthy, Ed). World Health Organization.

20 Fredrickson, B. L. (2001). The Role of Positive Emotions in Positive Psychology: The Broaden−and−Build Theory of Positive Emotions. American Psychologist, 56(3), 218.

21 Gruber, J., Mauss, I. B., & Tamir, M. (2011). A Dark Side of Happiness? How, When, and Why Happiness Is Not Always Good. Perspectives on Psychological Science, 6(3), 222−233.

22 Coyne, J. C. & Tennen, H. (2010). Positive Psychology in Cancer Care: Bad Science, Exaggerated Claims, and Unproven Medicine. Annals of behavioral medicine, 39(1), 16−26.

23 Brown, N. J., Sokal, A. D., & Friedman, H. L. (2013). The Complex Dynamics of Wishful Thinking: The Critical Positivity Ratio.

24 Wong, P. T., & Roy, S. (2017). Critique of positive psychology and positive interventions. In The Routledge International Handbook of Critical Positive Psychology(pp. 142−160). Routledge.

25 Popper, K., R. (2001). 추측과 논박 1 [과학적 지식의 성장]. (이한구 역). 서울: 민음사. (원전은 1963년에 출판).

26 Davies, W. (2015). 행복산업. (황성원 역). 동녘. (원전은 2015년에 출판).

27 Bruckner, P. (2001). 영원한 황홀. (김웅권 역). 동문선. (원전은 2000년에 출판).

28 Helliwell, J. F., Huang, H., & Wang, S. (2017). The Social Foundations of World Happiness. World happiness report, 8, 8−46.

29 Nielsen, K., Nielsen, M. B., Ogbonnaya, C., Kansala, M., Saari, E., & Isaksson, K. (2017). Workplace Resources to Improve Both Employee Well−Being and Performance: A Systematic Review and Meta−Analysis. Work & Stress, 31(2), 101−120.

30 Smith, E. E. (2019). 어떻게 나답게 살 것인가. (김경영 역). 알에이치코리아

(RHK). (원전은 2017년에 출판).

PART 02

1 Peterson, C. (2010). 긍정심리학 프라이머. (문용린,김인자, 백수현 역). 물푸레. (원전은 2006년에 출판).

2 Brickman, P. (1971). Hedonic Relativism and Planning the Good Society. Adaptation level theory, 287 − 301.

3 Brickman, P., Coates, D., & Janoff − Bulman, R. (1978). Lottery Winners and Accident Victims: Is Happiness Relative? Journal of Personality and Social Psychology, 36(8), 917.

4 Diener, E., Lucas, R. E., & Scollon, C. N. (2006). Beyond the Hedonic Treadmill: Revising the Adaptation Theory of Well − Being. American Psychologist, 61(4), 305.

5 Aristoteles. (2007). 니코마코스 윤리학. (손명현 역). 동서문화사. (원전은 기원전 4세기에 출판)

6 Mcmahon, D. M. (2008). 행복의 역사 (윤인숙 역). 살림. (원전은 2006년에 출판), p. 28

7 Mauss, I. B., Tamir, M., Anderson, C. L., & Savino, N. S. (2011). Can Seeking Happiness Make People Unhappy? Paradoxical Effects of Valuing Happiness. Emotion, 11(4), 807.

8 Ovid, & Anderson, W. S. (2017). 변신 이야기. (천병희 역). 파주: 숲.

9 Taylor, S. E. & Brown, J. D. (1988). Illusion and Well − Being: A Social Psychological Perspective on Mental Health. Psychological bulletin, 103(2), 193.

10 Piff, P. K., Stancato, D. M., Cote, S., Mendoza − Denton, R., & Keltner, D. (2012). Higher Social Class Predicts Increased Unethical Behavior. Proceedings of the National Academy of Sciences, 109(11), 4086?4091.

11 Piff, P. K., Kraus, M. W., Cote, S., Cheng, B. H., & Keltner, D. (2010). Having Less, Giving More: the Influence of Social Class on Prosocial Behavior. Journal of personality and social psychology, 99(5), 771.

12 Толстой, Л. Н. (2009). 안나 카레니나 1. (연진희 역). 민음사. (원전은 1877년에 출판).

13 Waal, F. D. (2017). 공감의 시대 (최재천 역). 김영사. (원전은 2009년에 출판), p. 12

14 Bloom, P. (2019). 공감의 배신 (이은진 역). 시공사. (원전은 2016년에 출판),

p. 12

15 Rifkin, J. (2010). 공감의 시대 (이경남 역) 민음사. (원전은 2009년에 출판), p. 5.

16 Bloom, P. 같은책, p.21.

17 Bloom, P. 같은책, p.127.

18 Arendt, H. (2022). 예루살렘의 아이히만 (김선욱 역). 한길사. (원전은 1963년에 출판), p. 223.

19 Bregman, R. (2021). 휴먼카인드 (조현욱 역). 인플루엔셜. (원전은 2020년에 출판), p. 123.

20 Singer, T. & Klimecki, O. M. (2014). Empathy and Compassion. Current biology, 24(18), R875 – R878.

21 Bregman, R. (2021). 휴먼카인드 (조현욱 역). 인플루엔셜. (원전은 2020년에 출판).

22 Lelord, F., & Hamill, V. C. (2004). 꾸뻬 씨의 행복 여행. (오유란 역). 오래된 미래. (원전은 2002년에 출판).

23 Bloom, P. (2019). 공감의 배신 (이은진 역). 시공사. (원전은 2016년에 출판).

24 Voltaire (2010). 미크로메가스 캉디드 혹은 낙관주의 (이병애 역). 문학동네. (원전은 1759년에 출판).

25 Frankl, V. E. (2005). 죽음의 수용소에서 (이시형 역). 청아. (원전은 1946년에 출판), p. 73

26 Oettingen, G. (2015). 무한긍정의 덫. (이종인 역). 세종서적. (원전은 2014년에 출판).

27 Peterson, C. & Vaidya, R. S. (2003). Optimism as Virtue and Vice.

28 Kahneman, D. (2012). 생각에 관한 생각. (이진원 역). 김영사. (원전은 2011년에 출판).

29 Ivtzan, I., Lomas, T., Hefferon, K., & Worth, P. (2015). Second Wave Positive Psychology: Embracing the Dark Side of Life: Routledge., p.9.

30 David, S. (2017). 감정이라는 무기. (이경식 역). 북하우스. (원전은 2016년에 출판).

31 Ehrenreich, B. (2011). 긍정의 배신 (전미영 역). 부키. (원전은 2009년에 출판).

32 Gollwitzer, P. M., Sheeran, P., Michalski, V., & Seifert, A. E. (2009). When Intentions Go Public: Does Social Reality Widen the Intention – Behavior Gap? Psychological science, 20(5), 612 – 618.

33 Oettingen, G. (2015). 무한긍정의 덫. (이종인 역). 세종서적. (원전은 2014년에 출판).

34 Norem, J. K. (2015). 걱정 많은 사람들이 잘되는 이유. (임소연 역). 한국경제신문. (원전은 2002년에 출판).

35 Frankl, V. E. (2005). 죽음의 수용소에서 (이시형 역). 청아. (원전은 1946년에 출판).

36 Twenge, J. M. & Campbell, W. K. (2009). The Narcissism Epidemic. New York: Free Press.

37 Festinger, L. (2016). 인지부조화 이론 (김창대 역). 나남. (원전은 1957년에 출판).

38 Dweck, C. S. (2011). 성공의 새로운 심리학 (정명진 역). 부글북스. (원전은 2006년에 출판).

39 Twenge, J. M., Konrath, S., Foster, J. D., Keith Campbell, W., & Bushman, B. J. (2008). Egos Inflating over Time: A Cross?Temporal Meta?Analysis of the Narcissistic Personality Inventory. Journal of personality, 76(4), 875－902.

40 Schwartz, B. (2005). 선택의 심리학 (형선호 역). 웅진지식하우스. (원전은 2004년에 출판).

41 Iyengar, S. S. & Lepper, M. R. (2000). When Choice Is Demotivating: Can One Desire Too Much of a Good Thing? Journal of personality and social psychology, 79(6), 995.

42 May, R. (1994). The Discovery of Being: Writings in Existential Psychology. New York: Norton.

43 Twenge, J. M. (2014). Generation Me: Why Today's Young Americans Are More Confident, Assertive, Entitled－－and More Miserable Than Ever Before. New York: Atria Paperback.

44 Sandel, M. J. (2010). 정의란 무엇인가 (이창신 역). 김영사. (원전은 2009년에 출판).

45 Ryan, R. M. & Deci, E. L. (2017). Self－Determination Theory: Basic Psychological Needs in Motivation, Development, and Wellness: Guilford Press.

46 Aristoteles (2007). 니코마코스 윤리학 (손명현 역). 동서문화사. (원전은 기원전 4세기에 출판).

47 Luchies, L. B., Finkel, E. J., Mcnulty, J. K., & Kumashiro, M. (2010). The Doormat Effect: When Forgiving Erodes Self－Respect and Self－Concept Clarity. Journal of personality and social psychology, 98(5), 734.

48 Wallace, H. M., Exline, J. J., & Baumeister, R. F. (2008). Interpersonal Consequences of Forgiveness: Does Forgiveness Deter or Encourage Repeat Offenses? Journal of Experimental Social Psychology, 44(2), 453－460.

49 Exline, J. J., Worthington Jr, E. L., Hill, P., & Mccullough, M. E. (2003). Forgiveness and Justice: A Research Agenda for Social and Personality

Psychology. Personality and Social Psychology Review, 7(4), 337−348.

50 Worthington, E. L. & Sandage, S. J. (2016). Forgiveness and Spirituality in Psychotherapy. Washington, DC: American Psychological Association.

51 Baskin, T. W. & Enright, R. D. (2004). Intervention Studies on Forgiveness: A Meta?Analysis. Journal of counseling & development, 82(1), 79−90.

52 Mikulincer, M. & Shaver, P. R. (2016). Attachment in Adulthood: Structure, Dynamics, and Change (Second Edition): Guilford Publications.

53 Sartre, J. P. (2013). 닫힌 방. (지영래 역). 민음사. (원전은 1944년에 출판).

54 Ovidius Naso (2017). 변신 이야기. (천병희 역). 숲. (원전은 서기 8년에 출판).

55 Bowen, M. (1993). Family Therapy in Clinical Practice: Jason Aronson.

56 Beauvoir, S. D. (2021). 제2의 성 (이정순 역). 을유문화사. (원전은 1949년에 출판).

57 Hazan, C. & Shaver, P. (1987). Romantic Love Conceptualized as an Attachment Process. Journal of personality and social psychology, 52(3), 511−524.

58 Fisher, H., Aron, A., & Brown, L. L. (2005). Romantic Love: An Fmri Study of a Neural Mechanism for Mate Choice. Journal of Comparative Neurology, 493(1), 58−62.

59 Fromm, E. (2000). 사랑의 기술 (5판) (황문수 역). 문예출판사. (원전은 1956년에 출판).

60 Botton, A. D. (2022). 왜 나는 너를 사랑하는가 (정영목 역). 청미래. (원전은 1993년에 출판).

61 Armor, D. A. & Taylor, S. E. (2002). When Predictions Fail: The Dilemma of Unrealistic Optimism.

62 Camus, A. (2016). 시지프 신화 (김화영 역). 민음사. (원전은 1942년에 출판).

63 Maeterlinck, M. (2006). 파랑새 (고은진 역). 서울: 문예출판사. (원전은 1908년에 출판).

64 Freud, A. (2015). 자아와 방어 기제 (김건종 역). 파주: 열린책들. (원전은 1936년에 출판).

65 Kahneman, D. (2012). 생각에 관한 생각 (이진원 역). 김영사. (원전은 2011년에 출판).

66 Hetschko, C., Knabe, A., & Schob, R. (2014). Changing Identity: Retiring from Unemployment. The Economic Journal, 124(575), 149−166.

67 Nietzsche, F. W. (2016). 인간적인 너무나 인간적인 (강두식 역). 동서문화사. (원전은 1880년에 출판).

68 Emmons, R. A. & Mccullough, M. E. (2003). Counting Blessings Versus Burdens: An Experimental Investigation of Gratitude and Subjective

Well—Being in Daily Life. Journal of personality and social psychology, 84(2), 377.

69 Nietzsche, F. W. (2021). 도덕의 계보 (박찬국 역). 서울: 아카넷. (원전은 1887 년에 출판).

70 Jost, J. & Hunyady, O. (2003). The Psychology of System Justification and the Palliative Function of Ideology. European review of social psychology, 13(1), 111−153.

71 Ksenofontov, I. & Becker, J. C. (2020). They Should Be Grateful! Erlangung des Doktorgrades. Universitat Osnabruck.

72 Adorno, T. W. (2005). 미니마 모랄리아 (김유동 역). 길. (원전은 1951년에 출판).

73 Wood, A. M., Linley, P. A., Maltby, J., Baliousis, M., & Joseph, S. (2008). The authentic personality: A theoretical and empirical conceptualization and the development of the Authenticity Scale. Journal of counseling psychology, 55(3), 385.

74 Yip, J. A., Lee, K. K., Chan, C., & Brooks, A. W. (2018). Thanks for nothing: Expressing gratitude invites exploitation by competitors. Harvard Business School.

75 Mauss, M. (2002). 증여론. (이상률 역). 한길사.(원전은 1925년에 출판).

76 Kohlberg, L. (2000). 도덕발달의 철학. (김민남, 진미숙 역). 교육과학사. (원전은 1981년에 출판).

77 Aristoteles. (2007). 니코마코스 윤리학. (손명현 역). 동서문화사.

78 Swift, J. (1735). A Tritical Essay upon the Faculties of the Mind. Jonathan Swift Archive Collection.

79 Lammers, J., Stapel, D. A., & Galinsky, A. D. (2010). Power Increases Hypocrisy: Moralizing in Reasoning, Immorality in Behavior. Psychological science, 21(5), 737-744.

80 Foucault, M. (2016). 감시와 처벌. (오생근 역). 나남. (원전은 1975년에 출판).

81 Orwell, G. (2009). 동물농장. (도정일 역). 민음사. (원전은 1945년에 출판)

82 Foot, P. (1967). The Problem of Abortion and the Doctrine of Double Effect. Oxford, 5, 5−15.

83 Greene, J. D., Sommerville, R. B., Nystrom, L. E., Darley, J. M., & Cohen, J. D. (2001). An Fmri Investigation of Emotional Engagement in Moral Judgment. Science, 293(5537), 2105−2108.

84 Sartre, J.−P. (2008). 실존주의는 휴머니즘이다. (박정태 역). 이학사. (원전은 1946년에 출판).

85 Shweder, R. A. (1997). 문화와 사고. (김의철, 박영신 역). 교육과학사. (원전은

1991년에 출판).

PART 03

1 WHO (2023, 03, 31). [Fact Sheets] epressive Disorder (Depression). https://www.who.int/news-room/fact-sheets/detail/depression.에서 자료 얻음.

2 질병관리청 (2024, 4, 18). 우울장애유병률 추이, 2014-022년. Public Health Weekly Report, 17(15), 644-645.

3 미국정신의학회. (2015). 정신질환의 진단 및 통계 편람 (5판) [DSM-5] [Diagnostic and Statistical Manual of Mental Disorders Fifth Edition]. (권준수, 김재진, 남궁기, 박원명, 신민섭, 유범희, 윤진상, 이상익, 이승환, 이영식, 이헌정, 임효덕 역). 서울: 학지사. (원전은 2013년에 출판).

4 메디컬업저버 (2011, 08, 05). SSRI 논란 / 항우울제, 자살 증가시키나?, http://www.monews.co.kr/news/articleView.html?idxno=42694.에서 자료 얻음.

5 Gask, L. (2020). 당신의 특별한 우울: 우울증에 걸린 정신과 의사의 치료 일기 (홍한결 역). 월북. (원전은 2015년에 출판).

6 헬스조선 (2018, 10, 23). 우울증, 손 까딱할 힘도 없어… 폭력성과 관계 없다. https://m.health.chosun.com/svc/news_view.html?contid=2018102203185.에서 자료 얻음.

7 Gogh, V. V. (2017). 반 고흐, 영혼의 편지 1 (신성림 역). 위즈덤하우스, p. 49.

8 Darwin, C. & Darwin, F. (2009). The Life and Letters of Charles Darwin. Cambridge: Cambridge University Press, p. 257.

9 Yerkes, R. M. & Dodson, J. D. (1908). The Relation of Strength of Stimulus to Rapidity of Habit-Formation. Journal of Comparative Neurology and Psychology, 18(5), 459-482.

10 Vogue (2020, 02, 27). 봉준호의 불안. https://www.vogue.co.kr/?p=215591. 에서 자료 얻음.

11 Csikszentmihalyi, M. (2003). 창의성의 즐거움. (노혜숙 역). 북로드. (원전은 1996년에 출판), p. 81

12 오픈아카이브, 민. 사. (2016, 01, 20). 김주열을 아시나요? - 4.19 혁명. https://archives.kdemo.or.kr/contents/view/19.에서 자료 얻음.

13 Hessel, S. (2011). 분노하라 (임희근 역). 돌베개. (원전은 2010년에 출판).

14 Baas, M., De Dreu, C. K., & Nijstad, B. A. (2011). Creative Production by Angry People Peaks Early on, Decreases over Time, and Is Relatively Unstructured. Journal of Experimental Social Psychology, 47(6), 1107-1115.

15 Van Kleef, G. A., Anastasopoulou, C., & Nijstad, B. A. (2010). Can Expressions of Anger Enhance Creativity? A Test of the Emotions as Social Information (Easi) Model. Journal of Experimental Social Psychology, 46(6), 1042−1048.

16 Lomas, T. (2016). The Positive Power of Negative Emotions: How Harnessing Your Darker Feelings Can Help You See a Brighter Dawn: Hachette UK, p. 18.

17 Nietzsche, F. W. (2005). 즐거운 학문. 메시나에서의 전원시유고 (안성찬, 홍사현 역). 책세상. (원전은 1910년에 출판), p. 200

18 416세월호참사 작가기록단 (2015). 금요일엔 돌아오렴. 창비, pp. 329−330.

19 Maurer, R. & Gifford, M. (2016). 두려움의 재발견 (원은주 역). 경향비피. (원전은 2016년에 출판), pp. 46−47.

20 Maurer, R. & Gifford, M. (2016). 두려움의 재발견 (원은주 역).경향비피. (원전은 2016년에 출판), p. 43.

21 중앙일보 (2010, 08, 09). 제리 라이스 "두려움이 성공 원동력". https://news.koreadaily.com/2010/08/08/sports/football/1070049.html.에서 자료 얻음.

22 Mcgonigal, K. (2015). 스트레스의 힘 (신예경 역). 21세기북스. (원전은 2015년에 출판), p. 76.

23 Burkeman, O. (2012). 행복중독자 (김민주, 송희령 역). 생각연구소. (원전은 2011년에 출판), 92.

24 Mcgonigal, K. (2015). 스트레스의 힘 (신예경 역). 21세기북스. (원전은 2015년에 출판), p. 77.

25 Mcgonigal, K. (2015). 스트레스의 힘 (신예경 역). 21세기북스. (원전은 2015년에 출판), p. 78.

26 Mcgonigal, K. (2013). How to Make Stress Your Friend. https://www.ted.com/talks/kelly_mcgonigal_how_to_make_stress_your_friend?subtitle=en.에서 자료 얻음.

27 Keller, A., Litzelman, K., Wisk, L. E., Maddox, T., Cheng, E. R., Creswell, P. D., & Witt, W. P. (2012). Does the Perception That Stress Affects Health Matter? The Association with Health and Mortality. Health psychology, 31(5), 677−684.

28 Mcgonigal, K. (2015). 스트레스의 힘 (신예경 역). 21세기북스. (원전은 2015년에 출판), p. 7.

29 Mcgonigal, K. (2015). 스트레스의 힘 (신예경 역). 21세기북스. (원전은 2015년에 출판), p. 8.

30 Lazarus, R. S. & Folkman, S. (1984). Stress, Appraisal, and Coping. New York: Springer Publishing Company.

31 Amabile, T. M. (1996). Creativity in Context: Update to the Social Psychology of Creativity: Routledge.

32 Mcgonigal, K. (2015). 스트레스의 힘 (신예경 역). 21세기북스. (원전은 2015년에 출판), pp. 96-97.

33 Frankl, V. E. (2005). 죽음의 수용소에서 (이시형 역). 청아. (원전은 1946년에 출판), pp. 122-123.

34 Schopenhauer, A. (2019). 의지와 표상으로서의 세계 (홍성광 역). 을유문화사. (원전은 1818년에 출판).

35 Batson, C. D., Batson, J. G., Slingsby, J. K., Harrell, K. L., Peekna, H. M., & Todd, R. M. (1991). Empathic Joy and the Empathy-Altruism Hypothesis. Journal of personality and social psychology, 61(3), 413.

36 Ebs (2016, 01, 18). [다큐프라임] 녹색동물 1부 번식. https://tinyurl.com/273qflsx.에서 자료 얻음.

37 Bonanno, G. A., Papa, A., Lalande, K., Westphal, M., & Coifman, K. (2004). The Importance of Being Flexible. Psychological science, 15(7), 482.

38 Reivich, K. & Shatte, A. (2012). 절대 회복력 (우문식, 윤상운 역). 물푸레. (원전은 2003년에 출판), p. 36.

39 Spinoza, B. D. (2007). 에티카 (강영계 역). 서광사. (원전은 1677년에 출판).

40 Smith, E. E. (2019). 어떻게 나답게 살 것인가 (김경영 역). 알에이치코리아. (원전은 2017년에 출판), p. 240.

41 Dweck, C. S. (2011). 성공의 새로운 심리학 (정명진 역). 부글북스. (원전은 2006년에 출판).

42 Pepin, C. (2017). 실패의 미덕 (허린 역). 마리書숌. (원전은 2016년에 출판), p. 10.

43 Yu, M. (2010). 현명한 네거티브 (이지연 역). 좋은책만들기. (원전은 2007년에 출판), p. 212.

44 Csikszentmihalyi, M. (2003). 창의성의 즐거움 (노혜숙 역). 북로드. (원전은 1996년에 출판), p. 305.

45 Goleman, D. (2008). EQ 감성지능 (한창호 역). 웅진지식하우스. (원전은 2006년에 출판).

46 Cacioppo, J. T., Cacioppo, S., & Boomsma, D. I. (2014). Evolutionary Mechanisms for Loneliness. Cognition & emotion, 28(1), 3-21.

47 Murthy, V. H. (2023). Our Epidemic of Loneliness and Isolation 2023. U.S. Surgeon General.

48 Aristoteles (2007). 니코마코스 윤리학 (손명현 역). 동서문화사, pp. 244-245.

49 Cameron, J. (2003). 아티스트 웨이 (임지호 역). 경당. (원전은 1992년에 출판).

50 Csikszentmihalyi, M. (2007). 몰입의 즐거움 (이희재 역). 해냄. (원전은 1997년

에 출판).

51 Cacioppo, J. T. & Patrick, W. (2013). 인간은 왜 외로움을 느끼는가 (이원기 역). 민음사. (원전은 2008년에 출판).

52 Brown, B. (2010). [Ted] 브레네 브라운: 취약점의 힘. https://www.ted.com/talks/brene_brown_the_power_of_vulnerability.에서 자료 얻음.

53 Tangney, J. P. & Dearing, R. L. (2003). Shame and Guilt: Guilford press.

54 Aristoteles (2007). 니코마코스 윤리학 (손명현 역). 동서문화사. (원전은 기원전 4세기 출판).

55 Brown, B. (2019). 수치심 권하는 사회 (서현정 역). 가나. (원전은 2007년에 출판).

PART 04

1 Smith, E. E. (2019). 어떻게 나답게 살 것인가. (김경영 역). 알에이치코리아 (RHK). (원전은 2017년에 출판).

2 Mauss, I. B., Tamir, M., Anderson, C. L., & Savino, N. S. (2011). Can Seeking Happiness Make People Unhappy? Paradoxical Effects of Valuing Happiness. Emotion, 11(4), 807.

3 Ford, B. Q., Shallcross, A. J., Mauss, I. B., Floerke, V. A., & Gruber, J. (2014). Desperately Seeking Happiness: Valuing Happiness Is Associated with Symptoms and Diagnosis of Depression. Journal of Social and Clinical Psychology, 33(10), 890 – 905.

4 Baumeister, R. F., Vohs, K. D., Aaker, J. L., & Garbinsky, E. N. (2013). Some Key Differences between a Happy Life and a Meaningful Life. The Journal of Positive Psychology, 8(6), 505 – 516.

5 Frankl, V. E. (2005). 죽음의 수용소에서. (이시형 역). 청아. (원전은 1946년에 출판).

6 Mill, J. S. (2020). 공리주의. (이종인 역). 파주: 현대지성. (원전은 출판).

7 Oishi, S. & Diener, E. (2014). Residents of Poor Nations Have a Greater Sense of Meaning in Life Than Residents of Wealthy Nations. Psychological science, 25(2), 422 – 430.

8 Daly, M. C., Oswald, A. J., Wilson, D., & Wu, S. (2011). Dark Contrasts: The Paradox of High Rates of Suicide in Happy Places. Journal of Economic Behavior & Organization, 80(3), 435 – 442.

9 Smith, E. E. (2019). 어떻게 나답게 살 것인가. (김경영 역). 알에이치코리아

(RHK). (원전은 2017년에 출판).

10 Helliwell, J. F. (2007). Well-Being and Social Capital: Does Suicide Pose a Puzzle? Social indicators research, 81, 455-496.

11 Seligman, M. E. P. (2011). 플로리시. (우문식, 윤상운 역). 물푸레. (원전은 2010년에 출판).

12 Peterson, C. (2010). 긍정심리학 프라이머. (문용린,김인자, 백수현 역). 물푸레. (원전은 2006년에 출판).

13 Adler, A. (2016). 아들러의 인간이해. (홍혜경 역). 을유문화사. (원전은 1927년에 출판).

14 Waldinger, R. J. & Schulz, M. S. (2023). 세상에서 가장 긴 행복 탐구 보고서: '행복의 조건'을 찾는 하버드의 연구는 지금도 계속된다. (박선령 역). 비즈니스북스. (원전은 2023년에 출판).

15 Wilkinson, R. G. & Pickett, K. (2012). 평등이 답이다. (전재웅 역). 이후. (원전은 2010년에 출판).

16 Helliwell, J. F., Layard, R., Sachs, J. S., De Neve, J.-E., Aknin, L. B., & Wang, S. (Eds.) (2024). World Happiness Report 2024. UK: Oxford Wellbeing Research Centre.

17 Waldinger, R. J. & Schulz, M. S. (2023). 세상에서 가장 긴 행복 탐구 보고서. (박선령 역). 비즈니스북스. (원전은 2023년에 출판).

18 Westerhof, G. J. & Keyes, C. L. (2010). Mental Illness and Mental Health: The Two Continua Model across the Lifespan. JOURNAL OF ADULT DEVELOPMENT, 17(2), 110-119.

19 Corrigan, P. (2004). How Stigma Interferes with Mental Health Care. American Psychologist, 59(7), 614.

20 World Health Organization (2005). Promoting Mental Health: Concepts, Emerging Evidence. Geneva: World Health Organization.

21 Anthony, W. A. (1993). Recovery from Mental Illness: The Guiding Vision of the Mental Health Service System in the 1990s. Psychosocial rehabilitation journal, 16(4), 11.

22 Keyes, C. L. M., & Lopez, S. J. (2002). Toward a Science of Mental Health: Positive Directions in Diagnosis and Intervention. In C. R. Snyder & S. J. Lopez (Eds.), Handbook of Positive Psychology . New York: Oxford University Press, 45-59.

23 박동혁. (2007). 예방과 촉진을 위한 청소년 정신건강 모형의 탐색. 아주대학교 박사학위 논문.; 김현정. (2012). 긍정적 정신건강 모형의 타당화 연구. 고려대학교 박사학위 논문; 이명자, 류정희. (2008). 완전한 정신건강모형 검증. 교육연구, 31, 47-68.

24 Campbell, J. (2000). 천의 얼굴을 가진 영웅. (이윤기 역). 민음사. (원전은 1949년에 출판).

25 Frankl, V. E. (2005). 죽음의 수용소에서. (이시형 역). 청아. (원전은 1946년에 출판).

26 Sandars, N. K. (2000). 길가메시 서사시. (이현주 역). 범우사.

27 신영복 (2011). 신영복 서화달력

빛과 어둠의 심리학

초판발행	2025년 4월 9일
초판2쇄발행	2025년 5월 25일
지은이	서형준
펴낸이	노 현
편 집	전채린
기획/마케팅	조정빈
표지디자인	BEN STORY
제 작	고철민 · 김원표
펴낸곳	㈜ 피와이메이트
	서울특별시 금천구 가산디지털2로 53, 210호(가산동, 한라시그마밸리)
	등록 2014. 2. 12. 제2018-000080호
전 화	02)733-6771
f a x	02)736-4818
e-mail	pys@pybook.co.kr
homepage	www.pybook.co.kr
ISBN	979-11-7279-104-9 93180

copyright©서형준, 2025, Printed in Korea

정 가   22,000원

박영스토리는 박영사와 함께하는 브랜드입니다.